学校では教えてくれない日本史の授業 天皇論

井沢元彦

PHP文庫

○本表紙図柄＝ロゼッタ・ストーン（大英博物館蔵）
○本表紙デザイン＋紋章＝上田晃郷

「タブーの歴史」——まえがきに代えて

この『学校では教えてくれない日本史の授業 天皇論』のPART1にあたる『学校では教えてくれない日本史の授業』では、日本の歴史学界が気が付いていない日本史の「盲点」について、詳しく解説しました。

専門家がなぜ気が付かないか。それは言わば、「木を見て森を見ず」ということです。詳しくは前著に譲りますが、そんなことがあったのかと疑っている人がいたとしても、読んでくだされば納得してくれるものと、私は確信しています。

さて、前著と、本書の違いですが、今回は専門家が知っているはずなのに、あえて触れないことに重点を置きました。

日本は言論の自由が認められている国のはずです。しかし、どうもそうではないなというのが一般の実感ではないでしょうか？　そう感じる人にとっては、この本は興味深いでしょう。というのは、その部分について詳しく書いたつもりだからです。

そして、お読みになって頂ければ、「なぜ、これがタブーなんだ？」と疑問に思われることがほとんどだと思います。

すなわち、当然教えるべき当たり前のことすら、今の教科書には書かれていない、これが日本のお寒い現状なのです。

井沢元彦

学校では教えてくれない日本史の授業　天皇論

◈目次

第一章

「古代日本」と「天皇のルーツ」の謎を解く

――なぜ、日本には〝城〟がないのか

テーマ② 卑弥呼は太陽神である 58

テーマ③ 天皇陵からわかる日本人の死生観 90

第二章

朝幕併存＝二権分立の謎を解く

——頼朝・信長・家康でも超えられなかった天皇という存在とは？

第三章 「天皇絶対」と「日本教」の謎を解く

——神道、仏教、朱子学からわかる日本独自の思想とは？

●天皇系図

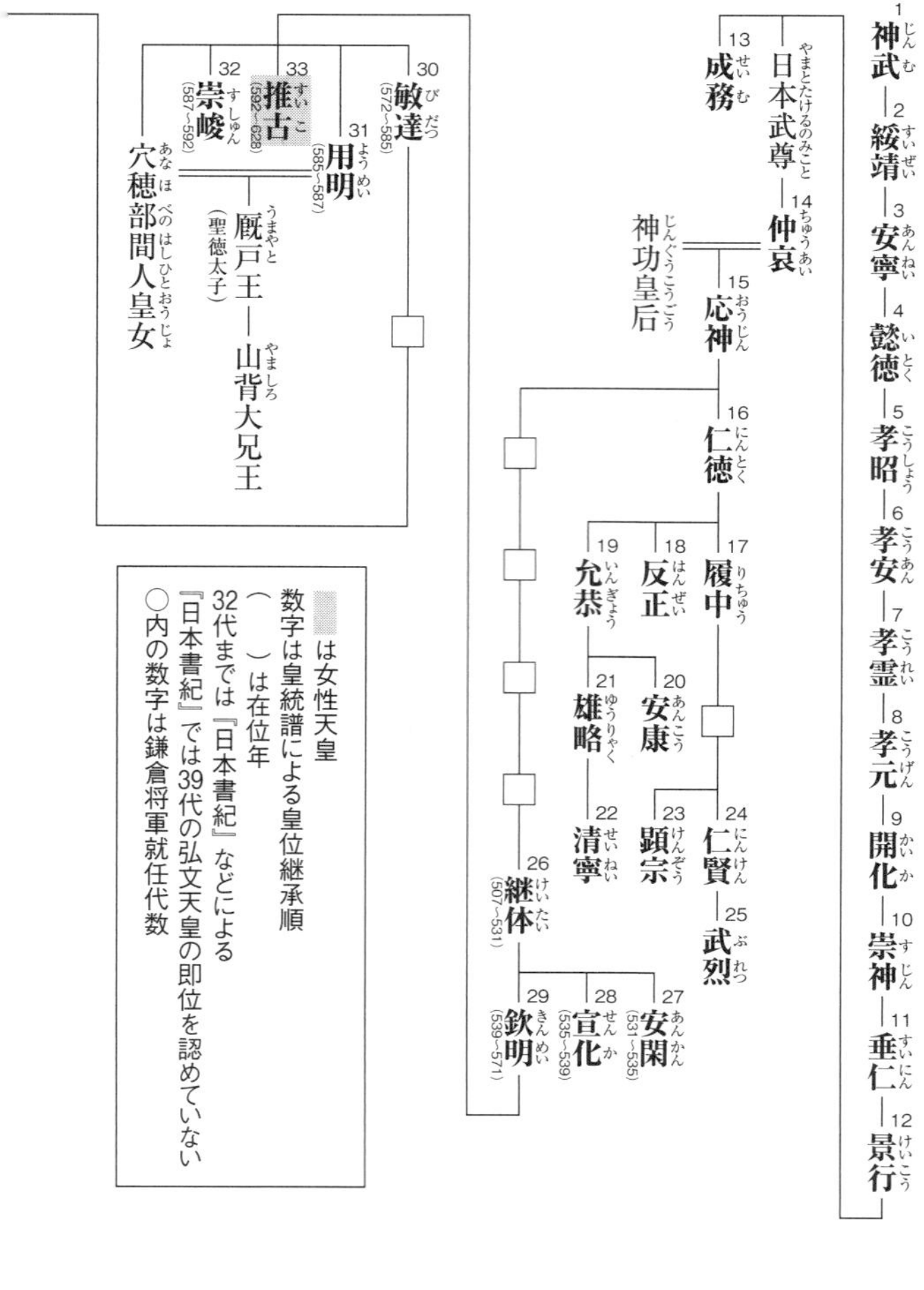

▒は女性天皇
数字は皇統譜による皇位継承順
（　）は在位年
32代までは『日本書紀』などによる
『日本書紀』では39代の弘文天皇の即位を認めていない
○内の数字は鎌倉将軍就任代数

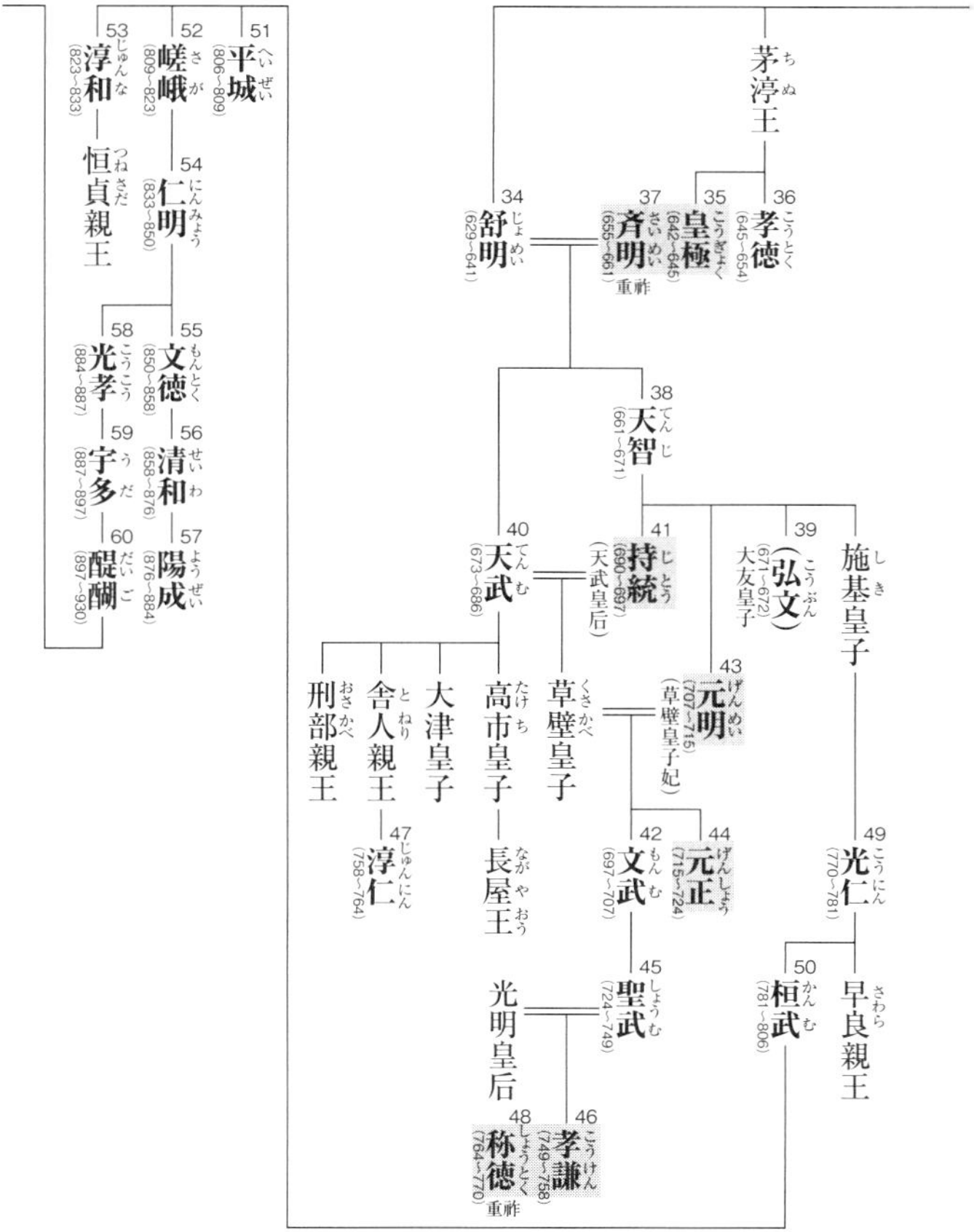
茅渟《ちぬ》王
36 孝徳《こうとく》 (645~654)
35 皇極《こうぎょく》 (642~645)
37 斉明《さいめい》 (655~661) 重祚
34 舒明《じょめい》 (629~641)
38 天智《てんじ》 (661~671)
施基《しき》皇子
39 (弘文《こうぶん》) (671~672) 大友皇子
41 持統《じとう》 (690~697) (天武皇后)
40 天武《てんむ》 (673~686)
43 元明《げんめい》 (707~715) (草壁皇子妃)
草壁《くさかべ》皇子
高市《たけち》皇子
大津皇子
舎人《とねり》親王
刑部《おさかべ》親王
49 光仁《こうにん》 (770~781)
44 元正《げんしょう》 (715~724)
42 文武《もんむ》 (697~707)
長屋王《ながやおう》
47 淳仁《じゅんにん》 (758~764)
早良《さわら》親王
50 桓武《かんむ》 (781~806)
45 聖武《しょうむ》 (724~749)
光明皇后
46 孝謙《こうけん》 (749~758)
48 称徳《しょうとく》 (764~770) 重祚
51 平城《へいぜい》 (806~809)
52 嵯峨《さが》 (809~823)
53 淳和《じゅんな》 (823~833)
54 仁明《にんみょう》 (833~850)
恒貞《つねさだ》親王
55 文徳《もんとく》 (850~858)
58 光孝《こうこう》 (884~887)
56 清和《せいわ》 (858~876)
59 宇多《うだ》 (887~897)
57 陽成《ようぜい》 (876~884)
60 醍醐《だいご》 (897~930)

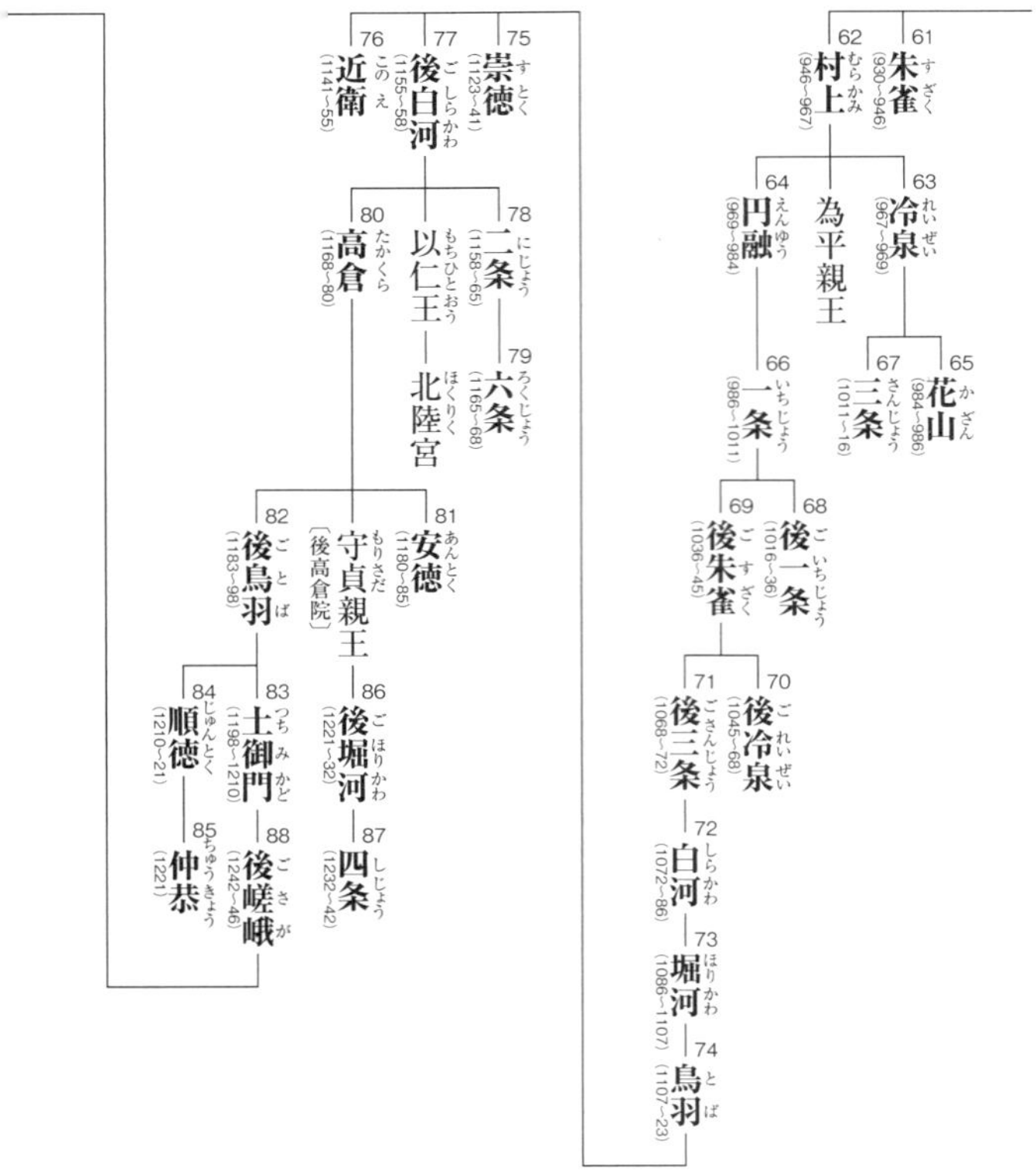

61 朱雀《すざく》 (930~946)
62 村上《むらかみ》 (946~967)
63 冷泉《れいぜい》 (967~969)
為平親王
64 円融《えんゆう》 (969~984)
65 花山《かざん》 (984~986)
67 三条《さんじょう》 (1011~16)
66 一条《いちじょう》 (986~1011)
68 後一条《ごいちじょう》 (1016~36)
69 後朱雀《ごすざく》 (1036~45)
70 後冷泉《ごれいぜい》 (1045~68)
71 後三条《ごさんじょう》 (1068~72)
72 白河《しらかわ》 (1072~86)
73 堀河《ほりかわ》 (1086~1107)
74 鳥羽《とば》 (1107~23)
75 崇徳《すとく》 (1123~41)
77 後白河《ごしらかわ》 (1155~58)
76 近衛《このえ》 (1141~55)
78 二条《にじょう》 (1158~65)
以仁王《もちひとおう》
79 六条《ろくじょう》 (1165~68)
北陸宮《ほくりく》
80 高倉《たかくら》 (1168~80)
81 安徳《あんとく》 (1180~85)
守貞親王《もりさだ》
〔後高倉院〕
82 後鳥羽《ごとば》 (1183~98)
86 後堀河《ごほりかわ》 (1221~32)
83 土御門《つちみかど》 (1198~1210)
84 順徳《じゅんとく》 (1210~21)
87 四条《しじょう》 (1232~42)
88 後嵯峨《ごさが》 (1242~46)
85 仲恭《ちゅうきょう》 (1221)

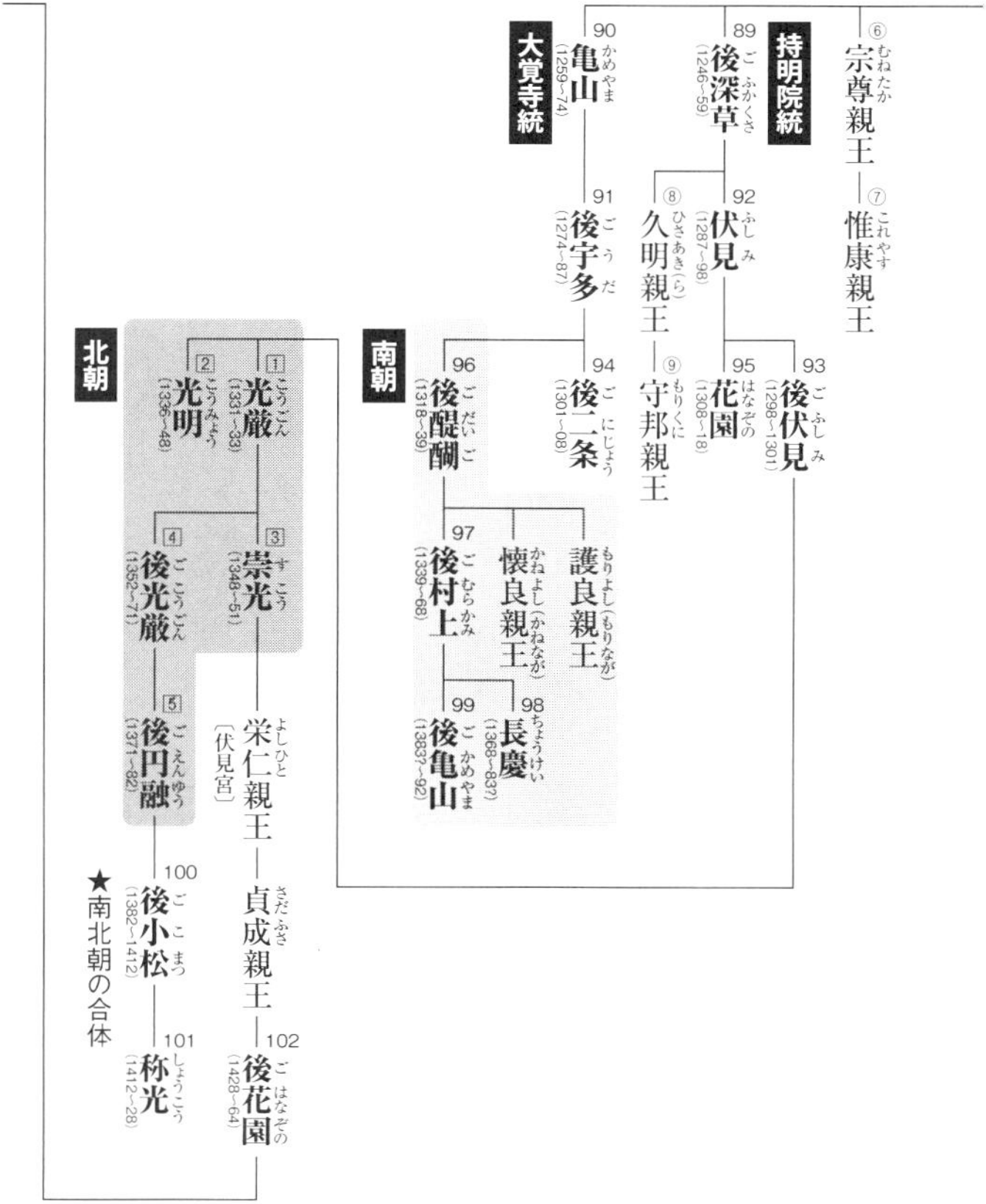
⑥ 宗尊《むねたか》親王
⑦ 惟康《これやす》親王
持明院統
89 後深草《ごふかくさ》(1246〜59)
90 亀山《かめやま》(1259〜74)
大覚寺統
92 伏見《ふしみ》(1287〜98)
⑧ 久明《ひさあき(ら)》親王
91 後宇多《ごうだ》(1274〜87)
93 後伏見《ごふしみ》(1298〜1301)
95 花園《はなぞの》(1308〜18)
⑨ 守邦《もりくに》親王
94 後二条《ごにじょう》(1301〜08)
南朝
96 後醍醐《ごだいご》(1318〜39)
護良《もりよし(もりなが)》親王
懐良《かねよし(かねなが)》親王
97 後村上《ごむらかみ》(1339〜68)
98 長慶《ちょうけい》(1368〜83?)
99 後亀山《ごかめやま》(1383?〜92)
北朝
1 光厳《こうごん》(1331〜33)
2 光明《こうみょう》(1336〜48)
3 崇光《すこう》(1348〜51)
4 後光厳《ごこうごん》(1352〜71)
5 後円融《ごえんゆう》(1371〜82)
栄仁《よしひと》親王
〔伏見宮〕
100 後小松《ごこまつ》(1382〜1412)
101 称光《しょうこう》(1412〜28)
貞成《さだふさ》親王
102 後花園《ごはなぞの》(1428〜64)
★南北朝の合体

103 後土御門《ごつちみかど》（1464～1500）
104 後柏原《ごかしわばら》（1500～26）
105 後奈良《ごなら》（1526～57）
106 正親町《おおぎまち》（1557～86）
誠仁親王《さねひと》
107 後陽成《ごようぜい》（1586～1611）
智仁親王《としひと》〔八条宮・桂宮〕
智忠親王
108 後水尾《ごみずのお》（1611～29）
好仁親王《よしひと》〔高松宮・有栖川宮〕

109 明正《めいしょう》（1629～43）
110 後光明《ごこうみょう》（1643～54）
111 後西《ごさい》（1654～63）
112 霊元《れいげん》（1663～87）
113 東山《ひがしやま》（1687～1709）
114 中御門《なかみかど》（1704～35）
直仁親王《なおひと》〔閑院宮〕
115 桜町《さくらまち》（1735～47）
典仁親王《すけひと》〔慶光宮〕
116 桃園《ももぞの》（1747～62）
117 後桜町《ごさくらまち》（1762～70）
118 後桃園《ごももぞの》（1770～79）
119 光格《こうかく》（1779～1817）
120 仁孝《にんこう》（1817～46）
121 孝明《こうめい》（1846～66）
親子内親王《ちかこ》（和宮）
122 明治《めいじ》（1867～1912）（睦仁）
123 大正《たいしょう》（1912～1926）（嘉仁）

124 昭和《しょうわ》（1926～89）（裕仁）
125 今上天皇（1989～）（明仁）
徳仁親王《なるひと》
愛子内親王《あいこ》
文仁親王《ふみひと》（秋篠宮）

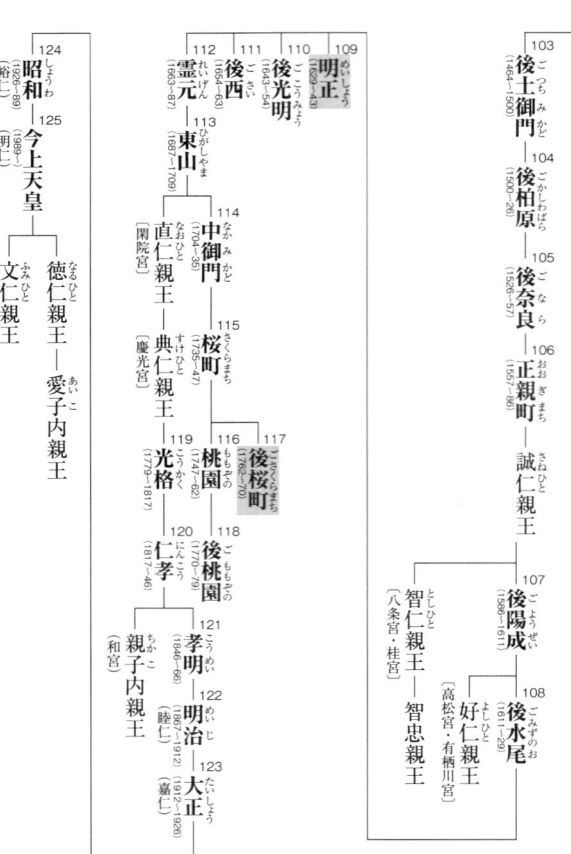

第一章

「古代日本」と「天皇のルーツ」の謎を解く

――なぜ、日本には〝城〟がないのか

テーマ①

古代日本にもあった熾烈な民族抗争

なぜ日本には町全体を取り囲む城壁がつくられなかったのか。このことがわかって初めて日本のあけぼのと天皇のルーツが見えてくるのである。

◇日本の城は〝城〟ではない

現在の日本史の教科書には、多くの問題点があると私は思っています。中でも最大の問題点は、外国と日本の歴史をまったく比較していないことです。

歴史にも国ごとに「個性」というものがあります。でもその個性の特徴は、異なる個性と比較してみなければ見えてきません。

日本の歴史が持つ個性を知るためには、外国の歴史と日本の歴史を比較することが必要

なのです。

たとえば「城」は日本にも外国にもありますが、その概念は日本と外国で大きく異なります。

日本で「城」と言うと、誰もが大阪城や名古屋城、姫路城や江戸城のように天守閣を持つ本丸を中心とした、掘割と土塀または石垣で囲まれている「建築物」をイメージします。でも、実はあれは本来の「城」ではないのです。

私たち日本人が「城」と言っているものはいわゆる要塞、つまり軍事基地です。でも、本来の「城」というのは、あのような小さな建築物のことではなく（日本人は大阪城や姫路城などは大きな建築物だと思っていますが、世界水準から見れば、あれでも小さなものなのです）、もっと巨大な構築物を意味するものなのです。

本来の「城」というのは、都市全体を囲む城壁を意味します。つまり、塀で囲まれた「城壁都市」こそが、本来の「城」なのです。実際、日本と同じ「城」という字を使う中国では、「城」は都市全体を囲んだ城壁を意味します。

日本の城では城主の居場所である本丸は城の中心部に位置しますが、基本的に南北が長い長方形をしている中国の「城＝城壁都市」では、「天子は南面する」という言葉が今も残っているように、皇帝の住む宮殿は一番北の端に置かれています。

なぜ一番北の端に皇帝の宮殿が置かれているのかというと、都市を囲む城壁の門が南の端に位置しているからです。城壁にいくつも門があると敵が攻めてきたとき守るのが大変なので、よほど大きな都市でもない限り、門は基本的に一つしか作られませんでした。この唯一の門は「南大門」と呼ばれ、夜は固く閉ざされます。都市の中にはこの南大門から真っ直ぐ北に向かう大通りが設けられ、その道の北端に宮殿が位置しているのです。つまり、敵が攻めてきたときに、もっとも門から遠い安全な場所に宮殿は位置しているということです。

中国では、このように都市と言えば城壁で囲むのが古代から当たり前でした。そしてこれは、何も中国だけではなく、全世界の常識でもありました。たとえば、古代ギリシャの有名な叙事詩『イーリアス』にも描かれた「トロイの木馬」という話がありますが、これも「城＝城壁都市」であったことを物語っています。

トロイの木馬が登場するのは、ギリシャが小アジアのトロイという都市と戦った神話上の戦争「トロイ戦争」です。トロイは難攻不落の都市で、十年近い攻防が続いたにもかかわらず、ギリシャ軍はトロイを陥落させることができないでいました。そんなとき、一人の知将が奇策を提案します。その奇策とは、中に兵士を忍ばせた巨大な木馬を作り、一旦ギリシャ軍を撤退させることでトロイ軍を油断させて、木馬を城内に運び込ませ、木馬内

紫禁城（故宮）。北京市にある明清時代の旧皇宮。面積は約72万平方メートルある。世界最大級の皇宮である

姫路城（白鷺城）。兵庫県姫路市にある江戸時代初期に建てられた城。国宝で世界遺産にも登録されている

に潜んでいた兵士に城門を中から開けさせるというものでした。

この奇策はまんまと成功しました。

ある日、夜が明けると敵陣はもぬけの殻で、ぽつんと巨大な木馬が置かれている。怪しんだトロイ軍は一人残されていたギリシャ兵を問いただします。するとこの兵士は、「ギリシャ軍は諦《あきら》めて逃げ去った。この木馬はギリシャの神の怒りを鎮《しず》めるために作ったもので、なぜこれほど巨大なのかというと、自分たちが去った後にトロイの城内に運び込まれないようにするためだ。というのも、この木馬がトロイの城内に運ばれたらギリシャは敗退するという予言が下されていたからだ」と、まことしやかに嘘をついたのです。

これを聞いたトロイの人々は、大喜びで木馬をトロイの城内に運び込み、町を挙げて大祝宴を開きました。そして……、全員が酔いつぶれた真夜中、木馬内に潜んでいた兵士が出てきて、内側から城門を開けたのです。

いかに難攻不落のトロイ城も、城門の鍵を内側から開けられてしまったのではひとたまりもありません。しかも、トロイの人々は酔いつぶれていたので、抵抗することすらできませんでした。

このトロイの木馬の逸話から読み取れるのは、古代ギリシャでも、都市というのは城壁都市であることが当たり前だった、ということです。

◇農耕民族は定住し、遊牧民族は移住する

ところが、こうした世界の常識が当てはまらない、ほとんど唯一の国が日本なのです。
実際、古代日本を訪れた中国の使節は、日本の都市を見て「日本の町には城壁がない」と驚きとともに書き残しています。確かに日本の都市には、「平城京」にしても「平安京」にしても城壁がありません。平城京などその名に、城壁を意味する「城」という字が入っているにもかかわらず城壁がないのですから、中国の使節はさぞかし驚いたことでしょう。

奈良の都「平城京」は碁盤の目のように通りが走る長方形の都市です。これは、当時の中国「唐」の都であった長安をモデルにして造られたと言われています。でも、長安は「長安城」とも言われるように、立派な城壁に囲まれた城壁都市です。その長安をモデルにしたのに、なぜ平城京には城壁が造られなかったのでしょう。

答えは簡単です。必要がなかったからです。

外国の都市に城壁が必要だったのは、敵となる異民族が周囲にいたからです。そして、世界の常識では、その異民族は「遊牧民族」でした。都市に住む民族は、定住しているわけですから基本的に「農耕民族」です。

日本史だけを見ているとわかりにくいのですが、実は、この「農耕民族」と「遊牧民族」の対立というのは、世界史における、とても大きなテーマの一つなのです。

農耕民族と遊牧民族では、ライフスタイルがまったく違います。

農耕民族のライフスタイルは、農業を基盤としたものです。基本的にはアジアでは稲作、作物で言うと「米」で、ヨーロッパでは「麦」です。つまり、水田か麦畑を耕して、そこから穫れる穀物を食糧とし、生きていく民族が「農耕民族」です。田んぼや畑は動かすことができないので、彼らのライフスタイルは代々同じ場所に「定住する」ことになります。

一方、遊牧民族のライフスタイルは、牧畜つまり牛や羊などの家畜を飼って、その肉などを食糧とし、その毛皮を衣類や住まいの材料にするなど、衣食住のすべてを家畜に依存するものです。彼らは家畜を育てることが生活の基盤なので、家畜の都合が最優先されます。

具体的に言うと、遊牧には家畜の餌となる牧草や水が必要不可欠ですが、それらの状態は一定ではありません。家畜が牧草を食べ尽くしたり枯れたりすれば、草の生えている場所に家畜を連れて移動しなければなりません。つまり、**牧草や水の状況に合わせて、生活の場を移動しなければならないので、「定住できない」ということです。**

農耕民族は定住するので立派な家を建て、都市を築きますが、遊牧民は定住できないので家は移動に適したもの、基本的にテントが用いられます。そのため町が造られることはなく、家畜とともにテント村が移動することになります。

このようにライフスタイルのまったく違う両民族は、生活の場も違います。

◇城壁は遊牧民への対抗策

農耕民族は、農業に適した土地、具体的に言うと水が豊かで温暖な地に定住します。それに対して遊牧民族は、家畜を育てるのに適した土地、つまり牧草が豊かな草原地帯を移動しながら生活していました。農地に適した土地は牧畜には適さず、牧畜に適した草原地帯は農耕には向きません。ですから両民族は、本来は棲《す》み分けができていました。

でもそれは、あくまでも平常時の話です。異常時、つまり気候不順や疫病などが発生したときには、この均衡はいとも簡単に崩れてしまいました。

Point

古代日本は異民族の脅威にさらされない、希《まれ》な国だった！

気候不順や疫病が発生したとき、ダメージが大きいのは遊牧民族です。なぜなら、農耕民族は豊作のときに食料や富を蓄積しておくことができますが、遊牧民族は家畜が資産なので、日照りなどが続いて家畜が死んでしまえば、一気に危急存亡の状態に陥ってしまうからです。

そんなとき遊牧民はどうしたかというと、農耕民族のところに行って「略奪」をしたのです。

農耕民族の町を襲い、食料や水はもちろん、女性や子供たちをも奪い、女性は自分の嫁にして、子供は奴隷、あるいは戦士として育てたのです。

これは一方的な行為で逆はほとんどありませんでした。農耕民族だって、飢饉や日照りで生活に困ることはあったと思います。でも、略奪はいつも遊牧民族によって一方的に行われました。

その理由は二つあります。一つは、農耕民族は定住しているので、どこにいるのか居場所がはっきりしていますが、遊牧民族は常に移動しているのでどこにいるのかわかりません。そしてもう一つは、遊牧民はいつも馬に乗って広い草原を移動しているので移動手段を持っていますが、定住生活をしている農耕民族には移動手段がありませんでした。

こうした理由から農耕民族は、遊牧民族から略奪したいと思ってもできなかったのです。

そんな常にやられっぱなしだった農耕民族も、やがて遊牧民族に対して有効な対抗手段を持つようになります。それが「城」です。

「城」のもっとも有名なものは中国の「万里の長城」ですが、そもそもなぜあのような長い城壁を造ったのかというと、繰り返される遊牧民族の略奪行為に対抗するためだったのです。

中国という国は、匈奴《きょうど》や契丹《きったん》族、またツングースやモンゴルなど、北方の草原地帯に住む遊牧民族からの侵略を常に受けていました。その対抗策として、最初はそれぞれの国が、首都を城壁都市にしていました。

しかし、それだけでは彼らの略奪を完全に防ぐことはできませんでした。都市を城壁で囲んだおかげで人や財産は守ることができましたが、大切な農耕地帯には馬に乗った遊牧民がいくらでも侵入できる状態だったからです。略奪を完全に防ぐためには国全体を城壁で囲むしかありません。しかし、国すべてを城壁で囲むなど、あまりの大事業で簡単にできることではありません。

ところが紀元前三世紀、ついにその不可能に思えた大事業を成し遂げる人が現れます。

それが、それまでバラバラに分かれていた小国を一つの大きな中国に初めて統一した秦《しん》

●繰り返される北方民族の中国侵入

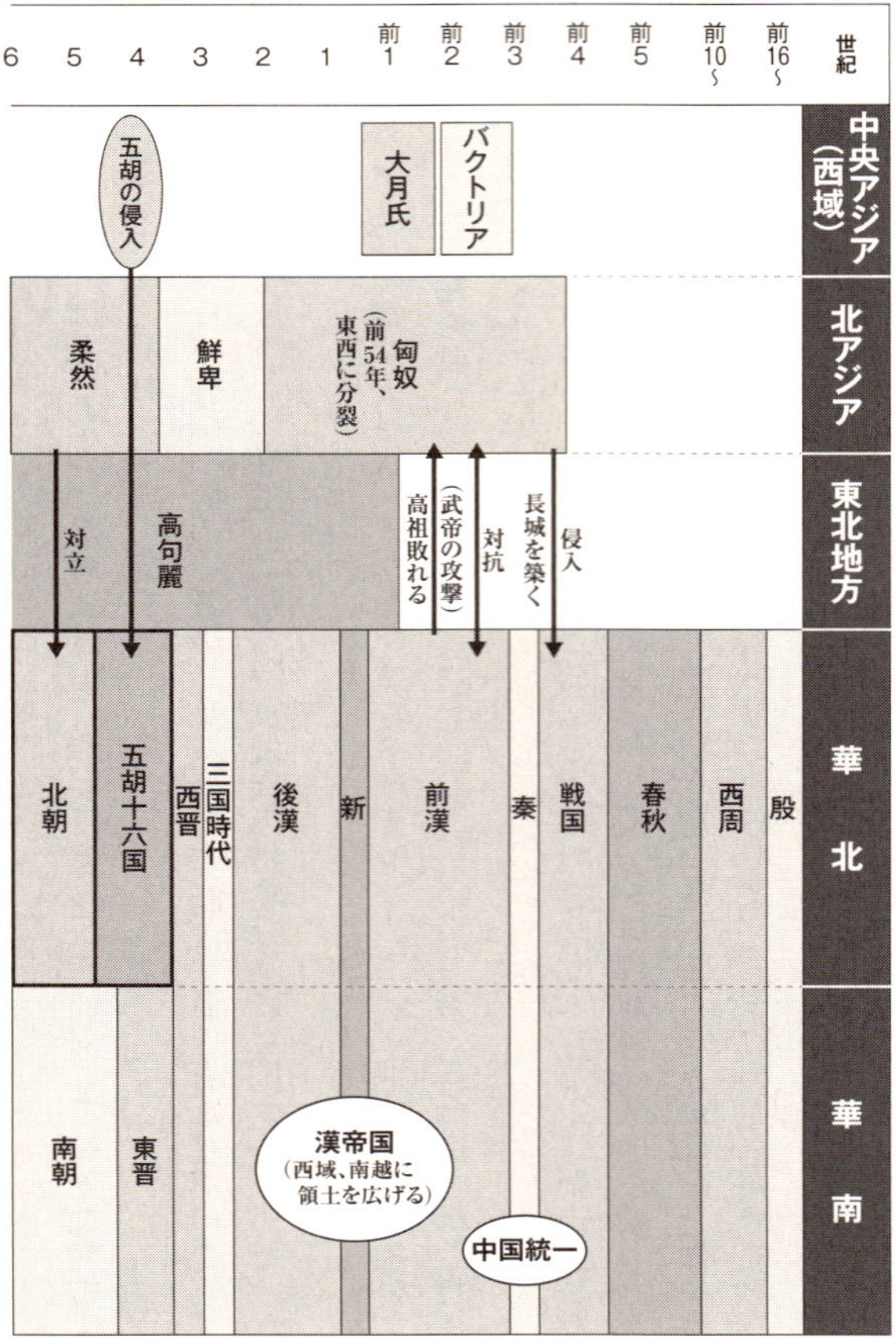

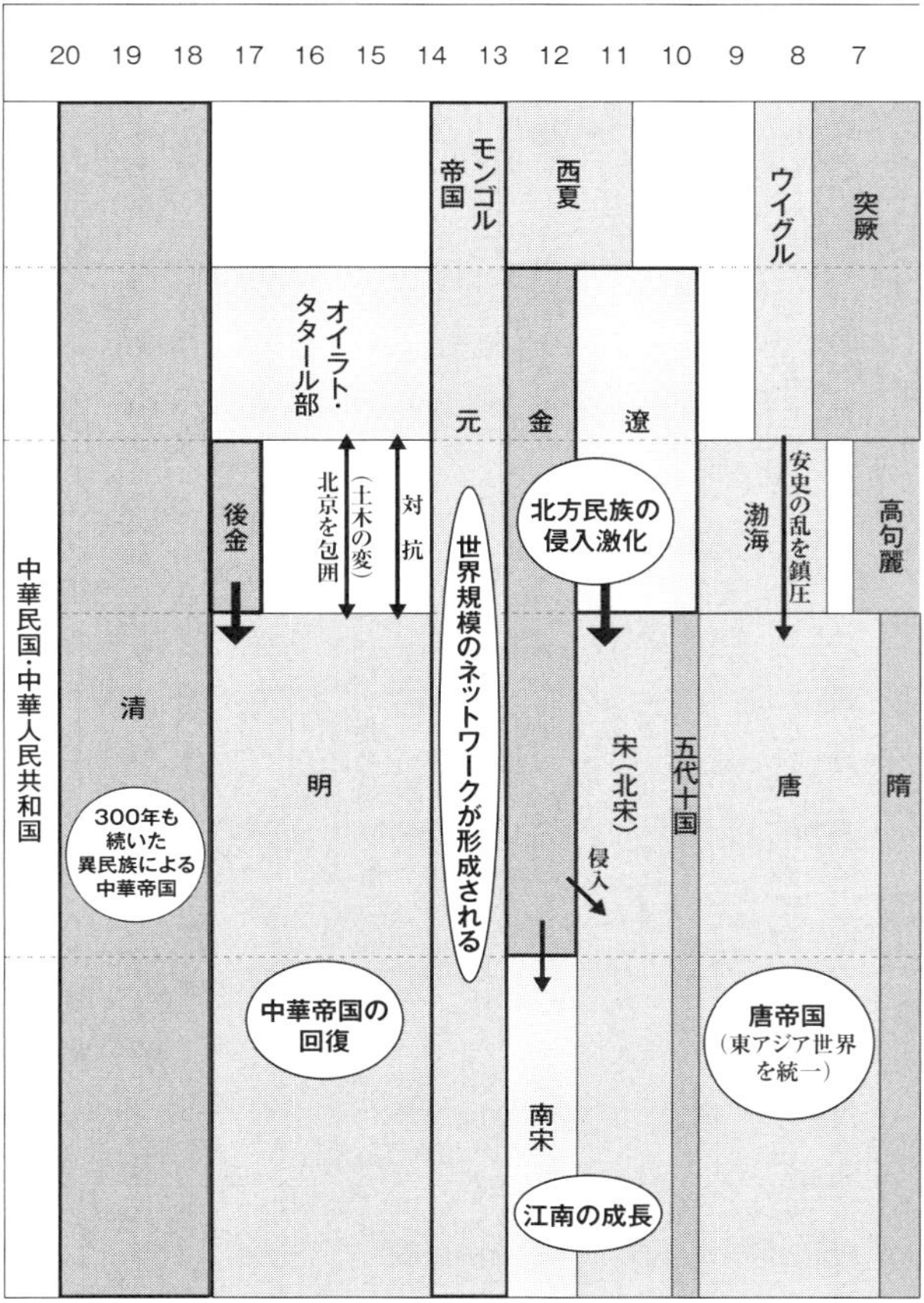

□ 中国に進出した北方民族の王朝

の始皇帝でした。始皇帝は中国全土を統一したことによって得た膨大な権力を使って、国を囲む城壁「万里の長城」を造ったのです。

万里の長城によって農耕民族の生活は守られたかに思えました。しかしその安寧も、永遠のものではありませんでした。その証拠に中国では、「遼《りょう》（契丹族／九一六～一一二五）」「元《げん》（モンゴル民族／一二七一～一三六八）」「清《しん》（満州〈女真《じょしん》〉族／一六一六～一九一二）」など、何度も異民族王朝が進出しています。

現在の万里の長城はとても立派な城壁ですが、秦の始皇帝が最初に造ったものは、あれほど立派なものではありませんでした。当時は馬が乗り越えられなければよかったので、「城」と言っても恐らくは土塁のような簡単なものだったと思います。それが破られるたびに強化されていき、現在のような立派なものになったのです。現在、多くの人が観光で訪れる立派な万里の長城は明《みん》時代のものです。

◇西郷隆盛は縄文人型だった！

日本で外国のような城壁都市が造られなかったのは、国内に遊牧民族が存在しなかったからです。では、世界史の常識である「遊牧民族　対　農耕民族」という対立関係は日本には存在しなかったのでしょうか。

日本も世界史の一部です。そういう視点に立って日本史を見ると、やはり日本の歴史にも同じような抗争があったことが推測出来ます。

それは、**狩猟民族である「縄文人」対、農耕民族である「弥生人」という抗争です。**遊牧民族と狩猟民族という違いはありますが、もともと野生の動物を捕って生活していた狩猟民族が、動物を家畜として飼うことで安定して獲物を捕れるようにしたのが遊牧民族なので、両者の文化はほとんど同一のものと言っていいでしょう。

日本の時代区分が縄文時代から始まり、紀元前四世紀頃弥生時代に移行することは、どんな日本史の教科書（左は社会人向けの教科書）にも書かれています。でも、そこで抗争があったことは記されていません。

　日本でも大陸文化の影響をうけて、紀元前4世紀ころ、九州北部に水稲耕作と青銅器・鉄器を特徴とする農耕文化がおこった。この新しい文化は弥生土器とよばれる薄手の赤褐色の硬い土器をともなうことから、弥生文化とよばれ、紀元3世紀ころまでつづいた。それはちょうど漢民族の勢力が東方にのびる時期にあたっており、おそらくこのころに朝鮮半島から多くの人々が渡来したものと考えられる。

九州地方にはじまった水稲耕作は、100年ほどのあいだに近畿地方にまでひろまり、紀元前後には関東地方から東北地方南部に、2世紀ころには東北地方北部にまでおよんで、それまでの狩猟・漁労の生活を大きく変化させた。

（『もういちど読む山川日本史』山川出版社　8ページ）

日本で農耕が始まるのは弥生時代です。でも、弥生時代以前の日本には狩猟・漁労生活を行っていた「縄文人」がいたわけです。

引用した文の記述では、稲作が大陸から日本に渡ってきた人々によって持ち込まれた文化であるとしていながら、もともと日本にいた縄文人と弥生人が異なる民族なのかどうかというところは曖昧《あいまい》にされてしまっています。

でも、ここのところを曖昧にしてしまっていることが、「日本のあけぼの」をわからないものにしてしまっている原因だと私は考えています。

日本のあけぼのがわからないということは、日本人のルーツがわからないということです。事実、万世一系《ばんせいいっけい》と言われ、日本でもっともその系図がはっきりしている天皇家のルーツでさえ、日本史の教科書には書かれていません。

天皇家はどのようにして誕生したのか。

左は西郷隆盛、右は高杉晋作

確かに、縄文から弥生時代にかけてというのは、文字史料がない時代なのではっきりとわからない部分があることも事実ですが、それでも歴史を見ていけばわかることは沢山あります。

その一つが、日本人の身体的特徴です。

昔から日本人には二つのタイプがあると言われています。

事実、明治維新のときに来日したイギリス人の外交官、アーネスト・サトウ（彼の「サトウ」は「佐藤」ではなく「Ｓａｔｏｗ」）は、日本人には「長州型」と「薩摩型」の二種類の人が混在していると言っています。

アーネスト・サトウの言った長州型・薩摩型というのは気質の違いではなく、身体的な特徴の違いです。

長州型の特徴は、手足が長く、体毛は少なく、顔は割と長く、骨が出て、一重まぶた。対して薩摩型の特徴は、手足が短くずんぐりとした体つきで、体毛は多い。顔は丸顔で骨は出ておらず、二重まぶたのはっきりした顔立ちというものです。

幕末から明治にかけて活躍した長州人、たとえば伊藤博文や高杉晋作の顔と、薩摩人の西郷隆盛や大久保利通の顔を比べてみるとおわかりいただけるでしょう。

実はこうした特徴は、考古学的に明らかになっている縄文人と弥生人の身体的特徴と符合しているのです。つまり、長州型の人というのは弥生人の身体的特徴を持っている人たちで、薩摩型の人というのは原日本人である縄文人の身体的特徴を持っている人たちだと言えるのです。

◇死＝ケガレ＝罪というのが日本人の考え方

もう一つ、日本人のルーツ、ひいては天皇家のルーツを知る手がかりとなるのが、日本人の宗教的概念「ケガレ（穢れ）」です。

これは日本最古の歴史書『古事記』に、既に見ることができます。

『古事記』の原文は「漢字」で書かれているため、非常に読みにくいので、ここでは現代語訳を使ってご紹介します。

ちなみに、『古事記』は「漢文」で書かれていると言う人がいますが、それは正しい表現ではありません。なぜなら、「漢文」というのは古代中国語という意味ですが、『古事記』は古代中国語ではなく、日本語で書かれているからです。

『古事記』が書かれた当時の日本には、まだ平仮名も片仮名もありませんでした。そのため、漢字の読みを利用して日本語を記録したのです。いわゆる「当て字」です。ですから、漢字は使っているけれども、あれは歴《れっき》とした日本語なのです。

イザナキ：「やれやれ、私はとても醜く穢れた国に行ってきたのだなぁ……。
早く身体のケガレを清めなければ！」
黄泉国から舞い戻った伊耶那岐命は、筑紫日向の橘の小門オドに到着すると、禊《みそぎ》を行うべく身につけているものを次々と脱いでいった。（中略）
全て脱いでしまうと、
イザナキ：「上流は流れが激しいし、下流は流れが弱いから、中流にしよう。」と水の中に入った。
初めて身をすすいだ時に生まれた神の名は、八十禍津日神ヤソマガツヒノカミ

大禍津日神オオマガツヒノカミ

（中略）

そして左目を洗った時に生まれた神の名は、天照大御神アマテラスオオミカミ

右目を洗った時に生まれた神の名は、月読命ツクヨミノミコト

鼻を洗った時に生まれた神の名は、建速須佐之男命タケハヤスサノオノミコト

イザナキ：「最後の最後にこんな素晴らしい三柱の神を生むことができるとはっ！」

伊耶那岐命はこの三柱の神、三貴子の誕生を知って非常に喜んだ。

そして、天照大御神に自分の首飾り（御倉板挙之神）を下賜し、

イザナキ：「天照大御神よ、あなたは高天原を治めなさい。」と委任した。

また、月読命・建速須佐之男命にもそれぞれ、

イザナキ：「月読命よ、あなたは夜之食国を治めなさい。」

「建速須佐之男命よ、あなたは海原を治めなさい。」と委任した。

（「古事記の世界」http://homepage1.nifty.com/Nanairo-7756/ より抜粋引用）

これは『古事記』の中でも「三貴神の誕生」と言われる有名な場面です。まず、イザナギ（伊耶那岐命）、イザナミ（伊耶那美命）という夫婦神（イザナギが男、イザナミが女）が神事を行って、大八洲《おおやしま》の国《くに》、つまり日本列島というものをつくります。その後もイザナミはいろいろな神様を産み、最後に火の神を産むのですが、その時に「ほと」、つまり陰部が焼けてしまったため死んでしまいます。

死んでしまったイザナミは、死者の住む世界「黄泉《よみ》の国《くに》」へ行ってしまいます。

黄泉の国は古代人が忌《い》み嫌った世界ですが、イザナギは恋しいイザナミを連れ戻すために黄泉の国へ赴《おもむ》きます。

しかし迎えに来た夫に対してイザナミは、「来るのがちょっと遅すぎました」と言います。理由を問いただすと、すでに自分は黄泉の国の食べものを食べてしまった、つまり、ケガレた世界の食べものを食べてしまったので、自分もケガレた存在になってしまった、というのです。

『古事記』を読むと、黄泉の国は地下にある世界で、これが一番肝心なことなのですが、そこは「ケガレ」に満ちた世界だとされています。では、このケガレは何に起因するものかというと「死」です。つまり、『古事記』という日本民族の一番古い書物で、もっとも強調して語られていることの一つが、「死というものはケガレているんだ」ということなのです。

イザナギはそれでも「一緒に帰ろうじゃないか」と言い、イザナミも一緒に行く決心をしますが、そのとき一つ条件を出します。それは、もとの世界に戻るまで絶対に私の姿を見ないでくださいというものでした。

男というのは仕方のないもので、女性から絶対見ないでと言われると、つい見てしまう生き物なのです。イザナギも約束を破り見てしまいます。すると――、彼が目にしたのは美しかったはずのイザナミの醜く腐乱した姿でした。腐り、ウジの湧《わ》いたその姿を見た途端、百年の恋も覚め、イザナギはイザナミを置いて慌てて逃げ戻ります。

先に引用したのは、黄泉の国から逃げ戻ってきたイザナギが、ケガレを落とす場面です。

ここでイザナギが呟いた言葉に注目してください。「私はとても醜く穢れた国に行ってきた」、だから禊《みそぎ》をしなければ、ということですが、これが意味しているのは、「穢れ（ケガレ）＝罪」だということです。罪だからこそ一刻も早く禊をして清めなければいけない、ということなのです。

ケガレを清めるとは、具体的にはどうすればいいのかというと、清らかな流れている水で洗い流せばいいのです。この「水の流れ」は、イザナギの「上流は流れが激しいし、下流は流れが弱い」という言葉から、あまり激しくても弱くてもいけないことがわかります。

川の中流で適度な流れの水に入ったイザナギのケガレは浄化され、その結果としてさまざまな神様が生まれます。その最後に生まれたのが「アマテラス（天照大神）」「ツクヨミ（月読命）」「スサノオ（須佐之男命）」の三貴神です。

◇日本人はケガレの信者だ

禊の最後に生まれた三貴神の中で、高天原《たかまがはら》を治めることになったアマテラスの子孫が天皇ということになっています。ですから、**『古事記』に記されている「死＝ケガレ」とする宗教観は、天皇家の宗教観であるということです。**

つまり、この価値観がどのような民族の宗教観に基づくものなのか見ていくことで、天皇家のルーツを探ることができるというわけです。

この「ケガレ」を嫌う感覚は、現在、日本人の根本的な考え方として定着しています。

たとえば、「不潔な政治家」と言った場合、皆さんはどのような人物をイメージしますか？　あまり風呂に入らず体臭がするような人でしょうか？　そうではないはずです。

基本的に日本人が「不潔な政治家」と言う場合は、体の汚れよりはその人の心根、たとえば賄賂を取るなど汚職をしている人のことを意味し、逆に清廉潔白な人をクリーンな政治家と言って高く評価します。

つまり、ダーティーなことは汚《きたな》いことなので悪く、クリーンなことはきれいなので良いことだということです。要するに、日本では「汚い＝悪」なのです。

そして、こうした日本人の感覚はどこからきているのかというと、『古事記』に記されたケガレを忌み嫌う思想からきているのです。

ケガレは汚いものですが、いわゆる「汚《よご》れ」とは違います。汚れは物理的に存在するものです。たとえば、白い服についたシミや手についた泥などは、目でその存在が確認できるのでわかりやすい汚れです。でも、たとえ目に見えなくてもその存在が物理的に立証できる汚れというものもあります。最近問題となっている放射能汚染などはその一例です。放射能は目で見ることはできませんが、ガイガーカウンターのような計測器を使えば、何ミリシーベルトというように数値で汚れの存在を確認することができます。

これに対して、ケガレは物理的に存在が証明できないものだけれど、汚さが感じられるものです。

たとえば、他人が何年間も愛用した茶碗などは、どんなきれいに洗っても、たとえ煮沸消毒したとしても「何となく汚い感じ」がして使いたくないものです。この汚さは目に見えないし、計測することもできません、つまり物理的には存在が証明できないものなのです。そういうものを「ケガレ」と言うのです。

この「ケガレ」を嫌う感覚は、存在が証明できないものをあると信じるわけですから、日本人の宗教観なのです。

よく日本人は無宗教だと言いますが、そんなことはありません。宗教というのは、いろいろな定義がありますが、科学で証明できないものを信じるというのが、宗教の定義の一つです。

神様のことを科学的に証明するのは、不可能だからです。ですから日本人は『古事記』の時代からずっと、ケガレの存在を信じる宗教の信者だと言えるのです。

◇外来民族が稲作文化を持ち込んだ

ケガレという概念はどこから生まれたのか。それを知るカギとなるのが、死体や死者、死の世界がケガレに満ちていて、それに触れることは罪であるという『古事記』に見られる考え方です。

では、こうした考え方はいつ生まれたのでしょう。

もともと日本にこうした考えがあったとは思えません。なぜなら、もともと日本列島に住んでいた縄文人は、生き物を捕って生活する狩猟民族だったからです。

狩猟民族の文化においては、基本的に動物を殺すことは悪いことだとは考えられません。彼らは動物を殺して、その肉を食べることで生きているからです。

動物の肉を食べるためには、殺さなければなりません。ということは、大変嫌《いや》な言い方をして申し訳ないのですが、肉を食べるということは、動物の死体を食べているということです。

「死」に抵抗を感じていたら、日常生活を送れません。ですから、狩猟民族の文化というのは、死や死体、動物を殺すということに対する抵抗感をほとんど持たないと言っていい文化なのです。

実際、狩猟民族であるアイヌ民族のお祭りに、イヨマンテの祭りというのがありますが、これはどういうものかというと、小熊を捕まえてきて自分たちで育て、殺すというものです。

今の日本人の感覚からすると、せっかく育ててあげたかわいい小熊をなぜ殺さなければならないのか、と思ってしまいます。でも、狩猟民族の文化では、獲物というのは神様が与えてくださったものなので、それを大切に育てるというのは、神様に感謝の気持ちを示すことであり、それを最後に殺すというのは、神様にお返しするということなのです。ですから、育てた小熊を殺すのは悪いことではないし、小熊を殺したらかわいそうだなどと思ってはいけないのです。それが狩猟民族の文化です。

これに対し、農耕民族の文化は違います。

農耕民族は、基本的に動物を殺さなくても生活することができるからです。むしろ、生活の中に動物の死を必要としない農耕民族にとって「死」は豊穣の対極に属する嫌なものと考えられるようになったと思われます。

実際、農耕民族の文化は、こういうものをできるだけ避けようとするものです。

明らかに狩猟文化であった縄文人の国だった日本が、突然大きな変化を遂げるのが弥生時代です。弥生人というのは農耕民族、つまり、死体に触れなくてもいい文化、動物を殺さなくてもいい文化を持った人々です。

そう考えると、古代のことはちゃんと文章に書いてあるわけではないので、あくまでも推測ですが、日本に稲作を持ち込んだ弥生人の文化が、「死」に対して非常に嫌悪感を覚えるケガレという宗教的概念を持っていたと考えられるのです。

◇日本の支配階級による文化的差別とは？

一切血を見ない文化である農耕文化、具体的に言えば稲作技術を持った人たちが、朝鮮半島か中国大陸から日本列島に渡来し、西の方からだんだん征服していきました。

そうすると、その征服された土地では、農耕民族（弥生人）がエリートになり、征服された狩猟民族（縄文人）は下層階級になるわけです。その結果、農耕民族の狩猟民族に対する差別というのが起こったと私は考えます。

土地を奪われ、差別された縄文人たちは、どんどん東へと追いやられて行ったのでしょう。最近では、青森県の三内丸山《さんないまるやま》遺跡での研究により、東北地方の縄文文化のイメージが変わりつつありますが、実際、日本では今でも東へ行けば行くほど狩猟文化の痕跡が色濃く残っています。

東北六県では、マタギの文化がそれに当たります。マタギというのは、いわゆる猟師のことです。猟師というのはまさに殺した動物の肉を食べ、動物の皮を衣服に用いるという縄文文化に共通する独特の風俗を持っています。

しかし、狩猟文化がもっとも色濃く残っているのは、やはり北海道のアイヌ民族の文化です。彼らの伝統的な生活は、まさに狩猟文化そのものです。

そして、こうした狩猟文化の色合いが濃くなればなるほど、「部落差別」も見られなくなります。

「部落差別」というのは、ある特定の部落に住む人々を差別するというものです。そして、その差別される部落に住む人々には、皮革業など動物を殺すことを仕事にしている人がいました。

　こうした部落差別というのがどこからくるかというのは、まだ残念ながら定説として固まっていないのですが、私に言わせれば、**根源はこの支配階級になった農耕民族による下層階級である狩猟民族に対する文化的差別です。**

　ちなみに関西では、部落差別がいまだに大きな問題となっているので、「部落」という言葉は使いません。必要な場合は、同じ意味の「集落」という言葉を使います。もしも関西のテレビやラジオで部落という言葉を使ったら大変なことになります。でも狩猟文化の色濃く残る東北では、そもそもそういう仕事に就《つ》く人々に対する差別がないので、部落という言葉を日常的に使っています。

　このように日本の歴史・文化を見ていくと、はっきりした証拠はないのですが、日本という国は、狩猟文化だったところに、稲作を持った外来農耕文化が入って来て、農耕に適した温暖な土地、具体的に言えば九州、四国、関西地方あたりを征服し、そこに稲作文化を築いたと言えるでしょう。

　そして、**この稲作文化を持ち込んだ外来民族の長こそが「天皇」だと考えられるのです。**

実際、天皇家には生《い》け贄《にえ》を捧げるとか動物を供物《くもつ》として神に捧げるような儀式は一つもありません。天皇家の儀式はすべて農耕儀礼です。正確に言えば、漁労、つまり魚に関する儀礼は若干あるのですが、それはごく希《まれ》なものです。

◇日本古代、二度の大きな移民があった?

現在の日本史の教科書では、かつて日本に狩猟文化を持った縄文人がいたこと、その後、稲作文化を持った弥生人が繁栄したことはわかりますが、両者の関係性はまったくわかりません。そして、この問題を曖昧にしているため、天皇家のルーツも曖昧になっているのです。

さてこのテーマの最後に、天皇家のルーツが稲作文化を日本に伝えた外来民族だったという私の説を申し上げたついでに、より天皇家のルーツに深く切り込む自説をご紹介したいと思います。

これは、日本古代の大きな謎の一つである出雲青銅器文化とも関わるものです。

先ほど引用した文の記述をもう一度思いだしてください。

日本でも大陸文化の影響をうけて、紀元前4世紀ころ、九州北部に水稲耕作と青

●水稲耕作の伝播

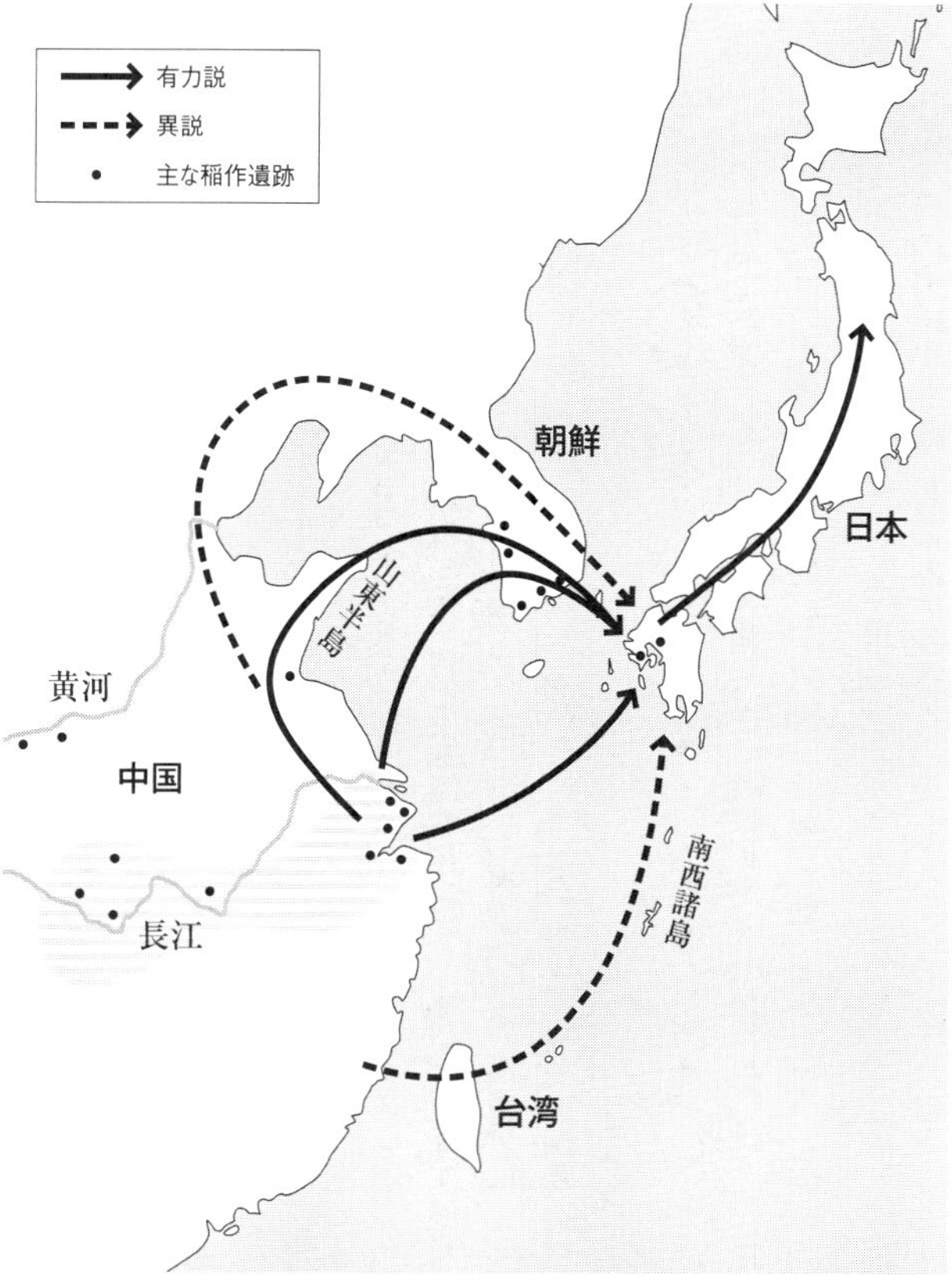

稲の短粒種ジャポニカが九州に伝播し、日本で水稲耕作が始まったとされる。中国・朝鮮半島から伝播したとする説、沖縄など島づたいに伝播したとする説などがある。

銅器・鉄器を特徴とする農耕文化がおこった。この新しい文化は弥生土器とよばれる薄手の赤褐色の硬い土器をともなうことから、弥生文化とよばれ、紀元3世紀ころまでつづいた。それはちょうど漢民族の勢力が東方にのびる時期にあたっており、おそらくこのころに朝鮮半島から多くの人々が渡来したものと考えられる。

（『もういちど読む山川日本史』山川出版社　8ページ）

この記述では青銅器と鉄器が一緒くたに書かれています。

でも、世界史の常識を知っていれば、ここにも疑問が湧いてくるはずです。

文明の区分の仕方にはいろいろありますが、もっとも典型的なのは道具による区分です。まず、農具や武器を石でしかつくれなかった石器時代があり、次が青銅器時代、その後が鉄器時代です。

日本でも、この順番で文化が進んだと考えるべきではないでしょうか。

なぜなら、青銅器と鉄器を比べた場合、明らかに鉄器の方が強度が高いので、鉄器をつくることができるだけの文化を持つ民族が、同時に青銅器文化を併せ持つというのは不自然だからです。

日本の弥生時代の遺跡からは、青銅器も鉄器も出土しています。それは事実ですが、問題は、それらがいつ日本に伝わったのか、ということだと思います。

私は、弥生人というのは、大陸での人口増加によって中国大陸や朝鮮半島あたりから弾《はじ》き出された人たちではないかと考えています。そして、そうであるならば、新天地を求める日本列島への移民は、何度かに分けて行われたと考えるのが自然です。

私は、大きく分けて二度の移民があったのではないかと考えています。これを便宜的に「第一次農耕移民」、「第二次農耕移民」としましょう。

問題は、天皇家のルーツは第一次、第二次、どちらの農耕移民だったのか、ということです。

結論から言うと、私は、天皇家は後から来た第二次農耕移民の長だったと考えています。なぜなら、後発移民の方が、より優れた農耕技術とより優れた道具、つまり鉄器を持っていたと考えられるからです。

まず、第一次農耕移民が、稲作技術と青銅器を持って渡来し、日本に定着します。その

Point

天皇家の儀式には狩猟民族の儀礼がない！

後、さらに優れた農耕技術と鉄器を持った、天皇家を長とする第二次農耕移民が来て、最終的に大和朝廷を築いたのではないか、というのが私の仮説です。

◇天皇家のルーツは銅鐸《どうたく》でわかる

仮説と言っても、まったく根拠がないわけではありません。私が自説の根拠となり得ると考えているのは、弥生時代の遺跡から出土する謎の遺物「銅鐸」の存在です。

銅鐸とは、銅でできた鐘のようなものですが、何のための道具なのか、どのようにして使われたのかもわかっていません。

でも、銅鐸の最大の謎は、あまり意識されていませんが、これが本来は何と呼ばれていたのかわからない、ということなのです。同時代の出土品である「銅鏡」は「かがみ」、「銅剣」は「つるぎ」という大和言葉《やまとことば》があります。

しかし、「銅鐸」はあくまでも考古学用語であって、当時の呼び名ではありません。江戸時代、銅鐸は「蛹《さなぎ》」と呼ばれましたが、これは銅鐸が横倒しになった状態で発掘され、その格好が蛹に似ていたからです。

銅鐸と言うようになったのは、中国で鐘を「鐸」と言うことから、鐘に似たものということで、明治時代に「銅鐸」と呼ぶことにしただけのことなのです。

加茂岩倉遺跡から出た銅鐸。銅鐸とは、弥生時代の遺跡から出る釣鐘型の青銅器で、中国で鐘を「鐸」と言うことから明治以降「銅鐸」と呼ばれるようになった（写真：島根県立古代出雲歴史博物館）

もちろん『古事記』にも『日本書紀』にも銅鐸に関する記録はありません。唯一、平安時代に書かれた歴史書『扶桑略記《ふそうりゃっき》』に、天智《てんじ》天皇の七年に土中から「奇寳鐸」、つまり珍しい鐘のようなものが出てきたという記述があるだけです。この記述からわかるのは、天智天皇の時代にはすでに銅鐸が何であったかはもちろん、名前すら残っていなかったということです。そしてこれは、天皇家は青銅器文化を持ってきた人々の末裔《まつえい》ではない可能性が高いことを示しています。

銅鐸は青銅器を持ってやってきた第一次農耕移民の聖なる信仰の道具であって、第一次農耕移民が鉄器を持つ第二次農耕移民に征服されたことによって、信仰の道具として使われなくなった、と推測できるということです。

もしも第二次農耕移民の後も銅鐸を道具とした宗教を信仰する人たちがいたのであれば、その宗教の名残りや、せめて銅鐸を何と呼んだのか、名前ぐらいは残っていたはずです。

日本にはもともと狩猟民族である縄文人が住んでいて、そこに稲作技術と青銅器を持った第一次農耕移民が渡来し、縄文人を東に追いやるかたちで定住したが、やがてより優れた稲作技術と鉄器を持った第二次農耕移民が渡来し、第一次農耕移民を征服・吸収するかたちで、日本列島の支配権を勝ち取り、第二次農耕移民の長である天皇家を長とする大和朝廷が築かれたのではないでしょうか。

もちろん、これはまだ私の仮説であって、日本史の定説ではありません。

でも、考古学的資料と、日本人の身体的特徴、そして、日本人の宗教観や東西の文化的違いから考えていくと、こうしたストーリーが見えてくるのです。

テーマ② 卑弥呼は太陽神である

邪馬台国の謎は、『魏志《ぎし》』倭人伝を読んだだけでは解けない。大切なのはその当時の宗教観や言語学を考えることで、「今」の感覚を捨てることである。

◇日本の歴史学が見落としている言語学

「邪馬台国」

皆さんはこれを何と読みますか？

ほとんどの人が「やまたいこく」と読んだと思います。なぜなら、学校の教科書で「邪馬台国」は「やまたいこく」と読むと教えられたからです。

私は一九九二年から『週刊ポスト』に『逆説の日本史』という日本の通史を連載してい

ますが、その最初期のテーマの一つが「卑弥呼編」でした。このときから私は、「邪馬台国」は「やまたいこく」ではない、そんな読み方をしている限り、日本の古代の姿は見えてこないと言い続けてきました。

では、何と読むのが正しいのでしょうか。答えから言えば「やまどこく」です。

私が言い続けてきたことが幸いしたのかどうかわかりませんが、現在の教科書には、「やまたいこく」というふりがなだけでなく、括弧書きですが、「やまとこく」という読みが併記されています。

そこで諸国は共同して邪馬台国《やまたいこく（やまと）》の女王卑弥呼《ひみこ（ひめこ）》を立てたところ、ようやく争乱はおさまり、ここに邪馬台国を中心とする30国ばかりの小国の連合が生まれた。

（『詳説日本史　改訂版』山川出版社　17ページ）

『魏書』東夷伝倭人《とういでんわじん》の条（『魏志』倭人伝）には、所在地をめぐって論争がつづいている邪馬台国《やまたいこく（やまと）》についての記事がある。

（『日本史B　改訂版』三省堂　15ページ）

卑弥呼の支配する邪馬台国《やまたいこく（やまと）》は、約30の小国と連合を組んでいたが、
（『新日本史B』桐原書店　23ページ）

でも、そこにはなぜ二種類の読みが書かれているのか、何の解説もありません。これではせっかく「やまと」という読みを書いても意味がありません。

二つの読み方の違いは「台」という字の読み方にあります。この字は現在、一般的には「だい」と読みますが、「台風」や「台湾」のように「たい」とも読みます。ですから「やまたいこく」と読むことに私たちは何の違和感も感じていないのですが、そこには「邪馬台国」という言葉が書き残された時代に対する考慮がまったくなされていません。

邪馬台国についての記述があるのは、三世紀に書かれた『三国志』という中国の正史の中の「魏書《ぎしょ》」という部分です。さらに細かく言えば、「魏書」の中の「東夷伝倭人条《とういでんわじんのじょう》」というところに書かれています。日本ではこれを『魏志《ぎし》』倭人伝と呼んでいます。

正確な名称はともかく、**大切なのは、これが今から千七百年以上も前（日本は弥生時代）に書かれたものだということです。**そんな古い史料に書かれている語句を今と同じ感覚で読んでいいはずがありません。なぜなら、長い歴史を持つ中国という国では、時代によって漢字の発音が違っているからです。

一つ例を挙げましょう。

「行動」という字を私たちは「こうどう」と読みます。では、「行灯」はどうでしょう。これは「あんどん」と読みますね。同じ「行」という字を、行動の場合は「こう」と読み、行灯の場合は「あん」と読むわけです。

では、この違いがどこからきているのか知っていますか？

実は、その文字が日本に入ってきた時代が違うのです。先ほどの「行＝あん」という読みは、中国の宋《そう》の時代、日本で言うと、平安時代末期から鎌倉時代初期にかけての時代の読みなのです。

そこで問題の「台」ですが、これを「たい」と読むのはいつの時代かというと、中国では唐の時代で、日本に伝わったのは奈良から平安時代初期にかけてなのです。そして、邪馬台国という字を「やまたいこく」と読むのだとしたのは、江戸時代の学者（本居宣長《もとおりのりなが》と言われている）なのです。つまり、「やまたいこく」という読みは、江戸時代の学者が平安時代から続く読み方で読んだものなのです。今の歴史学は、それを無批判に踏襲しているに過ぎません。

でも、これはどう考えてもおかしいでしょう。西暦二四〇年代に記録された文書なのですから、「邪馬台国」は、二四〇年代の発音に即して読むべきです。

では、「台」は当時の読みでは何と発音したのでしょう。当時の中国語の発音を研究している先生に確認したところ、「邪馬台国」の「邪＝や」と「馬＝ま」はそのままでいいのですが、「台」は当時の発音だと「ど（正確には日本の『ド』に近い音）」と読むというのです。

ということは、「邪馬台国」は当時の発音では「やまどこく」だということになります。

◇邪馬台国の謎はすでに明かされている

なぜここまで読み方に拘《こだわ》る必要があるのかというと、この邪馬台国についての記述はあくまでも「聞き書き」によるものだからです。

『魏志』倭人伝を書いたのは陳寿《ちんじゅ》という人ですが、陳寿さん本人が邪馬台国へ行ってそこで見聞きしたことを書いたわけではありません。これは当時、中国にやってきた邪馬台国の使者が中国の役人に話したことを、陳寿が伝え聞き、記録したものだと考えられます。

想像してみてください。海の向こうから来た使者に、当時の中国人が、「お前の国は何と言うんだ」と聞きます。それに対して、使者が「○○○と言います」と口頭で答えます。その口で言った言葉「○○○」を中国語で書き留めたのが、「邪馬台国」なのです。私たち日本人が、耳で聞いた外国語をカタカナで書き留めるようなものです。ということは、「邪馬台国」というのは音を拾っただけの当て字だということです。当て字の場合、文字が何という音に相当しているのかということが重要なのですから、これは絶対に当時の発音で読まなければいけないのです。

現在、日本史の教科書を読む限り、邪馬台国と大和朝廷の関係はハッキリしていません。

> 倭では2世紀の後半に大乱がおきたが、3世紀になって、卑弥呼《ひみこ》(ひめこ)とよぶ女性が、諸国に推されて倭の女王となり、やっと平静になったという。卑弥呼の支配する邪馬台国《やまたいこく》(やまと)は、約30の小国と連合を組んでいたが、
>
> (『新日本史B』桐原書店　23ページ)

> のちの大和《やまと》を中心とした畿内では、もっとも有力な豪族《ごうぞく》の首長を中心に、諸豪族が連合したヤマト政権が形成され、その勢力が急速に伸張して、4世紀中ごろには、中部以西の西日本一帯におよんだと考えられている。
>
> (『新日本史B』桐原書店　28ページ)

現在の歴史学では、邪馬台国が日本にあったのは三世紀（二〇〇年代）で、四世紀後半（三〇〇年代後半）には、明らかに天皇家を頂点とする大和朝廷が成立していたとしています。でも、学会では、邪馬台国が発展して大和朝廷になったのか、それとも邪馬台国を滅ぼすかたちで大和朝廷ができたのか、まだ議論をしている最中なのでハッキリしたことが書けないでいるのです。

でもこれは、私に言わせれば無駄な議論です。

なぜなら、「邪馬台国＝やまどこく」だったということは――、「邪馬台国（やまどこく）」は、同じ「やまと（やまど）」という名を持つ大和朝廷と同じものだと考えるのが自然だからです。

そうなると、大和朝廷の成立年代も教科書の記述とは違ったものになります。教科書では、大和朝廷が成立したのは四世紀としていますが、「邪馬台国＝大和朝廷」だということは、三世紀、つまり卑弥呼の時代にはすでに成立していたということになります。

せっかく二つの読み方を記載していながら、なぜそう読むのか、そこから何が考えられるのか、そんな当たり前のことをしていないために、未《いま》だに邪馬台国は謎の国になっているのです。

◇ファーストネームは絶対に言ってはいけない

邪馬台国についての日本史の教科書の記述には、もう一つ大きな問題があります。それは、「卑弥呼」は「ひみこ」さんではないということです。これは漢字の読みの問題ではありません。教科書には「ひめこ」というもう一つのふりがなを併記しているものもありますが、当時の発音で言えば「卑弥呼」は「ひみこ」でいいようです。

では何が問題なのでしょう。それは、「卑弥呼」は本当に女王の名前なのか、ということです。

日本人の多くは「卑弥呼」を女王の名前だと思っています。でも、『魏志』倭人伝には、「卑弥呼という名の女王」と書いてあるわけではありません。ということは、それが本当に名前なのかどうか、疑ってみるべきでしょう。

「卑弥呼」も邪馬台国と同じように当て字ですから、ここでも重要なのは、「ひみこ」という音だけです。

私が「卑弥呼は本当に名前なのか？」と疑問を持ったのは、日本人は、もともとファーストネームを呼ぶのは極めて失礼なことだという感覚を持つ民族だということに気づいたからです。

外国人は日本人よりずっと気楽に相手の名前を呼びます。アメリカ映画などをみると、知り合った人たちが打ち解けると「俺のことはジョンと呼んでくれ」「わかった。ぼくのことはボブと呼んでくれ」というように、互いにファーストネームで呼び合います。

ところが日本人同士の場合は、かなり親しくなっても「俺のことは元彦と呼んでくれ」というようなことは言いません。友達同士でもそうなのですから、相手が目上の人であればなおさらです。

たとえば、あなたが外国で外国人に「あなたの国で一番偉い人は誰ですか」と聞かれたとします。あなたは何と答えますか？　天皇と答えるか総理大臣と答えるか、恐らくそのどちらかだと思いますが、いずれにしてもその人の名前を言うことはないでしょう。仮に天皇だと思っている人でも「それは明仁さんです」とは言わないだろうということです。

今、これを読んだ方の中には、「今の天皇陛下は明仁さんと言うのか」と思った人もいるのではないでしょうか。でも、それは決しておかしなことではありません。なぜなら、天皇陛下の名前を知っている必要など我々にはないからです。

名前を知らないと不便だと思うかも知れませんが、天皇は同時代に一人しか存在しないので、「陛下」とか「大王《おおきみ》」とお呼びすれば問題ありません。
・でも、名前を直接呼ばないという風習は、高貴な人に限ったものではありません。日本では江戸時代まで、本名ではなく、呼びかけ用の名前を使うという習慣がありました。たとえば幕末の志士として有名な坂本龍馬、彼の「龍馬」という名は実は本名ではなくて、通称です。彼の本名は「直柔《なおなり》」と言います。ちなみに西郷隆盛の「隆盛（隆永とも）」は本名ですが、同時代の人は誰も隆盛とは言いませんでした。同時代の人は呼び名である「吉之助」を用いていました。

当時本名というのは、公文書に署名する場合や、亡くなった後に墓に刻まれるなど、ごく限られたときにしか使われないものでした。やたらと人に教えるものでもなかったので、親しい友人でも本名を知らないということもよくありました。

幕末というと卑弥呼の時代とは千年以上離れていますが、日本では古来から個人の名前を直接言わないというのが礼儀なのです。ましてや卑弥呼は女性です。女性の名前というのは、日本では男性以上に厳重に秘密にされました。

Point

当時、「卑弥呼」は「ひみこさん」ではない！

◇卑弥呼は太陽神の化身

こうしたことを踏まえると、邪馬台国の使者が女王の本名を口に出したとは考えにくいということがおわかりいただけるでしょう。この使者は、外国へ使わされたぐらいですから官僚の中ではかなり偉い人だったと思います。それでも女王様の本当の名前を知っていたかというと疑問です。私は、恐らく知らなかったと思います。

では、「ひみこ」が名前でなかったとしたら何だったのか。

私は、これは「地位の尊称」だった可能性が高いと考えています。

つまり、当時日本列島のどこかにいた《やまどこく》の人が、魏に行ったときに魏の国の役人から聞かれたわけです。「お前の国は何と言うんだ?」と。使者は「やまどと言います」と答え、それを耳で聞いた中国人が「邪馬台国」という字を当てた。次に「お前たちの国で一番偉い人は何と言うんだ?」と聞かれ、それに対して使者は、「我々はひみこさまとお呼びしています」と答え、中国人が「卑弥呼」という字を当てた、ということです。

恐らくそれは、「日御子」という太陽の子供を意味するものか、あるいは「日巫女《ひみこ》」、つまり太陽神を祀《まつ》る人を意味する尊称だったのでしょう。

三角縁神獣鏡（雲南市・神原神社古墳）。三角縁神獣鏡とは、銅鏡の形式の一種で、縁部の断面形状が三角形状となった大型神獣鏡である（写真：島根県立古代出雲歴史博物館）

私がこのように考える根拠は、この時代の日本人が「鏡」を非常に大切にした形跡があるからです。卑弥呼が魏の国から一〇〇枚もの銅鏡を贈られたことは、『魏志』倭人伝にも書かれていますし、実際、当時の古墳からは銅鏡が何枚も見つかっています。

鏡は人の姿を映し出します。今このように言うと、何を当たり前のことを言っているんだと言われそうですが、当時はせいぜい水鏡（水の表面に顔をうつす）があるぐらいのもので、人の姿を映すものなどほとんどなかったのです。ですから、当時の人にとっては、鏡は驚くべきものだったのです。しかも鏡は光も反射します。太陽の光を鏡に反射させれば、暗い室内に光を生み出すことができるのです。これはもう古代の人たちの目には「ミニ太陽」として映ったことでしょう。しかも、当時の銅鏡の形はすべて太陽と同じ丸です。

考古学者である樋口清之《ひぐちきよゆき》氏はその著書『女王卑弥呼の謎』（廣済堂出版）の中で、次のように語っています。

古代人が巫女《みこ》を神の媒体と考えた場合、巫女自身の姿が鏡に映るので、鏡に映る巫女が自分の姿、形を見て、これと同じようなものが太陽神だと連想していくわけです。一般民衆もこのように連想していった結果、巫女は太陽の化身であるという考え方が日本における天照大神の信仰の発生となっていくのです。

このように考えると、先ほどは「卑弥呼」は「日御子」または「日巫女」だと申し上げましたが、卑弥呼は太陽神に仕《つか》える日巫女であると同時に、太陽神の子供、つまり太陽神の化身を意味する日御子であったと解釈した方が実際の卑弥呼の姿に近いのではないかと思います。

◇卑弥呼は殺された！

「邪馬台国＝大和朝廷」、「卑弥呼＝日御子」と仮定すると、日本古代史の謎がもう一つ解けます。それは、なぜ日本だけ太陽神が女性なのか、という謎です。

太陽は世界中で信仰の対象とされましたが、ギリシャ神話のアポロンも、エジプト神話のラーも、ケルト神話のベレヌスも、インカ神話のインティも男性神です。

でも大和朝廷の、つまり天皇家の祖先神である太陽神アマテラスは女性の神様なのです。これは日本神話の大きな特徴の一つと言えます。

先ほどは「やまど＝やまと」という発音の共通性から邪馬台国と大和朝廷を同一のものと比定しましたが、さらに、邪馬台国の女王「ひみこ」が太陽神の化身を意味する尊称であったと仮定すれば、大和朝廷と邪馬台国の同一性はさらに高まります。つまり、**女性がトップに立つ国だったからこそ、祖先神である太陽神も女神とされたということです。**

そんなこと言っても、所詮は推測ばかりじゃないか、とお思いの方もいると思いますので、「アマテラス＝卑弥呼」である歴史的証明を試みたいと思います。その手がかりとなるのは、『古事記』にも『日本書紀』にも記されている「天《あま》の岩戸《いわと》」の物語です。

天の岩戸とはどのような話なのか、ご存じない方もいるかも知れないので簡単にご説明しましょう。

太陽神アマテラスには、スサノオという乱暴者の弟がおりました。ある時、アマテラスはスサノオの度を超した乱暴に怒り、絶望し、自ら洞窟の奥に入ると、その入り口を大きな岩で塞《ふさ》いでしまいました。太陽神であるアマテラスが岩戸に隠れてしまったため、世の中は真っ暗闇になってしまいます。困った他の神々は集まって、対策を考えます。その結果、アマテラスを岩戸から誘い出すために、みんなで飲めや歌えの大騒ぎをしようじゃないか、ということになりました。

アメノウズメという女性の神様が半裸の状態で踊りまくり、男の神様たちがそれを見てワーッと喜んで大声をあげる。これを日本初のストリップだと言う人もいるようですが、あまりの大賑わいにアマテラスは外が気になり出します。

自分が隠れて世の中は真っ暗になっているのだから、みんなシュンとしているはずなのに、なぜか外では楽しそうな大騒ぎが起きている、いったい何が起きているのだろう。

外が気になって我慢できなくなったアマテラスは、固く閉ざしていた岩戸を内側から少しだけ開け、外を覗いてみました。するとその瞬間、待っていましたとばかりに、その僅《わず》かな隙間にタヂカラオという力持ちの神様が、グッと手を差し込み、岩戸を押し開き、アマテラスを引っぱり出したのです。こうして世の中は、再び明るさを取り戻したのでした。

この神話は、何を暗示しているのでしょう。

これは江戸時代からすでに言われていることですが、太陽神が隠れて暗闇になるというのですから、「日食」を表しているると考えるのがやはり妥当でしょう。

卑弥呼の没年は、中国の文献資料から西暦二四八年頃だと言われています。そして、実はこの二四八年に日本で皆既日食が起こっていたことが天文学的に判明しているのです。実に興味深い一致だと思いませんか？

卑弥呼の死因は、文献にははっきりと書かれていないのですが、前後の文章から、どうも邪馬台国がライバル国と戦争をしている間に死んだと読み取れます。そこには殺されたとは一言も書かれていませんが、私は、卑弥呼は殺されたのではないか、そして、その原因には日食が関わっていたのではないか、と考えています。

◇皆既日食と卑弥呼の死はつながっている

なぜ日食が起きたことが卑弥呼の死につながるのか、ご説明しましょう。

日食がいつ起きるのか、今では数学的に計算することができますが、三世紀の日本では、残念ながらそういうことはできませんでした。つまり、日食というのは、当時の人たちには予測できない突然の天体現象だったということです。

邪馬台国が、「ひみこ（日御子＝日巫女）」が治める太陽信仰の国だったとしたら、信仰の対象である太陽が欠け、空が真っ暗闇になってしまう日食は、非常に不吉な出来事だったはずです。当然、日食が起こった責任を「ひみこ」は問われたことでしょう。

つまり、二四七年頃から、邪馬台国はどこかの国と交戦中だったか、あるいは大反乱が起きたか、いずれにしてもそうした争いの最中の二四八年に日食が起こったことによって、**「ひみこ」はその力の衰えと、日食の責任を問われるかたちで殺されてしまったのではないか**、ということです。

現代人の感覚では、日食程度のことで為政者を殺すなんて、と思うかも知れませんが、古代においては「王殺し」というのが一般的にあったのは事実なのです。

そもそも古代における王様というのはどのような存在なのかというと、「霊力によって国を守る存在」なのです。そのため古代の人々は、戦争に負ける、飢饉や疫病が発生するなど、悪いことが起こると、それは王の力が衰えたからだと考えました。ですから、そんな力の衰えた人を王位に就《つ》けておくことは国にとって害なのです。だから昔の人は、王の力が衰えたと感じたら、王を殺してしまったのです。

力の衰えた王を殺して新しい王に取り替える。こうしたことが昔はいろいろな場所で行われていたということは、イギリスの有名な民族学者ジェイムズ・フレイザーという人が『金枝篇《きんしへん》』という本にまとめています。

ですから、日食が原因で卑弥呼が殺されたというのは、あくまでも仮説ではありますが、決して荒唐無稽な説ではないのです。

◇卑弥呼の墓はどこにあるのか？

さらに想像を膨らませると、天の岩戸神話に登場する「岩戸＝洞窟」は、卑弥呼を葬った古墳のトンネルなのではないか、とも考えられます。卑弥呼が岩戸の中に入って行ったというのは、殺されて古墳に葬られたということであって、その後、**岩戸から出てきて再び太陽が輝いたというのは、新しい女王の即位を暗示しているのではないか**、と考えることもできるのです。

ここで問題になってくるのが、卑弥呼の墓はどこにあるのかということです。この謎の解明は、そのまま邪馬台国の場所を特定することにもつながります。

現在邪馬台国は九州説と畿内説の二つがあり、それぞれにさまざまな論拠を挙げて議論していますが、まだ結論には至っていません。教科書でもこの問題は謎のままです。

邪馬台国が存在した位置については、畿内説と九州説とが長らく対立している。

畿内説をとれば、すでに3世紀には、畿内《きない》から九州北部までを統一した連合政権が存在したことになり、一方、九州説をとれば、九州北部に小規模な連合政権が存在したにすぎず、日本列島における広範囲な統一は、3世紀後半以後のこととなる。

（『新日本史B』桐原書店 24ページ）

なぜ結論が出ないのかというと、『魏志』倭人伝に書かれた行程を素直に辿ったのでは、どうしても日本列島にたどり着かないからです。恐らく、記述のどこかに書き間違いか、書いた人の思い違いがあるのでしょう。

邪馬台国の位置については大和説と北九州説があるが、伊都《いと》国から先の経路と方角の記事をめぐる解釈によって説が分かれている。

（『日本史B 改訂版』三省堂 15ページ欄外）

文献解釈で判断がつかない場合、決め手となるのは発掘調査に基づく考古学的判断です。その場合、もっとも重要なのは卑弥呼の墓の存在です。なぜなら、『魏志』倭人伝には卑弥呼が死んだときに大きな墓をつくったということが明記されているからです。

次に重要なのが、「国」と言う以上、最低でも今で言えば市町村の町程度の痕跡、つまり大勢の人間が住んでいた痕跡があることです。大勢の人間が住んでいた場所には、当然住居の跡とか、生活の痕跡があるはずです。

これまでの論争では、やや九州説が有利でした。

それは、この二つ目の証拠となり得る「大規模な生活の痕跡」が九州では発見されていたからです。有名な吉野ヶ里《よしのがり》遺跡です。吉野ヶ里遺跡からは、御殿跡や神殿跡とともに数多くの住居跡が発見されていますが、大和ではそうしたものは発見されていませんでした。

それに、卑弥呼の死が日食に関係しているという考え方も、見ようによっては九州説を擁護するものとなります。なぜなら、二四八年の日食を皆既日食として見ることができたのは、九州北部だったからです。西日本、つまり大和でもこのときの日食を見ることはできましたが、それは部分日食に留まったと見られています。

でも、確かに皆既日食が見られたのは北九州だけだったかも知れませんが、なにも皆既日食までいかなくても、部分日食でも充分に卑弥呼の霊的権威が問われる事態になったと思われます。

それに、九州説にも弱点はあります。それは、卑弥呼の墓が見つかっていないことです。

実は、卑弥呼の墓というと、今から二十年近く前、『逆説の日本史』卑弥呼編を書いているときに、私はちょっと悔しい思いをしているのです。というのは、当時私はさまざまなことを検討した結果、奈良県桜井市の箸墓《はしはか》古墳こそ卑弥呼の墓ではないかと考えたのですが、原稿にはそうは書けなかったのです。

なぜ書けなかったのかというと、考古学の先生に箸墓古墳は四世紀のものだから絶対に違う、と言われたからです。卑弥呼が三世紀の中頃に死んだ人であることは、はっきりしています。つまり、時代が違うのだから絶対に卑弥呼の墓であるはずがない、というのです。

ところが、ここ数年の間に、箸墓古墳は卑弥呼の時代と同じものだということになったのです。私に言わせれば、冗談じゃないよ、と言いたいところです。当時もそのことについて疑問を感じなかったわけではありません。

では、なぜ考古学者の言うことをそれほどまでに重んじてしまったのかというと、歴史学にとって考古学者というのは「鑑識」のようなものだからです。鑑識というのは、推理・推論を排して、純粋に科学的な証拠だけで判断を下すというのが基本です。それに対して私の「箸墓古墳＝卑弥呼の墓」説は推理・推論によるものです。つまり、私としては卑弥呼の墓だと思ったけれど、鑑識の人が時代が違うと言うので、仕方なく自説をとりさ

吉野ヶ里遺跡（吉野ヶ里歴史公園、佐賀県神埼郡吉野ヶ里町）は、弥生時代前期から後期にかけて、環濠集落が設けられた大規模な環濠集落跡。現在は、物見櫓や住居、倉庫などの建物が多数、復元されている

げたのです。

◇神話には真実が隠されている

私の恨《うら》み言はともかく、なぜ私が箸墓古墳は卑弥呼の墓に違いないと思ったのかというと、理由は二つあります。

一つは、それが女性の墓だという伝承が残っていること。もう一つは、箸墓の被葬者についての伝承と、『古事記』にあるアマテラスにまつわるエピソードが酷似しているからです。

箸墓古墳は、なぜ「箸墓」と言うのかというと、この墓の主《あるじ》である女性（第七代孝霊《こうれい》天皇の皇女・倭迹迹日百襲姫命《やまとととびももそひめのみこと》）が、女性にとって大切な部分、陰部を箸で突いて死んでしまったという伝承に基づいているのですが、アマテラスにも弟のスサノオが悪さをしたときに、同じように陰部を刺してしまったという神話があるのです。

『古事記』では、アマテラスの機織女《はたおりめ》が「梭《ひ》」という織機の部品を刺して死んでしまった、とあり、この機織女がアマテラスの分身ではないかとされています。また、「梭《ひ》に陰《ほ》上《と》を衝《つ》きて死にき」とあり、女性の大切な部分を傷つけたということになっています。

神話なんてまったくの作り話だと言う人もいますが、私はそうは思いません。少なくとも神話には先祖の偉業を讃えようという意識が込められていると思います。

　このような話をすると、「井沢さんは邪馬台国畿内説なんですか」と言われますが、実は、私は九州説でも畿内説でもありません。

　結論から言えば、**昔は九州にあった邪馬台国が移動して、最終的に大和（畿内）に入ったというのが私の説だからです。**これを「邪馬台国東遷説」と言います。

　実際、日本の神話には、日本の国をつくったとされる最初の天皇・神武《じんむ》天皇は九州から大和に攻め入ったという神話があります。先ほども申し上げましたが、神話には真実が隠されていると私は思っています。ですから、現在、神武天皇は神話上の存在だとされていますが、天皇家が九州から来たということは事実だったと思っています。

◇邪馬台国論争の決め手は「金印《きんいん》」にある

　箸墓古墳を卑弥呼の墓とする最大の弱点は、周囲に多くの人が生活していた痕跡が見つかっていないことでした。もし本当に卑弥呼の墓であるなら、邪馬台国の都市の跡が発見されるはずです。

　ところが二〇〇九年、箸墓古墳からほど近い纒向《まきむく》遺跡から、いくつかの建物跡が発見され、ここが大規模な都市の一部であることが判明したのです。

この纒向遺跡の発見によって、九州説ややリードの邪馬台国論争は逆転しました。あとは、卑弥呼が当時の中国「魏」に使者を派遣した証拠が見つかれば論争に終止符を打つことができるでしょう。

その証拠とは「金印」です。

中国には昔から中国こそ世界の中心で、もっとも素晴らしい「華」のような場所だという思想「中華思想」があります。これは同時に、中国以外の国は、全部野蛮人の住む地域にすぎないという意識を生み出します。その結果、中国では南のほうは「南蛮《なんばん》」、東のほうは「東夷《とうい》」、北方は「北狄《ほくてき》」、西方は「西戎《せいじゅう》」と呼びました。どれもその方角の野蛮人という意味です。

中国は自らをもっとも優れた国だという中華思想から対等な外交というものをしませんでした。彼らは、彼らの考える野蛮国から捧げられた貢ぎ物を受け取り、代わりに庇護《ひご》と貢ぎ物の何倍も価値のあるお土産《みやげ》を持たせるということをしました。これを「朝貢《ちょうこう》」と言います。

そして、「どうぞ私の支配権を認めてください」と貢ぎ物を捧げた相手に、「遠くからよう参った。お前の忠義を認めてやる」ということで、中華帝国の一部である国の国王として認めた証《あかし》として「印」を授けたのです。

奈良県桜井市の纒向遺跡の航空写真。写真上右隅は卑弥呼の墓との説がある箸墓古墳。写真下左隅は、数年前発見された大型建物跡。卑弥呼の宮殿と騒がれた（写真：毎日新聞社／2009年11月5日撮影）

ここで言う「国王」という称号は、現在の国王とは違います。中国皇帝の臣下である地域政権の長という意味です。**当時の東アジアにおいて中国は今の国連のような働きを持っていたので、中国皇帝から「国王」と認めてもらうということは、その地方の支配権を公的に承認されたということになるのです。**

印はその証拠に授けるものでした。印鑑には格の高い国は金印、それより少し格の低い国は銀印というランク付けもありました。

卑弥呼が授かったのが「金印」であることは、『魏志』倭人伝にも書かれています。卑弥呼の金印は未だに発見されていませんが、卑弥呼より前の後漢の時代に、日本の恐らく北九州のどこかにあった「奴国《なこく》」という国が授かった、「漢委奴国王」と刻印された金印は、一七八四年（天明四）に福岡県の志賀島《しかのしま》で島の農民によって、田んぼの中から発見されました。恐らく、その辺に奴国王の墓があり、それが長い間に壊れ、金印だけが発見されたのだと思います。

金は腐食することがないので、卑弥呼が魏の皇帝から授かったとされる「親魏倭王印《しんぎわおういん》」と刻印された金印も、そのままの状態で卑弥呼の墓から発見されることでしょう。

私はそれが箸墓古墳の石棺の中にあるのではないかと思っているのです。

◇江戸時代の見解がそのまま使われている現代の歴史学

箸墓古墳を発掘すれば、金印が発見される可能性は高いと私は思っています。でも、残念ながら、箸墓古墳が発掘される予定は今のところありません。なぜなら、宮内庁が箸墓古墳の発掘を禁じているからです。

現在、宮内庁が発掘を禁じている古墳は箸墓古墳だけではありません。まず、いわゆる「天皇陵」に比定されている古墳はすべて一切の発掘はもちろん、立ち入りさえも禁止されています。その理由は、これは天皇家の私的な墓地であって、科学的調査の対象にすべきではないというものです。

もちろん、天皇陵は天皇家にとっては個人的なお墓なのだから、それをみだりに掘るべきではないという考え方もわからないではありません。

でも、日本には日本国憲法があって、天皇は確かに国の象徴ではありますが、戦前のような絶対者ではありません。皇室の財産は国有財産だと考えれば、調査してもいいはずです。

それに、現状では天皇陵と言われているものが本当にその天皇のお墓であるか、実はかなり怪しいのです。**現在天皇陵とされる古墳が、これは○○天皇の陵墓《りょうぼ》であると決められ**

たのは江戸時代です。つまり江戸時代の学問水準で、しかもあやふやな伝承をもとに決められたものなのです。もちろん発掘調査のようなことは何もなされていません。ですから、今の「ここが〇〇天皇陵である」というのは、かなり怪しい部分が多いのです。

そのため教科書でも、かつては「〇〇天皇陵」としていた表記を、最近では「伝えるところによると〇〇天皇陵である」と但し書きをつけた上で、たとえば仁徳《にんとく》天皇陵なら大仙《だいせん》陵《りょう》古墳というように、天皇名ではなく、地名などを用いた名称で表記するように変わってきています。

さらに、現在の天皇陵が確定的なものでないことは、宮内庁が「陵墓参考地」を設けていることでも明らかです。

陵墓参考地というのは、天皇陵かも知れない場所ということです。もしも現在の天皇陵が確定されたものであるなら、このようなものを設ける必要はないはずです。

そして、さらに問題なのは、宮内庁はこの陵墓参考地の発掘も禁じているということです。

つまり、少々意地悪な言い方になりますが、宮内庁は、自分たちが天皇陵だと言い張っている場所はもちろん、もしかしたら天皇陵かも知れないという場所も発掘してはいけないとしているのです。

宮内庁の言い分としては、「ここは天皇の御陵ではないということになっているが、天皇に近い人、あるいは皇族の墓の可能性があるので、ここも発掘してはダメだ」というわけです。そして、その「ここもダメ」の代表が、箸墓古墳なのです。

でも、天皇陵も陵墓参考地も両方とも発掘できなければ、どこが本当の天皇陵なのか永遠に確認できません。これに対し、高名な考古学者である同志社大学名誉教授の森浩一《もりこういち》先生は、「せめて敷地の中で実測だけでもさせてくれれば、もう少しいろいろなことがわかるのですが」と残念そうにおっしゃっていました。つまり現状では、発掘はおろか外面を実測することすらできないということです。

◇古墳は日本のルーツを語る

もちろん、何でもかんでも闇雲に発掘すればいいというものではありません。古墳のように密閉された空間の遺物は、発掘され、空気に触れた瞬間に劣化が始まります。実際、高松塚古墳の壁画劣化のような残念な例もありますから、考古学者の中にも、確かに宮内庁のやることにはあまりいい気持ちはしないけれども、遺物の保護という点では、もう少し保存技術が進歩するまで発掘は待ったほうがいいのではないか、という意見の人も少なくありません。

確かに、箸墓古墳も、ほんの十五年前までは卑弥呼の時代のものではないと言われていたわけですから、数年待てばもっと優れた技術が、たとえば遺物をすぐには崩壊させないような技術ができるかも知れません。それまで待とうというのであれば、私も異を唱えるものではありません。

でも、それならそれで「待つために今すべきこと」をしなければならないと思うのです。

どういうことかというと、現在、天皇陵または陵墓参考地になっている古墳は、立ち入りが禁じられているので、木が生やしっぱなしにされ、何の整備もなされていません。日本人は手を触れないことをいいことだと思っているのかも知れませんが、古墳に関してはそれは間違いです。

なぜなら、木を生やしっぱなしにしてしまうと、その根っこによって内部が破壊されてしまうからです。

木の根が成長する力というのは、私たちが思っている以上に強く、実際に発掘された古墳では、石棺の横に穴が開いてしまっていたり、石棺そのものをずらしてしまったりという例がいくつもあるのです。

ですから、技術が進歩するまで発掘を待つのならば、それまで古墳内部の破壊を防ぐために、上に生えた木を伐採するなど環境整備をすることが絶対に必要だと思うのです。掘らせない、立ち入らせない、整備さえさせないでは、国民の財産であるはずの古墳は、真実の歴史を語らないまま朽ち果てていくことになるでしょう。これはあまりにももったいないことです。

なぜ宮内庁はここまで頑《かたく》なに立ち入りを禁じるのでしょう。

これは余談ですが、中には「天皇家が朝鮮半島から来たことがバレるから、掘らせたくないんだろう」と言う人もいます。

私は前項でも述べたように、天皇家のルーツは中国大陸あるいは朝鮮半島から渡ってきた農耕民族だと考えていますが、そういうことを言うと嫌《いや》がる人がいることも確かです。でも、**真実を追究するのが学問です。そして、古墳は日本のルーツを語ってくれる貴重な国民の財産です。**その古墳が語ることが何であろうと、私たちは真実を謙虚に受け止めるべきではないでしょうか。

Point

天皇陵を整備しないと、歴史の真実が失われる！

テーマ③
天皇陵からわかる日本人の死生観

世界では王の墓に墓誌があるのは当然であるが、なぜか天皇陵にはその墓誌がない。この謎を解くには日本人の死生観を知る必要がある。

◇日本古代史の謎がなかなか解けない理由

日本史に「天皇陵問題」というものがあるのをご存じでしょうか。

そんな言葉は聞いたことがない、という人も多いと思います。

それもそのはずです。日本史の教科書には「天皇陵問題」という言葉では記されていないからです。

でも皆さんは、近年、教科書に記載されている古墳の呼び名が変わったことをご存じではないでしょうか？

たとえば、前項でも述べましたが、日本最大級の古墳である大阪府堺市の大仙陵古墳《だいせんりょう》。あれは三十五年程前までは教科書には「仁徳天皇陵《にんとく》」と明記されていました。でも今は、「伝仁徳天皇陵」と括弧書きされるに留まっています。

5世紀になると、山のような盛土《もりつち》をして、周囲に濠《ほり》をめぐらした古市《ふるいち》古墳群や百舌鳥《もず》古墳群など、巨大な前方後円墳群が大阪平野にあらわれる。なかでも大仙《だいせん》古墳（伝仁徳陵《でんにんとくりょう》）や誉田《こんだ》山《やま》古墳（伝応神陵《おうじん》）はヤマト王権の力を反映した世界最大級の王墓である。

（『日本史B　改訂版』三省堂　18ページ）

4世紀末から5世紀にかけての中期古墳になると、数もいちじるしくふえ、東北地方南部から九州地方南部にかけてひろく分布している。この時期の古墳として、誉田御廟山《こんだごびょうやま》古墳（伝応神天皇陵〈羽曳野市〉）・大仙陵《だいせんりょう》古墳（伝仁徳天皇陵〈堺市〉）などが有名である。

（『もういちど読む山川日本史』山川出版社　15ページ）

なぜこのように変わったのかというと、研究の結果、あれは天皇のお墓であることは間違いないけれど、仁徳天皇とは時代が合わないということが判明したからなのです。そこで、それまで仁徳天皇陵と呼んでいた古墳を、古墳のある場所の地名をとって「大仙陵古墳」と呼ぶことにしたのです。でも、宮内庁は大仙陵古墳が仁徳天皇陵ではないということを認めていません。

天皇のお墓「天皇陵」というのは、大きく二つの種類に分かれます。一つは「古墳」、もう一つは「普通のお墓」です。

古代における天皇のお墓はすべて古墳でした。それが平安時代の中頃に仏教の影響が強くなったことによって、墓石があって、そこに遺骨が納められているという、普通の仏式のお墓に変わります。

実は、明治時代になると、再び古墳スタイルの陵墓《りようぼ》が復活し、仏式ではなく神式で土葬で祀《まつ》るというかたちになりました。ですから、この復活型古墳を最初の古墳と別種と見なすと、天皇陵は三種類に分かれることになります。でも、近代以降の天皇陵は、明治天皇と大正天皇と昭和天皇の三つしかないので、大きく二つに分類されると言っていいでしょう。

つまり**「天皇陵問題」というのは、古代から平安の前期ぐらいまでの間の天皇が葬られ**

ている古墳が、どの天皇のものかわからなく、宮内庁が「これが〇〇天皇の御陵である」と言っているものが、明らかに違うという問題なのです。

今、仁徳天皇陵の呼称が変わったというお話をしましたが、被葬者がはっきりしない古墳は、他にも沢山あります。

たとえば、大阪府の高槻市にある「今城塚古墳《いましろづか》」は、多くの考古学者が継体《けいたい》天皇のお墓に間違いないと言っているのですが、宮内庁はそれより一キロ余り離れたところにある「太田茶臼山古墳《おおだちゃうすやま》」が継体天皇のお墓だと主張しています。

はっきりしないのなら、発掘調査をしてはっきりさせればいいじゃないか、と思うかも知れませんが、実はそれもできません。

なぜ調査できないのかというと、前項で述べたとおり、現在宮内庁が天皇陵だと認定している古墳は、考古学者の調査はもちろん、一切の立ち入りを禁止しているからです。でもこれは憲法上少し問題のある規制なのです。というのは、天皇陵というものを文化財としてとらえるのか、それとも天皇家の私物としてとらえるのか、という問題が関わっているからです。法的な問題はともかく、この調査が許されないということが、天皇陵問題の解決をさらに難しいものにしていることは確かです。

基本的には、お墓なのですから天皇家のものと考えるにやぶさかではないのですが、それが同時に日本古代史の謎を解く非常に重要な鍵となっていることを考え合わせると、やはり宮内庁の「ここは何々天皇陵である」という一方的な断定は許されないと私は思います。

◇実在が疑問視されている天皇にも天皇陵があるおかしさ

そもそも、天皇陵問題が生じた原因は、幕末から明治にかけての尊王思想（天皇を尊ぶ思想）が盛り上がった時期に、それまで放置されていた天皇陵をこのままではいけないということで、当時の低い学問水準で「この古墳は○○天皇の陵墓だ」と急いで比定してしまったことにあります。

天皇のお墓がわからないなんて、と思うかも知れませんが、天皇家は長い間権力の座にいなかったために、天皇陵は長い間管理するものもなく、かなりぞんざいに扱われていたのです。

こうしてわからなくなった天皇陵を、明治の初めにとにかく決めてしまおうということでかなり強引に決められたものなので、中には随分いい加減なものもあるのです。酷《ひど》いものだと、あれは天皇陵じゃなくて単なる山じゃないか、というものまであるのです。

事実、天皇家の初代である神武《じんむ》天皇の御陵は、幕末の文久三年（一八六三）に「建設」

されたものなのです。

古代の天皇陵を「建設した」とはどういうことかというと、実は当時、神武天皇陵は候補が三つあってどれが本当の神武天皇陵なのか、わからなくなっていたのです。そこでその三つの中から「ジブタ（神武田）」と呼ばれていた小さな古墳を神武天皇陵に比定し、「修築」と称して丘と石垣を建設したのです。

このとき残った二つの神武天皇陵候補の古墳のうちの一つ「塚山」は、第二代の綏靖《すいぜい》天皇陵に比定されました。

現在、宮内庁が神武天皇陵、綏靖天皇陵としている古墳は、このようにして決められたものなのです。

他にも、第八代孝元《こうげん》天皇の御陵は、三つの小さな古墳をまとめて一つに囲って「御陵」としていますし、第二十一代雄略《ゆうりゃく》天皇の御陵は、別々の円墳と方墳を勝手につなぎ合わせて前方後円墳にしたものであることが考古学者の研究によって明らかになっています。

Point

幕末時の尊王思想が天皇陵問題を起こさせた！

繰り返しますが、宮内庁自身も、この比定に自信を持っていないことは、○○天皇の陵墓であると決めた古墳以外に、「陵墓参考地」というものを設けていることからもわかります。陵墓参考地というのは、天皇の陵墓とは認めていないけれど、皇族関係者の墓である可能性があるので、調査、立ち入りを禁じている場所です。その最大のものが、テーマ②で取り上げた箸墓《はしはか》古墳、卑弥呼の墓ではないかと言われている古墳です。

卑弥呼は天皇ではないので、箸墓が卑弥呼の墓だとしたら天皇陵ではない、ということになります。天皇陵でないのなら、そこを発掘すればいろいろなことがわかっていいと思うのですが、現実はそううまくいきません。

箸墓古墳は公式には大物主《おおものぬし》という神様の妻だと言われている倭迹迹日百襲姫命《やまとととびももそひめのみこと》という皇女の墓だということになっているので、宮内庁は、あれは陵墓参考地だから発掘してはいけない、というのです。

でも、考えてみてください、天皇陵の被葬者がわからないということは、宮内庁は、たとえば継体天皇なら、明らかに今城塚古墳が彼の墓だということがわかっているのに、違う古墳で継体天皇の御霊《みたま》を祀っているわけですから、これは明らかにおかしいでしょう。本当に継体天皇の御霊を祀るためにもきちんと陵墓を確定することが必要だと思います。

それに、**初代神武天皇から第十四代の仲哀《ちゅうあい》天皇までは**、**その実在が疑問視されていま**

●大和周辺の代表的な古墳と豪族

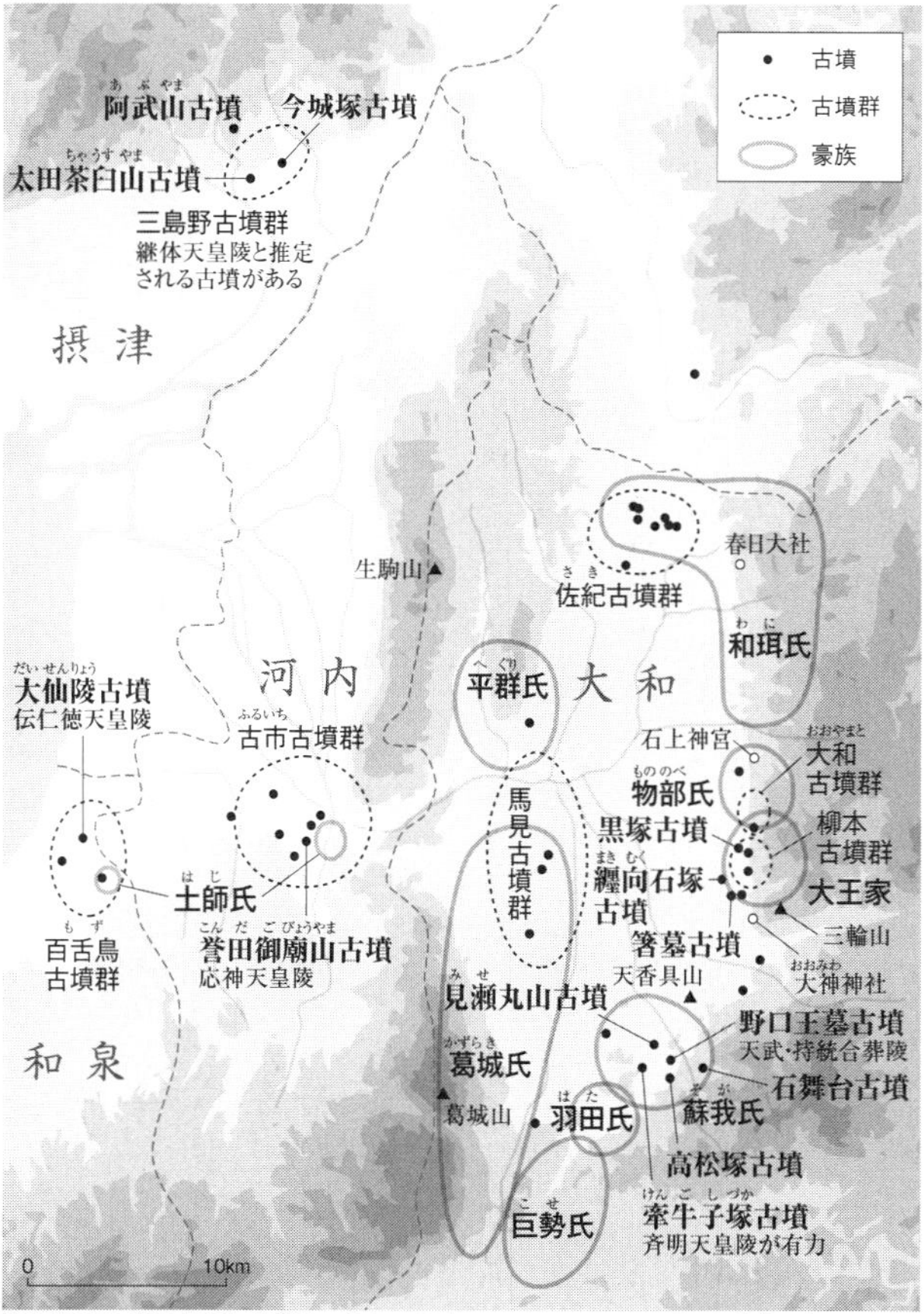

地形図はNASA公開の地形データを使用し、カシミール3D（http://www.kashmir3d.com）により生成し、加工しています。

す。中でも第二代綏靖天皇から第九代の開化《かいか》天皇までは「欠史八代」と呼ばれ、その実在がほぼ否定されています。それなのに宮内庁は、欠史八代の天皇のお墓まで比定しています。ということは、欠史八代の天皇もその実在を認めているということです。

皇国史観を持っていた戦前までは仕方ありませんが、戦後は昭和天皇が人間宣言をし、戦前のように記紀の記述を絶対視することは止《や》めたはずです。にもかかわらず、宮内庁だけは今も戦前に比定された天皇陵を絶対視し、学者の意見を一切聞き入れないのです。私も含めて多くの人々が宮内庁に「きちんと調査をして欲しい」という要望を出しているのですが、その対応は今も変わっていません。

そんな宮内庁の回答はいつも決まっています。「墓誌でもあればともかく、はっきりした証拠がない以上、明治に決めた指定を変えるつもりはない」と言うのです。

◇天皇陵として正しいのは約五〇のうち三つのみ

天皇陵問題というのは、宮内庁が「ここは○○天皇陵である」と指定しているものと、考古学の常識で見たものがまるで違うということです。

では、この「まるで」とは、どれぐらい違うのでしょうか。

テーマ②でも紹介した考古学者の森浩一《もりこういち》・同志社大学名誉教授に、私が直接「いわゆる古代天皇の古墳と言われているもので宮内庁の指定が合っているのはどれぐらいですか」とお聞きしたところ、古墳タイプの陵墓を持つとされる約五〇人の天皇のうち、確実だと言えるのは、なんと僅か三つだけだということでした。

その三つとは、天智《てんじ》天皇陵と天武《てんむ》・持統合葬《じとうがっそう》陵、そして応神《おうじん》天皇陵（誉田御廟山古墳）です。これら以外の古墳タイプの天皇陵はすべて怪しいというのですから、これは大問題です。

ちなみに、天智天皇陵（御廟野《ごびょうの》古墳）が確実なのは、それだけが離れた場所にあるからです。そして、天武・持統合葬陵（野口王墓《のぐちのおうのはか》古墳）が確実なのは、内部が確認されているからです。もちろん、確認されていると言っても、調査が行われたわけではありません。実は、この古墳は文暦二年（一二三五）に盗掘されているのです。そして、定真という僧がその時、墓の中の様子を『阿不幾乃山陵記《あおきのさんりょうき》』に書き残しているのです。

それによれば、石造りの内部は内陣と外陣に分かれており、内陣の入り口には金銅の扉があり、その奥に朱塗りの棺と金銅製の桶が安置されていたといいます。棺には天武天皇の遺体が、桶には持統天皇の遺骨が納められていました。持統天皇は、実は歴代天皇の中でも初めて火葬された天皇なのです。

ちなみに、この盗掘の話は、歌人として有名な藤原定家の有名な日記『明月記』にも記されているのですが、それには驚くべきことが書かれています。

なんと、盗賊は持統天皇の遺骨が納められた桶の中から銀の筥（骨箱）を盗みだし、箱を持ち去るために中身の遺骨を道端に捨ててしまったというのです。定家は「探しだし、拾い集めてもとに戻すべきであろう。ひどい話だ」と『明月記』に書いています。

◇世界でもめずらしい墓誌のない墓

このように日本の天皇のお墓は、そのほとんどが宮内庁が指定しているものと考古学者の見解が異なっているという問題を抱えています。

外国人にこの話をすると、みな一様に「怖い」と言います。

でも、私たち日本人は、学者を含め、この「怖さ」に気づいていません。

なぜ怖いのかというと、世界的には王墓の主《あるじ》が明らかになるのは当たり前のことだからです。

たとえば、エジプトのギザにある三大ピラミッド、あれらは今から五千年近くも前のものですが、誰のものかということがわかっています。だいたい、あのような大きな建造物を造った人というのは世界中どこの国でも自慢するものです。だから、名前を残すのが普通なのです。

●代表的な古墳の構造

●竪穴式石室

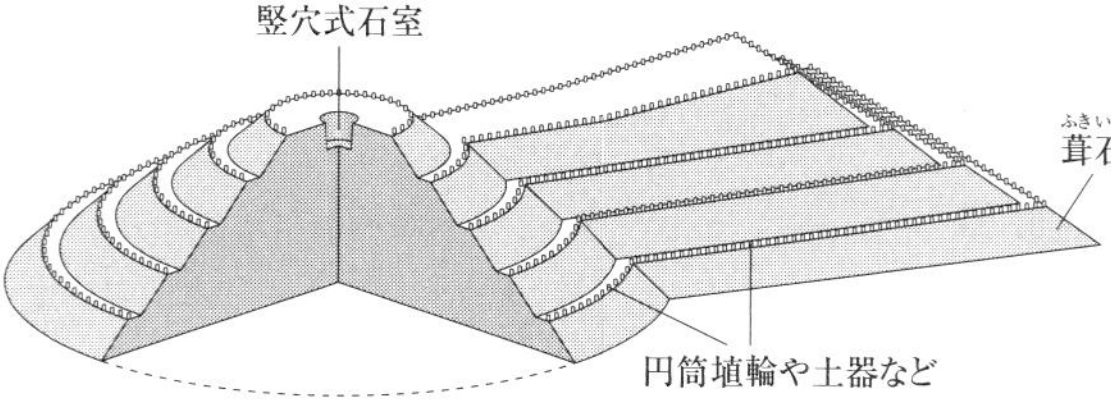

墳丘に掘った竪穴に遺体を埋葬後、上部から封土を盛っている。

●横穴式石室

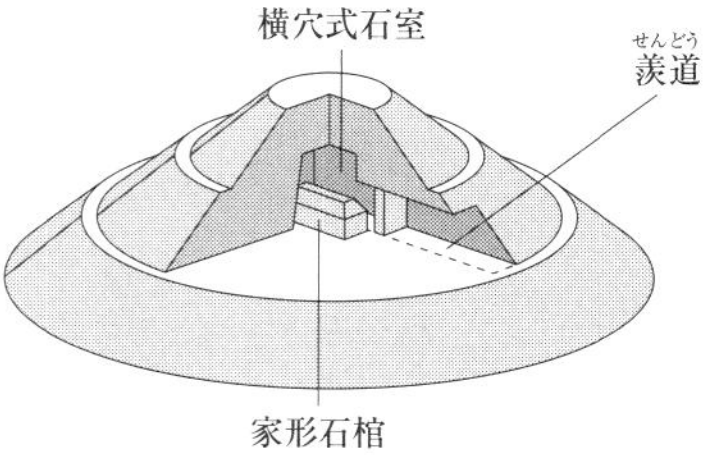

玄室（墓室）と外部を結ぶ羨道がある。入口に羨道を塞ぐ石があり、それを取れば追葬できるようになっている。

●古墳のさまざまな形式

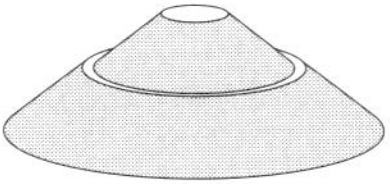
円墳

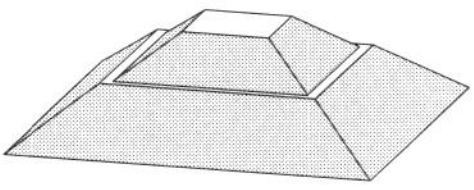
方墳

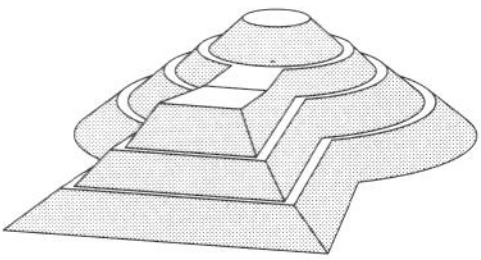
前方後円墳

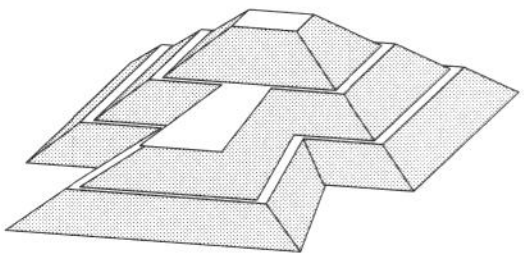
前方後方墳

ところが日本の天皇陵は、中を発掘しても墓誌が出てきません。これは日本だけの特徴と言っていいと思います。

考古学者が継体天皇陵だと言っているのは今城塚古墳ですが、宮内庁は別のところを継体天皇陵だと言って今城塚古墳は陵墓参考地にもなっていません。これはこれで問題なのですが、メリットもあります。それは、発掘が自由にできるということです。

ただ、残念ながら今城塚古墳は過去の地震で中央の埋葬施設、いわゆる玄室《げんしつ》が崩れてしまっているのです。ちなみに、この古墳を壊した大地震は、豊臣秀吉の時代に起きた京都の伏見を中心とした大地震です。この地震の被害は甚大で、秀吉が造っていた奈良の大仏より大きい大仏殿が崩れたのも、伏見城が崩れたのもこの地震の時でした。

その地震の時に壊れてしまったのですが、今城塚古墳には棺が三つあったらしいことがわかっています。なぜそんなことがわかるかというと、三種類のお棺の石が発掘されているからです。でも残念なことに、中に入っていたであろう宝物などはほとんど失われてしまっています。残骸はいろいろ発見されていますが、墓誌を始め、字の書かれたものは一つも発見されませんでした。

それでも、発掘は大きな成果をもたらしました。

◇天皇の魂は復活してはいけない

よく「前方後円墳」と言います。前が方墳で後ろが円墳でつながっているという意味ですね。実はこの名前を考えたのは江戸時代の人（蒲生君平《がもうくんぺい》）なのですが、その時はどちらが前か後ろかというのは、正確にはわかっていませんでした。つまり、言ってみれば、たぶん丸い部分の中央部に遺体が埋葬されていて、四角い部分は儀式をやった場所だろうという当てずっぽうで前方後円とつけたのです。でも、発掘の結果、後円部から大量の埴輪《はにわ》が発掘され、この考えが正しかったことがわかったのです。

もちろん、日本の天皇陵は発掘できないことになっているので、中を全部見たわけではありません。それでも言えるのは、「壁画がない」ということです。

壁画で有名な高松塚古墳やキトラ古墳は、どちらも小規模な古墳で天皇の墓ではありません。実は、日本の古墳では壁画があるものの方が珍しいのです。

皆さんは奈良県橿原《かしはら》市にある見瀬丸山《みせまるやま》古墳というのをご存じでしょうか。実は、この古墳は一九九一年にたまたま子供が中に入り、その父親が玄室の写真を撮って公開したことで話題になったことのある古墳です。

この古墳は宮内庁の指定から外れていたので、それ以前にも調査されたことはあったのですが、内部が写真に撮られ、一般の人々の目に触れたのはそのときが初めてでした。今ではこの古墳は欽明《きんめい》天皇の陵墓であることがほぼ確実視されていますが、壁画はもちろんありませんし、墓誌はおろか一つの文字もありませんでした。

この装飾がない、文字がない、墓誌がないということは、世界中の王墓、エジプトであれ、メソポタミアであれ、インカ帝国であれ、朝鮮半島であれ、中国であれ、考えられないことなのです。

ではなぜ、日本の王墓だけ墓誌がないのでしょう。

それは、**恐らく「再生」ということを考えなかったからだと思います。要するに、人間は死んだら黄泉《よみ》の国《くに》に行ってそれでお終《しま》い。死者はこの地上に復活しないし、してはいけないと考えていたということです。**

これは、古代エジプトとはまったく逆です。古代エジプトでは、王様のような偉大な人は復活できるし、復活すべきだと考えていました。そもそも遺体をミイラにして納めるということが、こうした思想を如実に表しています。なぜなら、遺体をミイラにするのは、死者の魂が復活したときに、その魂の入れ物がないと復活できなくて困るだろうという発想が根底にあるからなのです。

このようなお話をすると、古代エジプトの王の墓とされているピラミッドの内部には文

古代エジプトのファラオ、クフ王のピラミッド内の「王の間」にある石棺。ミイラが発見されていないことから、埋葬施設ではないとの説がある（写真：ユニフォトプレス）

字や装飾がないじゃないか、と疑問に思う人がいるのではないかと思うのでご説明しますと、実はピラミッドというのは、王墓ではないというのが最近の有力な学説なのです。正確に言うと、王墓はピラミッド以外の場所にあって、あの四角錐の石組み自体は別の目的のもとに建てられたものだというのです。

では、その別の目的とは何なのでしょう。私の母校である早稲田大学の考古学者、吉村作治《よしむらさくじ》先生の説によると、あれは「魂の再生装置」だといいます。

ピラミッドの中には、お墓の玄室によく似た部屋があります。しかもそこには石の棺のようなものが置かれています。そのため、以前はピラミッドに何も残っていないのは、盗掘されたからだと考えられていました。でも、これまでピラミッドから王のミイラが発見されたことは一度もありません。

しかも、調査が進むにつれて、どうも盗掘されて空っぽになったのではなく、最初から空の棺だけが置かれていたのではないか、という説が有力になってきているのです。

今、吉村氏を含めた多くの考古学者が言っているのは、ピラミッドというのは王様の魂を再生する装置であって、埋葬施設は最大のクフ王のピラミッドではすぐ横のマスタバ墳（長方形の石造墓）の地下に設けられているのではないか、という説です。つまり、ピラミッドが魂の再生装置であるということと、葬る時に遺体が滅びないようにミイラにするというのは、実はシンクロしているわけです。

日本はその逆です。天皇のような偉大な人物であっても、新しい天皇が生まれる以上、過去の天皇は復活してはいけないのです。そして、復活してはいけないからこそ、悪い言い方をすれば、暗い石室に閉じ込めて壁画も名前も、その人物をたたえる言葉を残すことも一切許さないのです。

◇なぜ日本人は死後の復活を恐れたのか

天皇陵問題は、日本だけにある問題です。

この問題の解決を難しくしているのは、世界でもあまり例を見ない「墓誌が存在しない」という事実ですが、日本の王墓に墓誌がないのは、死者の復活を恐れるという日本人の信仰に由来していると言えます。ですから、天皇陵問題は歴史の問題でありながら、その本質は「宗教」の問題なのです。

ここで重要なのは、宗教の中でもこのように歴史を動かすファクターとなっているものは何かということを見極めることです。それを見極めるコツは、海外の宗教観と比べてみることだと私は思います。

なぜエジプトではお墓の中をあれほど麗々しく飾り、遺体をミイラにし、ピラミッドまで建てたのでしょう。それは、死後の復活を信じ、望んだからです。

そして日本人は、それとは逆に文字も装飾も一切ないお墓に遺体を葬りました。これはエジプトとは逆に死後の復活を恐れたからです。

でも、こうしたことは比べてみないとわかりません。ですから、日本史愛好家の中には海の向こうに関心はないという人もいるかも知れませんが、**本当に日本史を知るためには、日本史の特徴を生み出している日本ならではの宗教観というものを知るために、まったく違うものと敢《あ》えて比較するということが必要不可欠なのです。**比較することで初めて「ああ、日本人というのはこういうふうに考えるんだ」ということが、あぶり出されてくるからです。

では、なぜ日本人は死後の復活を恐れたのでしょうか？

そこにあるのは「怨霊《おんりょう》信仰」です。

怨霊というのは、人間が悪い死に方、怨《うら》みを飲んで死んだりすると、その人間の霊力がいつまで経《た》ってもこの世に対して悪い作用をするということです。ですから怨霊に対しては、当然、鎮魂《ちんこん》しなければなりません。

鎮魂に成功すると、怨霊は、「御霊《ごりょう》」というい神様になって、人々を守ってくれると信じられました。

そのもっとも有名な例が天神様です。

天神様は、もともとは菅原道真《すがわらのみちざね》という平安時代に実在した政治家です。彼はとても優秀な人でしたが、政敵だった藤原氏の謀略によって、大宰府《だざいふ》に流され、そこで無念の死を遂げてしまいます。

菅原道真の無実の罪は晴れぬまま、亡くなった後、都で次々と怪異が起きるようになり、最後には当時政治の中心であった清涼殿に落雷があり、多くの死傷者が出るに至ります。当時の朝廷は、これを菅原道真が怨霊になって祟《たた》りをなしているのだと考えました。

道真の怨霊を恐れた当時の朝廷関係者、特に彼を陥《おとし》いれた藤原氏は、まず生前の最高位が

ツタンカーメンの墓と壁画。古代エジプト人は魂の復活を信じていた。墓には生前使っていた衣服、装身具、家具などを入れ、あの世に持っていった（写真：ユニフォトプレス）

奈良明日香村の牽牛子塚古墳。斉明天皇陵と推定されている。写真は80トンの巨石をくりぬいて造られた石槨（せっかく）の内部を写したもので、中央は左右２室を分ける壁で、娘の間人皇女（はしひとのひめみこ）と合葬されたものとみられる（写真：毎日新聞社）

右大臣だった菅原道真を島流しの身分から右大臣に復帰させ、さらに太政《だいじょう》大臣にまで出世させます。

しかし、それでも祟りが収まらないので、ついには、その御霊を慰め、都を守る王城鎮護の神として祀ります。

祀ることによって、彼の霊魂は鎮められ、「御霊」という人々に恩恵をもたらすいい神様になるのです。彼の場合はどんな神様になったかというと、もともとても頭のいい人だったので、学問の神様ということになりました。今も受験生は天神様にお参りしますが、その反面、天神様は荒ぶる御霊の持ち主でもあったのです。

でも、鎮魂というのは、怨霊になってしまってからの話です。

病気が、病気になってしまってから治療するよりも、病気になる前に病気になること自体を予防することが大切なように、怨霊対策も最善の方法は怨霊になるのを予防することです。

天皇陵に装飾や文字を残さず、復活しないようにしたのも、言ってみればこの「予防」のためです。

怨霊信仰では、生前高貴な人であればあるほど、怨霊になったとき力の強い怨霊神になると考えられました。これを理解するのに私がよく用いるのは、一本のバラと一〇〇本の

上の写真の中央は雷神となり清涼殿を襲う菅原道真、左は太刀を抜き、立ち向かおうとしている藤原時平（『北野天神縁起絵巻』上の写真が左側、下の写真が右側　北野天満宮蔵）

バラです。

普通の人が一本のバラなら、天皇は一〇〇本のバラのような存在です。バラが生きているときは、当然、一〇〇本のバラの方が一本のバラより美しいですね。でも、花が枯れてしまったらどうでしょう。一〇〇本のバラは花が腐ったときの悪臭や始末の大変さも一本のバラの一〇〇倍なのです。

天皇は日本でもっとも高貴な人であるがゆえに、万が一怨霊になってしまったら、そのパワーも一般の人とは比べものにならないほど大きいと考えられたということです。

だからこそ、巨大な墓を造り、丁重に葬りながらも、決して復活しないように名前や記録を残さず、装飾も行わなかったのです。

◇日本人の宗教は仏教の教義をも変えた

日本人の宗教の根底には怨霊信仰があります。

この信仰は、日本に入ってきた他の宗教の形を変えてしまうほど強いものでした。そのことを如実に物語っているのが日本仏教です。

仏教が生まれたのは、皆さんもよくご存じの通りインドです。それが大陸、そして朝鮮半島を経て日本に伝わりました。つまり、仏教は外来宗教なのです。日本に仏教が伝わったのは、記録によれば六世紀の半ばです。

その後、日本に根付いた仏教は、少しずつ形を変えていきます。どのように変わったのか、まずはもともとの仏教がどのようなものだったのか、ということから見ていきましょう。

仏教とはどのような教えなのかということを、一言で言えば「いかにして仏になるか」ということです。

このことからわかるのは、「仏」というのは、人がなれるものだということです。もちろん簡単にはなれませんが、お釈迦様のように「悟り」を開くことができれば、人間は仏になれるのです。悟りを得て仏になることを「成仏《じょうぶつ》」または「解脱《げだつ》」と言います。解脱というのは、永遠に繰り返される輪廻転生《りんねてんしょう》の苦しみから脱するということです。

だから最初の頃の仏教というのは、お釈迦様がしたように「修行」が重んじられていました。お釈迦様と同じように自分も修行することで悟りを目指したのです。このように自分の力で解脱することを「自力成仏」と言います。

しかし、だんだんとお釈迦様のような天才のやったことを、我々凡人が真似できるわけないじゃないか、と考えるようになります。そして、仏を信じることによってその力によって、悟りに導いてもらおうという考えが生まれます。このようにして仏の力にすがって仏になることを、「自力成仏」に対して「他力成仏」と言います。

この他力成仏は、大乗仏教とも言われます。

「大乗」というのは、読んで字のごとし「大きな乗り物」という意味です。仏の力を借りれば、多くの人が一度に悟りを開ける、だから、他力成仏は一度に多くの人を運ぶことのできるバスのようなものだというわけです。そして同時に、古い自力成仏を大乗に対して「小乗仏教」と言いました。自力ではどんなに頑張っても悟りを開けるのは自分一人、つまり、一人乗りの自転車のような小さな乗り物のようなものだと言ったのです。

ですから「小乗仏教」という言葉は、あんたらのやっている仏教というのは、自分だけを救うものじゃないか、という非難が込められている差別語なのです。そのため、昔は教科書でも小乗仏教という言葉が使われていましたが、現在は「上座部《じょうざぶ》仏教」が使われています。

今でもタイやスリランカなどでは、自力成仏を目指す上座部仏教が信仰されています。こうした国では仏教徒は「出家」して修行に専念することが重要視されます。日本では仏教徒のほとんどは「在家」と言って、一般的な社会生活を送っている信者です。それは、日本の仏教がそれでも救われるという大乗仏教だからです。

多くの人を救うための教えだと主張した大乗仏教では、修行よりも「信仰」に重きがおかれました。そんな大乗仏教でもっとも重視された仏が阿弥陀仏《あみだぶつ》でした。

なぜなら阿弥陀仏は四八の誓いを立てているのですが、その中に「私を念仏するものは必ず救ってあげる」というものがあるからです。これは阿弥陀仏のもっとも重要な誓いという意味で「本願」と言います。阿弥陀仏を信仰対象とする浄土真宗の本山の「本願寺」という名はこれに由来したものです。大乗仏教が修行より信仰を重視したというのは、この阿弥陀仏の本願を信じることが成仏の根拠だからです。

ここで憶えておいていただきたいのは、上座部仏教であれ、大乗仏教であれ、目指すのは仏になることだということです。このことがわかっていると、日本の仏教がもともとの仏教といかにかけ離れたものになっているかがわかるでしょう。

◇成仏できない魂は怨霊となる

皆さんは「般若心経《はんにゃしんぎょう》」というお経をご存じだと思います。般若心経は、観音様（観自在《かんじざい》菩薩《ぼさつ》）が修行して知った宇宙の真理を、お釈迦様の十大弟子の一人であるシャーリプトラ（舎利弗《しゃりほつ》）に解いた言葉をコンパクトにまとめたものです。つまり、あのお経は大乗仏教の存在論、認識論のエッセンスだということです。ですから般若心経というのは、今風に言うと宇宙とは何か、存在とは何かということを説いた哲学書なのです。

ところが、その哲学書を日本では怨霊を鎮《しず》めるときに挙げているのです。

たとえば、江戸時代に生まれた怨霊話「四谷怪談」では、怨みを飲んで死に怨霊になったお岩さんを鎮めるために、般若心経が読まれています。

おかしいと思いませんか？

なぜ哲学書を読むと、怨霊が退散するのでしょう？

実は、日本人は、仏教を取り入れるときに、それを悟り（＝成仏）に至る教えというよりも、怨霊鎮魂の手段の一つとして受け入れたのです。

このことを物語るのが「成仏」という言葉です。

私がこの話をするときによく例として使うのが、テレビ朝日系列で人気を博した時代劇『必殺仕事人』です。藤田まことさん演じる中村主水《もんど》は、非業《ひごう》の死を遂げた人の尽きせぬ怨みを、お金をもらって晴らす仕事人ですが、主水は悪人をばっさり斬《き》った後、次のように呟きます。

「これで成仏できるだろう」

このおかしさがわかるでしょうか？

成仏というのは、すでに述べたとおり、悟りを開いて仏になるということです。大乗仏教では死んだ人が仏になれるとしたら、それは生前阿弥陀様を信仰したおかげのはずです。でも、主水は「怨みを晴らしてあげたから、これで成仏できるだろう」と言うのです。

その人を殺した相手を殺すことによって、死者が成仏できるなんて、お釈迦様が聞いたら「なんだその教えは！」とびっくりすることでしょう。

そもそも仏教には戒律と言って絶対にやってはいけないことというのがあり、その一つが殺生《せっしょう》、つまり他の生き物の命を奪うことなのです。それなのに、「仇《あだ》を討ってやった。だからあの人は成仏できるだろう」というのは、仏教ではあり得ないのです。

でも、同じような言葉の変化は「供養《くよう》」という言葉にも見られます。供養の仏教用語としてのもともとの意味は、仏や菩薩、諸天にお花や香、供物《くもつ》などを捧げることです。でも、日本では死後の人間を納得させることを「供養」と称することが少なくありません。たとえば、怨霊になった菅原道真を復権させたり、太政大臣の位階を授けることを「供養」という言葉で行っています。

要するに日本では、死者に死後の世界で幸せになってもらうために必要なことは、その人の怨みを晴らしてやることだと考えているということです。ここにあるのは、昔も今も変わらず「怨霊を恐れる気持ち」、つまり怨霊信仰です。

死者を怨霊にしないことがもっとも重要なことだからこそ、死者が喜ぶことをしてあげることが供養であり、その究極の形が、死者の怨んでいる相手を殺してあげることだ、ということになるのです。

日本人は、長い間の蓄積でそう考えるようになっているので気がつきませんが、仏教の本義からすると、実はものすごく変なことを言っているのです。

私は、日本の文化というのは、たとえるなら「よせ鍋」のようなものだと思っています。

よせ鍋というのは、基本的に食べられる物であれば何を入れてもいいわけです。肉を入れようが魚を入れようが、野菜もほとんどのものが具材になります。これと同じように、日本の文化は、そこにどんな外来文化が入ってきても、最終的にそれは日本人にとって都合のいい形と言うか、日本人にとって納得できる形に変えてしまうのです。

◇徳川家康が仕掛けた洗脳

何でも日本人好みに変えてしまう日本鍋ですが、具材本来の味がなかなか抜けなくて、日本の歴史に大きな影響を与えたものが一つあります。

それは「朱子学」です。

朱子学というのは、中国で生まれた儒教の一派ですが、これが江戸時代の日本に入ってきたことによって、日本の文化は大きく変わりました。

その大きな変化の一つが「銭＝お金」に対する意識です。

もともとの日本には、銭は卑《いや》しいという考え方はありませんでした。事実、織田信長は永楽銭という銅銭を自らの旗印に使っていますし、貿易も熱心に行っています。貿易というのは商売ですから、もしもお金を稼ぐことが卑しいことだと思っていたら、権力者である信長や秀吉が自ら貿易をするはずがありません。

ところが、朱子学の導入を機に、日本人は、特に上流階級の人たちは、銭というものを卑しいものだと考えるようになります。

なぜそうなったのかというと、朱子学の基本的な秩序が「士農工商」という身分制度に立脚しているからです。士というのは、本来は官僚であり学者の意味ですが、日本では武士が士とされました。農は農民、工は手工業、商は商人、つまり、武士がもっとも身分が高く、商人はもっとも卑しいとなります。

商人が卑しい存在とされたのは、彼らは他の人が一生懸命汗水垂らしてつくったものを買い叩いたり、売り惜しみしたりすることで、自分はまったく汗をかかず利ざやを稼ぐ卑しい連中だと考えられたからです。もちろん、これは中国人の偏見です。

朱子学を導入したのは徳川家康です。では、家康はなぜそんな偏見に満ちた教えを武士の基本教養にすることを決めたのでしょうか。

実はその原因となったのは、本能寺の変でした。本能寺の変というのは、言うまでもないと思いますが、明智光秀が主君である織田信長を自刃に追いやったクーデター事件です。

明智光秀という人はいろいろ言われていますが、少なくとも誰もが納得していたのは、一介の浪人だった彼が大名になれたのは信長のおかげだということです。本来ならば、信長に足を向けて寝られないはずの人間だということです。だからこそ、彼が反乱を起こした理由として、信長に酷《ひど》くいじめられていたのだろうということになったのですが、実はあれは裏の取れている話ではないのです。光秀がなぜ反乱を起こしたかということは、実は今も謎なのです。

本能寺の変が起きた天正十年（一五八二）、信長は、強敵だった甲斐の武田を滅ぼした徳川家康の労をねぎらい安土城で宴席を設けています。このとき接待役を任されたのが明智光秀でした。このとき上機嫌の信長は、「わしはこれから京へ行く。家康、お前は堺でも見物したらどうだろう」と言い、家康がその言葉通り堺を見物している時に本能寺の変が起こります。

家康は光秀の背信行為に怒りながらも、命からがら伊賀国を越えて危機を脱すわけですが、これがトラウマになったのです。

いろいろあったのかも知れませんが、それでも信長は光秀という男に対して領地も与え、出世もさせています。それなのに光秀は裏切りました。人間というのはそうも簡単に裏切るものなんだろうか。こうした思いが家康の頭の中にはあったのだと思います。

だからこそ家康は、君主に背《そむ》くことを絶対悪と説く朱子学を武士の基本教養とし、他の学問を学ぶことをきつく禁じたのです。

他のいろいろな手を講じるより、**朱子学の価値観を植え付けることで、洗脳と言うと言葉が悪いですが、精神から縛ることが、クーデターの発生を防止するもっとも確実な方法だと考えたのです。**

これはある意味、新手の怨霊対策でもありました。なぜなら、君主に背くということは、君主に不満や怨みを抱くということと表裏一体だからです。何があっても君主には絶対服従するものだと考えれば、最初から怨みを抱くこともなくなります。怨みを抱かなければ怨霊になることもありません。つまり朱子学の導入は、怨霊予防策としての意味も持っていたのです。

◇家康が恐れたのは天皇の怨霊

家康の策は功を奏し、朱子学は日本に根付きました。それこそ日本人全体のお金に対する価値観を変えるほど、日本人の精神に浸透したのです。

でも、このように言うと、根本的な疑問が湧《わ》くのではないでしょうか?

家康はクーデターを防止する目的で朱子学を導入しました。でも、最終的に徳川幕府を倒した明治維新はクーデターの一種と言えます。

なぜ、君主に絶対服従を説く朱子学が定着したのにクーデターが起きてしまったのでしょう?

実は「君主」とは誰のことなのか、という問題があったのです。

朱子学は「誰が正統な君主か」ということを追究する思想です。そこで朱子学では君主を、徳によって国を治める「王者」と、武力や陰謀など力で天下を取った「覇者《はしゃ》」の二種類に分けて、王者こそが正しい君主だと説きました。

家康はもちろんこのことを知っていたと思います。知っていたからこそ彼は松平から徳川へと改姓したのです。ちなみに家康が徳川に改姓したのは、彼が清和《せいわ》源氏の中でも新田氏の支流である「得川氏」の末裔《まつえい》だったからです。でも、それだけなら「得川」のままでもよいものをわざわざ「徳川」と字を変えているのですから、やはり朱子学の重んじる「王者の徳」を意識していたことは明らかでしょう。

しかし、その家康でさえ、まさかこれが将来裏目に出るとは思っていませんでした。江戸時代も進み、各藩がみな朱子学を重んじるようになったあるとき、熱心に朱子学を学んでいた人々の中に「徳川将軍家は覇者じゃないのか」という疑問を持つ者が現れます。

実際、徳川家は、関ヶ原、大坂夏冬の陣と、武力と陰謀によって天下を取っています。この小さな疑問は、時とともに大きくなり、幕末の頃には、徳川家は本当の意味での忠誠を尽くすべき君主ではない、本当の君主は天皇家だ、ということになっていきました。

もしもこれが外国だったら、家康の策は万全の策だったと言えます。なぜなら、外国では、徳川家が天下を取ったときに間違いなく天皇家を滅ぼしているからです。

けれど、日本では鎌倉幕府以来、朝廷と幕府は並立してきました。そのため、よくよく

Point

家康が朱子学を導入したきっかけは本能寺の変だった！

考えたら天皇家のほうが正統な王者じゃないか、ということになったのです。そして、この考え方がさらに進み、天皇の言うことさえ聞いていれば将軍に対して逆らってもいい、ということになり、徳川幕府は倒れることになるのです。

でも、**日本を外国ではあり得ない朝幕併存の国へと導いたのも、実は怨霊信仰でした。天皇というもっとも高貴な存在を滅ぼせば、それはまず間違いなく、巨大な怨霊を生み出すことになるからです。**

このように、日本の歴史は古墳が造られていた古代から今に至るまで、実はずっと変わらずに怨霊信仰の影響を受け続けているのです。

第一章のまとめ

・古代中国でも古代ギリシャでも、都市というのは城壁都市であることが世界では当たり前でした。ところが、こうした世界の常識が当てはまらない、ほとんど唯一の国が日本なのです。なぜなら日本には、敵となる異民族が周辺にいなかったからです。

・日本には二回の大きな移民がありました。天皇家を長とする第二次農耕移民が最終的に大和朝廷を築いたのではないでしょうか。

・卑弥呼は太陽神に仕える日巫女であると同時に、太陽神の子供、つまり太陽神の化身を意味する日御子であったと解釈すれば、卑弥呼＝天照大神とつながってくることがわかってくるのです。

・天皇陵は、中を発掘しても墓誌が出てきません。これは日本だけの特徴と言っていいと思います。なぜなら、天皇の魂を復活させてはいけないと古代の日本人は考えていたからです。

・天皇陵に装飾や文字を残さず、復活しないようにしたのは、言ってみれば、怨霊を発生させないための「予防措置」でした。

第二章

朝幕併存＝二権分立の謎を解く

――頼朝・信長・家康でも超えられなかった天皇という存在とは？

テーマ④

天皇と藤原氏の争いが武士を誕生させた

天皇家と藤原氏の争いの中で土地制度や関白《かんぱく》という地位も生まれた。そして〝武士〟という外国ではあり得ないものが誕生するのだった。

◇武士といった存在は中国にはない

テーマ①で天皇家のルーツが稲作文化を日本に持ち込んだ外来民族である可能性が高いこと、その証拠として農耕民族ならではの「ケガレ（穢れ）」という概念が日本にはあることをお話ししました。そして、このケガレを忌《い》み嫌うという思想が、日本に部落差別を生み出す温床になったこともお話しししました。

こうしたことは歴史における宗教の影響を無視する現在の歴史教科書には書かれていま

せん。しかし、宗教を無視している限り、歴史をきちんと理解することはできない、というのが私の主張です。

　この私の主張は、『逆説の日本史』やあらゆる場で述べてきたことではありますが、まだまだ浸透しきっていないのが実状です。

　それでは、宗教がどれほど歴史に大きな影響を与えているかをご理解いただくために、ちょっとした質問をしてみたいと思います。

　皆さんは、日本の歴史が天皇による直接統治から、藤原氏の摂関《せっかん》政治に移り、その後一時的に天皇家が力を盛り返すものの、鎌倉幕府の成立をもって政権は武士に奪われ、明治維新に至るまで長く武家政権が日本を統治したことをご存じだと思います。

　では、質問です。

　たとえば、中国には「武士」というものがないことをご存じですか？

　知っているという方は、なぜ日本に「武士」が誕生したのか、その理由をご存じでしょうか？

　残念ながら答えられない人が多いと思います。なぜなら日本の歴史教科書にはこうしたことが書かれていないからです。

9世紀末から10世紀にかけて地方政治が大きく変化していくなかで、地方豪族や有力農民は、勢力を維持・拡大するために武装するようになり、各地で紛争が発生した。その鎮圧のために政府から押領使《おうりょうし》・追捕使《ついぶし》に任じられた中・下級貴族のなかには、そのまま在庁官人などになって現地に残り、有力な武士《ぶし》（兵《つわもの》）となるものがあらわれた。

（『詳説日本史　改訂版』山川出版社　72〜73ページ）

実は、日本に武士が生まれたのは、外国ではまずあり得ないことですが、権力争いをしていた為政者たち、具体的に言えば天皇家と藤原氏の双方が、ともに武力を手放してしまったことが原因です。

日本のもともとの統治者は天皇です。そして飛鳥時代、奈良時代、平安時代初期まで天皇は武力、つまり軍隊を持っていました。

基本的に軍隊というのは、国の中に為政者に逆らう人間がいる場合、または、自国のテリトリー内にはいなくても、地続きの同じ島の中に自分たちに敵対する人間がいるような場合に、国家の財産と人民を守るために為政者にとって必要不可欠な力です。ですから、今も昔もほとんどの国家が軍隊を持っています。

日本も大和朝廷誕生当初から、天皇家は軍隊を持っていました。そして、飛鳥時代、奈良時代、平安時代当初も軍隊はありました。その頃まで日本には、大和朝廷から見た「異民族」が存在していたからです。

大和朝廷は、この異民族を侮蔑を込めて「夷《えびす》」と呼びました。そして、彼ら夷を征服するための軍団を組織し、その長を「征夷大将軍」と名付けました。

◇武力を放棄してしまった天皇家と藤原氏

初代の征夷大将軍は、実はちょっとだらしのない人で負けてしまうのですが、二代目は非常に優秀な人で異民族を征伐し、北海道に追い込めます。この第二代征夷大将軍が有名な坂上田村麻呂《さかのうえのたむらまろ》です。

ちなみに、坂上田村麻呂は軍人ですが、武士ではありません。武士はこの時代まだ誕生していません。彼は貴族の一人で、朝廷の役職の一つとして軍事に従事し、征夷大将軍の任に就《つ》いていました。

坂上田村麻呂の活躍によって、大和朝廷の領土は九州から東北地方まで広がります。日本の国土の範囲は、江戸時代の末までほぼ変わりません。明治になるまで日本人は、北海道を征服しようとはしなかったということです。

なぜ北海道に興味を示さなかったのかというと、稲作ができなかったからです。米というのはもともと亜熱帯の植物なので寒冷地では育ちません。現在北海道でも美味しいお米が収穫できるのは、日本人が長い年月をかけて品種改良をしてきたからです。

江戸時代までの日本人にとって「土地」というのは「米の穫《と》れる場所」のことでした。ですから日本人にとって、北海道の土地は長い間「土地」ではなかったのです。

もちろん、米が穫れなくても代わりに価値のある作物や海産物が採れればそれはそれなりに魅力なので、江戸時代には北海道の南端だけは、松前藩として幕府の管理下に置かれましたが、そこまでです。

大和朝廷が夷を討伐したのも「土地」が欲しかったからです。ですから東北まで征服してしまえば、もうあと征服するところはないわけです。

こうして征服の時代が終わると、征夷大将軍は必要なくなり、有名無実の役職になってしまいました。**日本が他国と大きく異なるのは、外敵がいなくなった時点で、征夷大将軍のような特別職だけでなく、軍隊そのものまでなくしてしまったことです。**

なくしてしまったというのは正しい表現ではないかも知れません。なぜなら、軍隊に当たる兵部省《ひょうぶしょう》という部署は存在していたからです。兵部省はあるのにそこで働く人がいない、それが平安中期の日本の姿だったのです。

これは世界史の常識に照らし合わせるとあり得ないことです。なぜなら、外敵がいなくなったとはいえ、権力を争う為政者にとっての政敵は国内にいたからです。

普通、国内に権力を争う敵が存在すれば、為政者は決して武力を手放すことはありません。ところが、為政者である天皇家も、その権力を奪おうとする藤原氏も、ともにケガレを嫌う思想を持っていたため、相手を殺したり血を流すことを嫌いました。

どちらにとっても武力は「ケガレ」に満ちた忌み嫌うべきものだったのです。そのため彼らは武力を手放し、武力ではない方法で権力を争います。

◇藤原氏が考え出した「脱税システム」

彼らはどのような方法で争ったのかというと、**「土地」を巡る法律をつくり、それを行使することで土地の所有権を争ったのです。**

古代の政治というと王様が専横を振るったと思われがちですが、日本は七世紀の半ば頃から「律令」という法律に基づいて統治が行われる法治国家でした。

律令というのは、もともとは中国で生まれた法律体系です。それを日本は輸入したのです。日本で律令が体系的な法律として導入されたのは、飛鳥時代の近江令だと考えられています。そして七〇一年の大宝律令で日本の律令制はほぼ完成したと見られています。

「律」は刑罰に関する法令を定めたもので、現在の法令では刑法に当たります。「令」はそれ以外の法令を定めたもので、その中には行政組織や官吏の勤務規定も含まれます。

土地を巡る法律と言いましたが、もともと日本の土地というのはすべて天皇のものでした。その天皇の土地を「口分田《くぶんでん》」という一定の大きさに区割りした田んぼというかたちで人民に貸し与えて、人民はそのお礼に収穫したお米の中から三分の一なり半分なりを天皇家に差し出すというのが、奈良時代に完成された日本の仕組みでした。これを「公地公民」と言います。

この公地公民制度に風穴を開けたのが、「三世一身法《さんぜいっしんのほう》」でした。三世一身法というのは、池や用水路などの灌漑施設を新たに敷設して田んぼを作った場合、田んぼを作った本人と子、孫までの三代（＝三世）にわたってその土地の所有を認めるという法律です。ちなみに、既設の灌漑施設を改修して田んぼを作った場合は、開墾した本人一代に限って所有が認められました。

この法律は、一時的なものではありますが、すべてを天皇の所有としていた土地の所有権を人民に認めたという意味で画期的なものでした。

なぜこのような法律が作られたのかというと、耕地を増やすためでした。当時は人口増加に伴う食糧難が起きていました。そこで最初に取られたのが、良田を百万町歩《ちょうぶ》開墾するという計画でした。ところが、ただ開墾しろと言っても人々は動きません。そこで人々に開墾をするメリットとして考え出されたのが、三世一身法だったのです。

でも、これは表向きの理由で、実際には天皇家から権力を奪うための藤原氏の陰謀だと私は考えています。

なぜなら、三世一身法が制定されたのが七二三年ですが、その僅《わず》か二十年後の七四三年に「墾田永年私財法《こんでんえいねんしざいほう》」という法律を新たに施行しているからです。これは、先の三世一身法で「三世」と限定していた土地の所有権を「永年」にわたって認めるというものです。

しかも、荒れ地を開墾すれば土地の所有が認められると言っても、すべての人が土地を所有できたわけではありません。土地の所有が認められたのは貴族と寺社に限られていました。当時は藤原氏が政府の要職をほとんど独占していたので、法律を作る権限を持つ立場にありました。

藤原氏がいくら要職を占めても、土地がすべて天皇のものである限り、彼らの権力は天

Point

土地制度の移り変わりを見れば、日本史は見えてくる！

皇に及びません。そこで藤原氏は自分たちの権力を強化するために、公地公民という土地制度を崩す悪知恵を考えたのだと思います。

実際、**この三世一身法→墾田永年私財法という流れは、その後、天皇の力を奪う「荘園制度」へと発展していきます。**

荘園については、教科書でも大きく扱っているので、皆さんもご記憶だと思いますが、その内容は今一つわからないというのが正直なところではないでしょうか？　実際、その説明はわかりにくいものです。

■荘園　古代・中世における土地支配の一形態。成立事情からみて8～9世紀のいわゆる初期荘園と10世紀以後の本来的な荘園とに分けられる。前者は中央権力者が律令支配体制のもとで形成したもので、自墾地《じこんち》系荘園が中心。後者は地方豪族らが中央権力者と結合して成立した寄進地系荘園が主で、ほかに雑役免《ぞうやくめん》系荘園もある。

■自墾地系荘園　王臣家・寺社が、国司・郡司という律令制支配機構を利用して班田農民を動員して開発した荘園。彼らの賃租で耕作が行われていた。買収した墾田を荘園とした既墾地系荘園と区別し、両者を総称して墾田地系荘園と呼ぶこともある。

■寄進地系荘園　初期荘園に対する語。国司らの圧迫を免れるため、開発領主らが、その所有地を中央の権門勢家に名目上寄進し、その荘官となり、利権を確保した荘園。

（『日本史B用語集』山川出版社　61ページ）

これらの説明がわかりにくいのは、肝心のこと、つまり「荘園」とはいったい何なのか、ということが書かれていないからです。

結論から言えば、**荘園というのは藤原氏が考え出した「脱税システム」なのです。**

墾田永年私財法によって土地を所有することができるようになっても、その田んぼで穫れた作物には税金が課せられていました。ところが、「荘園」になると、税金を払わなくてもよかったのです。

荘園という名の由来にはいろいろな説があるのですが、私が一番納得できるのは「別荘の庭園」を略したとするものです。実は、この「庭園」というところがポイントなのです。

たとえば、広大な田んぼがあった場合、そこで収穫されたお米には税金がかかります。ところが、「これは田んぼではなく藤原道長さんの別荘の庭園です」となると、庭園に生えているものはすべて「花」ということになるので非課税になるからです。

したがって、荘園ということにするだけで、収穫をすべて自分のものにすることができるのです。だから、脱税システムなのです。

でもここで一つの疑問が湧《わ》きます。それは、なぜ藤原氏ばかりが荘園を増やすことができたのか、ということです。

ここでのカギも、実は「税金」なのです。これは推測ですが、藤原氏は自分たちの荘園の小作人になれば、税金を低くするということをしたのです。たとえば、口分田を耕作した場合、収穫の五〇%を税として納めなければならないときに、藤原氏は「うちの小作人になれば、納めるのは収穫の三〇%でいいよ」と言ったのです。

農民たちは税金が少なければそれだけ豊かな暮らしができるわけですから、当然のように口分田を放棄して藤原氏の荘園に行きます。

こうして国には、放棄された口分田がたくさんできてしまいました。田んぼや畑は、毎日手をかけないとすぐに荒れてしまいます。ですから耕作する人を失った口分田は、一年もすると荒れ地に戻ってしまいます。藤原氏は、そうした土地の草取りをするだけで、

●土地制度の推移(改新の詔から身分統制令まで)

改新の詔 646年	公地公民制 すべての土地は国(天皇)のもの
↓	
大宝律令 701年	班田収授法 6歳以上の男女に田を貸し、税をとる
↓	
良田百万町歩開墾計画 722年	良田開墾計画 農民に食糧・道具を支給
↓	
三世一身法 723年	期限付土地所有 開墾地を一定期間(三世まで)所有できる
↓	
墾田永年私財法 743年	無期限土地所有 開墾した土地は本人のもの(貴族・寺社)
↓	
加墾禁止令(道鏡政権) 765年	墾田の加墾を禁止 寺院を除く。772年、撤回
↓	
8〜9世紀	初期荘園(自墾地系荘園)
↓	
11世紀後半	寄進地系荘園
↓	
守護・地頭の設置 1185年	御家人を守護・地頭に任命 武士(開発領主)の土地所有権を保証
↓	
刀狩令 1588年 ＋ 人掃《ひとばらい》令(身分統制令) 1591年	兵農分離 一地一作人制の確立

「荒れ地を新しく開墾しました」として、まず自分の所有地にしてから、荘園へと作り替えていったのです。こうして口分田はどんどん減り、その分、荘園が増えていったのです。

◇映画『羅生門《らしょうもん》』でわかる歴史の真実

こうして日本国中の土地が次々と藤原氏の荘園になっていった結果、国家の税収はほとんどなくなってしまいました。つまり、平安時代中期の日本というのは国家財政が破綻《はたん》していたのです。

そんな当時の状態を非常によく表しているのが、黒澤明監督の映画『羅生門』のオープニングシーンです。

この映画は芥川龍之介の小説『羅生門』と『藪の中』を組み合わせた作品で、舞台は平安中期の都、平安京です。平安京は、当時の国の都です。そしてタイトルになっている羅生門というのは、平安京の都の正門である「羅城門《らじょうもん》」を模したものです。

映画はこの羅生門のシーンから始まるのですが、なんとその門はぼろぼろで、ホームレスが住み着き、そのホームレスが門の壁板を引きはがしてたき火をしているのです。

羅城門は首都の正門です。古代世界において、都の正門を壊してたき火などしたら、洋の東西を問わず死刑にされるのが当たり前の処置でした。

ところが、このホームレスは捕らえられ、死刑にされるどころか、誰からも咎《とが》められさえしません。

このシーンは二つのことを教えてくれています。**一つは、国庫には首都の正門を修理するお金すらないということ。もう一つは、本来なら死刑に処せられるような悪事を働いた罪人を捕まえたり取り締まる機能、つまり現在の警察に当たるものがまったく機能していない、ということです。**

律令制度は、もともと争乱の絶えない中国から輸入された法律体系なので、その行政組織には国防のための組織、軍事全般を管理する「兵部省」と、裁判や刑罰の執行など、現在の警察と裁判所を合わせたような仕事を管轄する「刑部省《ぎょうぶしょう》」が組み込まれていました。

中国では、古代から現代に至るまで、王朝や制度がどんなに変わっても、軍隊が存在しないということはただの一度もありませんでした。

ところが日本では、平安時代の中頃から、国軍というものが存在しなくなります。律令から兵部省がなくなったわけではありません。**行政組織上は存在しているのに、実体としての軍隊がなくなってしまうのです。**

今はちょうど逆ですね。現在は日本国憲法を読むと軍隊は存在しないはずなのに、実体として軍隊は存在しています。

現れている現象は逆ですが、平安時代に軍隊がなくなったのも、現在憲法上はないはずの軍隊が存在しているのも、実は根底にある理由は同じものなのです。それは何かというと、「ケガレ」です。

どういうことかというと、要は、日本人は血や死という「ケガレ」に触れざるを得ない軍隊というものを持ちたくないのです。現在、自衛隊は軍隊ではないと言う人がいますが、外国人が見れば、あれはどう見ても軍隊です。実際、日本国としては自衛隊を英語で表記するときは「Japan Self-Defense Forces」としますが、海外では陸上自衛隊は「Japanese Army（日本陸軍）」、海上自衛隊は「Japanese Navy（日本海軍）」、航空自衛隊は「Japanese Air Force（日本空軍）」と表記するのが一般的です。

ですから日本人が、「あれは軍隊ではなくて自衛隊だ」と言い張るのは、「これはピストルではありません、拳銃です」と言っているのと同じぐらい変な話なのです。

◇「平和になれば軍隊は必要ない」は大きな過ちとなる

こうした明らかにおかしい言い換えが起きる背景には、「言霊《ことだま》」の影響もあるのですが、もっとも根底にあるのは、「軍隊」というケガレたものを自分たちは持っていないことにしたいというケガレ思想が働いているからなのです。

そんなことを言っても、戦前の日本は軍事力でアジアの覇権を握ろうとしていたではないか、と言うかも知れませんが、それは、幕末から明治維新にかけて、軍隊を持たなければ日本が外国の植民地にされてしまう危険があったからです。しかも、その軍隊で世界を何とかしようとして失敗したあとは、「羹《あつもの》に懲りて膾《なます》を吹く」という諺《ことわざ》がありますが、軍隊なんか一切持ちたくないというところまで一気に振り切れてしまいました。

いくら戦争に負けたからと言って、いっそのこと軍隊そのものを持たない方がいいと考えるのはおかしいのです。

このように言うと抵抗を感じる人もいるかも知れませんが、軍隊があるからこそあの国は侵略できないと思う人もいるわけです。いわゆる「抑止力」というものです。ですから、これは議論が分かれるところだとは思いますが、軍隊を持つということには平和維持に対する貢献という面もあるのです。

ですから、本当はそれを持つ必要性を認めるなら、憲法を改正することが必要なのです。過去の侵略のイメージがつきまとうというのなら、憲法にはっきりと「一切の海外侵略行為は行わない」と規定すればいいだけのことです。

今も昔も日本人が軍隊を嫌う理由は二つあります。一つはそれが「ケガレ」に触れる存在であるから。もう一つは軍隊などない、日本は平和だと言っていれば平和が維持できると信じる「言霊信仰」です。

ですから日本では、どうしても軍隊がなければならない時代、たとえば、夷という異民族がいたり、幕末から明治にかけてのように外国の植民地にされてしまう危険がある時期だけ軍隊を持つのですが、本来的には嫌いなので、外敵がいなくなり平和な時代が進むとすぐになくしてしまうのです。

◇平安時代中期は無法地帯

ケガレを嫌う日本人は、外敵の脅威がなくなると、このようにすぐに軍を手放してしまうのですが、平安時代、ケガレ思想はさらに深刻な問題を引き起こします。それが刑部省の形骸化でした。

つまり、ケガレるからという理由で兵部省、つまり軍事関係の仕事に就かなくなった平安貴族は、同時に同じ理由で刑部省、つまり警察・裁判所関係の仕事に就くことも拒否してしまったのです。

律令制度では太政官《だいじょうかん》の下に政務を担当するための機構「八省」が設けられていました。それぞれの省のトップは「卿《かみ》」と言います。今で言う「長官」に当たるものですね。

●律令制における官制

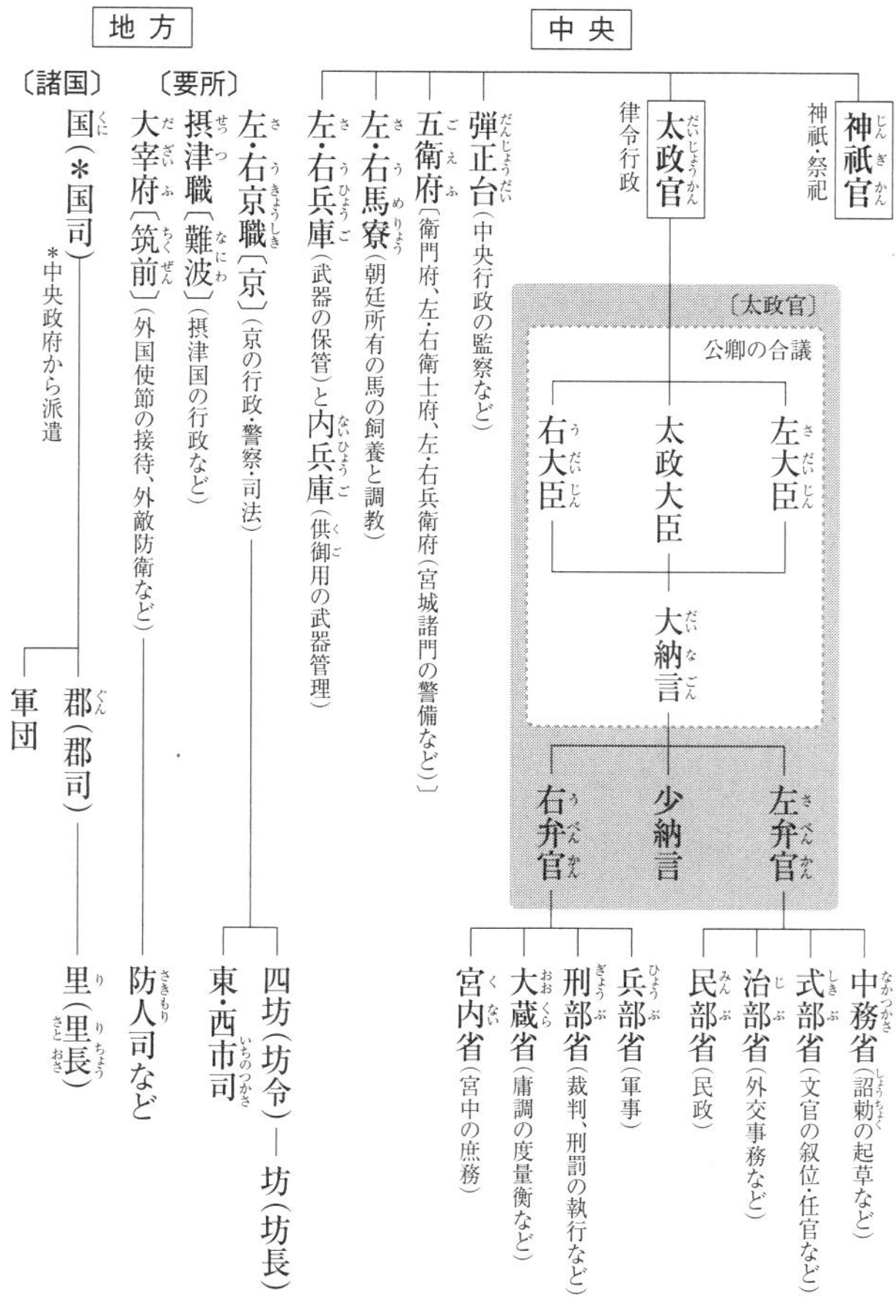
中央
神祇官《じんぎかん》
神祇・祭祀
太政官《だいじょうかん》
律令行政
〔太政官〕
公卿の合議
左大臣《さだいじん》
太政大臣
右大臣《うだいじん》
大納言《だいなごん》
左弁官《さべんかん》
少納言
右弁官《うべんかん》
中務省《なかつかさ》（詔勅《しょうちょく》の起草など）
式部省《しきぶ》（文官の叙位・任官など）
治部省《じぶ》（外交事務など）
民部省《みんぶ》（民政）
兵部省《ひょうぶ》（軍事）
刑部省《ぎょうぶ》（裁判、刑罰の執行など）
大蔵省《おおくら》（庸調の度量衡など）
宮内省《くない》（宮中の庶務）
弾正台《だんじょうだい》（中央行政の監察など）
五衛府《ごえふ》（衛門府、左・右衛士府、左・右兵衛府〔宮城諸門の警備など〕）
左《さ》・右馬寮《うめりょう》（朝廷所有の馬の飼養と調教）
左《さ》・右兵庫《うひょうご》（武器の保管）と内兵庫《ないひょうご》（供御《くご》用の武器管理）
左《さ》・右京職《うきょうしき》〔京〕（京の行政・警察・司法）
四坊（坊令）— 坊（坊長）
東・西市司《いちのつかさ》
地方
〔要所〕
摂津職《せっつしき》〔難波《なにわ》〕（摂津国の行政など）
大宰府《だざいふ》〔筑前《ちくぜん》〕（外国使節の接待、外敵防衛など）
防人司《さきもり》など
〔諸国〕
国《くに》（*国司）
*中央政府から派遣
郡《ぐん》（郡司）— 里《り》（里長《りちょう》《さとおさ》）
軍団

律令では位に応じて就ける役職が決まっています。たとえば、同じ八省の中でも、天皇の側近《そば》くで臣下と天皇の取り次ぎをしたり、詔勅《しようちよく》（天皇の命令）を起草したりする「中務省《なかつかさしよう》」の卿は、他の七省が正四位《しようしい》の下なのに対し、正四位の上と位が一段高くないと就けないと決まっていました。ちなみに、太政大臣は従一位《じゆいちい》以上、左右大臣と内大臣は従二位以上でなければ就けませんでした。このような位階と官職の間に相関関係を設けることを「官位相当制」と言います。

こうした制限があるため、就ける役職は限りがあるわけですが、貴族はみんなケガレ思想を持っているので、同じ卿でも、ケガレ仕事ではない式部省や民部省などの卿になりたいのです。その結果、兵部省と刑部省の卿になる高級貴族がまずいなくなります。仮に様々引き受けてもまず仕事はやりません。

さらにこうした思想は下級貴族にも色濃く見られるようになり、兵部省や刑部省では、卿はもちろん部下の軍人や役人もいなくなってしまいました。

これは、国家としてはかなり異常な状態です。

考えてみてください、今で言えば、「あんな仕事はケガレているからしたくない」という理由で、警視総監にも、現場の警官にもなり手がいないということです。もしも、今そんなことになったら、その国はどうなってしまうでしょう。

間違いなく治安は悪くなります。いいえ、そんな生やさしいものではないでしょう。何しろ悪事を働いた人を罰する法律はあっても、その悪事を取り締まる人もいなければ、それを裁き刑を執行する人もいないのです。これでは法律がないも同じです。

ですから平安時代中期以降というのは、まさにこの無法状態だったのです。

まあ当時は、日本に攻めてくる国はなかったので、兵部省の形骸化は放っておいてもさほど問題はなかったのですが、刑部省の形骸化は深刻な問題でした。

何しろ取り締まる人も罰する人もいないのですから、金持ちの財産を狙う泥棒にとっては天国ですが、財産を持つ高級貴族には地獄です。

そこで、困った藤原氏は、せめて、自分たちが住む都の治安だけでも何とかしようということで、刑部省の代わりとなるものを作ります。それが「検非違使《けびいし》」です。

これは本来中国の法律体系である律令には存在しない、日本オリジナルのものです。こうした律令にない役職を「令外官《りょうげのかん》」と言います。今風にいうと、法律以外の官ということですね。

なぜ律令にないのかと言えば、当然ですね。律令には兵部省と刑部省があり、それがきちんと機能していれば必要のない役職だからです。

律令の役職は、先ほども触れたように官位相当という制限がありましたが、検非違使にはそれが当てはめられていませんでした。これは、嫌《いや》な言い方をすれば、下級の官僚でもこれをやりたいというやつがいるなら、給料を出してやるから来い、ということなのです。

つまり、普通ではなり手がいないケガレ仕事だけど、位という制限を外せば、貧しい下級貴族ならやり手もいるだろう、ということなのです。

◇藤原氏に敗れた貴族は国司となって権力を握った

こうして検非違使によって、都の治安はかろうじて保たれましたが、地方は相変わらずの無法状態が続いていました。

当時地方は小さな国家のような状態で、中央で出世できなかった中級以下の貴族が現地に「国司（中央政府より派遣される地方官）」として赴任するかたちで治めていました。この国司を「守《かみ》」と言います。

ですから国司というのは、今で言えば自治権を持った官選県知事のようなものだと言えるでしょう。

当時、都の官職は藤原氏が上位を独占しているので、出世できる見込みはまったくありませんでした。出世が望めない中級貴族にとって、この国司という仕事は、かなり「おいしい仕事」でした。なぜなら、地方に赴任した国司は、赴任地では王様のような生活ができるからです。もちろん決まった額の税金は中央に送らなければなりませんが、その義務さえきちんと果たせば、後はすべてを自由にすることができました。

たとえば、中央では官位によって住める屋敷の大きさが決まっていましたが、赴任地では広大な敷地に御殿のような屋敷を作って住むこともできましたし、税金以上に多くのものを搾取することもできました。国司の任期は四年または六年ほどでしたが、一度でも行けば充分な財産を築くことができました。

出世できない彼らに残された望みはお金を掴むことです。ですから多くの中級貴族が国司に任官されることを望み、壮絶な賄賂合戦が繰り広げられることになったのです。

清少納言は、『枕草子』にすさまじきもの（興ざめするもの）の一例として「除目《じもく》に司《つかさ》得ぬ人」と書いています。「除目」というのは、今の言葉で言えば人事異動を発表する儀式のことです。

ですから「除目に司得ぬ人」というのは、さんざん賄賂を贈って、なんとか私を○○の国司にしてくださいと根回ししていたのに、いざ人事異動の発表の時に名前が呼ばれなかった人ということなのです。清少納言はそうした人々の落胆して帰って行く姿を興ざめだと言っているのです。

◇藤原氏に対抗するための天皇家の秘策

こうして自分が蓄財することしか考えない人が国司として赴任するわけですから、その土地の人々が少しでもよい暮らしができるように工夫するとか、土地の治安を守ろうなんて意識はまったく持ち合わせていません。ただひたすら土地の農民たちから搾取しまくって蓄財しては、都へ帰って行ったのです。

当然ながら地方は荒廃します。

でも、そんな中、中央へ帰ろうとしない国司が現れます。それはどういう人たちかというと、源氏や平氏と言われる人たちでした。

彼らは元々は天皇家の子孫です。よく「清和《せいわ》源氏」とか「桓武《かんむ》平氏」と言いますが、これは清和天皇の子供（貞純《さだずみ》親王）を、桓武天皇の孫（高見《たかみ》王）をルーツとする一族という意味です。

なぜ天皇の子供や孫の子孫が中流貴族として地方に行かなければならなかったのかというと、中央で藤原氏との政権争いに敗れたからです。

この話をするには、なぜ天皇の子孫が中流貴族になったのか、というところからお話ししなければなりません。

天皇から権力を奪うために、藤原氏は公地公民を切り崩すために、新たな法律を制定しますが、その他にも「関白」という地位を作ります。これは官職ではありません。官職における最高位は太政大臣です。最高位と言っても「臣」という字が付くことからわかるように、あくまでもその立場は天皇の臣下です。

ところが「関白」というのは、天皇の代理という立場になるので、臣下ではなく準皇族扱いなのです。その証拠に、太政大臣まではその敬称は「閣下」なのですが、関白になると「殿下」と呼ばれます。殿下というのは皇族だけに使われる敬称です。

最終的に藤原氏は、この関白になれるのは藤原氏の中でも特別な五つの家、これを「五《ご》摂家《せっけ》」と言いますが、具体的に言うと「近衛《このえ》・鷹司《たかつかさ》・九条・二条・一条」という五つの家の者しかなれないと決めてしまいます。藤原氏には他にも菊亭や梅谷などいくつもの系統があるのですが、関白になれるのは藤原氏の中でも五摂家だけです。

藤原氏は天皇家の血は引いていないので、どう頑張っても天皇になることはできません。そこで、関白という天皇の代理を務められる立場を創設し、天皇の権力を奪ったわけです。

でも天皇も、藤原氏の専横を黙って指をくわえて見ていたわけではありません。

天皇は関白に対抗するために、自分の息子たちを官職に就けることを思い立ちます。でも、官職は官位相当で、臣下がその位に応じた職に就くことになっているので、皇族の立場では就くことができません。**そこで天皇は、自分の息子や孫をわざと臣下の籍に落とすということをするのです。これを「臣籍降下《しんせきこうか》」と言います。**

皇族は姓を持ちませんが、臣下は姓が必要になります。そこで天皇が皇室を離れる息子や孫たちに与えた姓が、「源」や「平」だったのです。

ちなみに臣籍降下は現在でも行われています。たとえば、内親王、つまり天皇の娘が一般の人と結婚すると、内親王の籍を離れることになりますが、あれも皇族の立場から平民になるわけですから臣籍降下の一形態なのです。

それはともかく、**天皇は藤原氏に対抗するために、皇族の男子を臣籍降下させて、大臣に任命したのです。**

天皇のこの策は当たり、源氏は一時期藤原氏のライバルとして政権を競います。

しかし結局は、多くの荘園を持つ藤原氏が勝利します。そして敗れた源氏は平安時代が進む中でその力をどんどん弱め、平安後期には、藤原氏に賄賂を贈って国司の座を望む中流貴族まで落ちぶれてしまいます。

地方に赴《おもむ》いた彼らは、地方で好き勝手に豪勢な生活を送るうちに、都に帰りたくないと思うようになります。どうせ都に戻っても、また再び国司に任じてもらえるように、築い

●源氏と平氏のルーツ

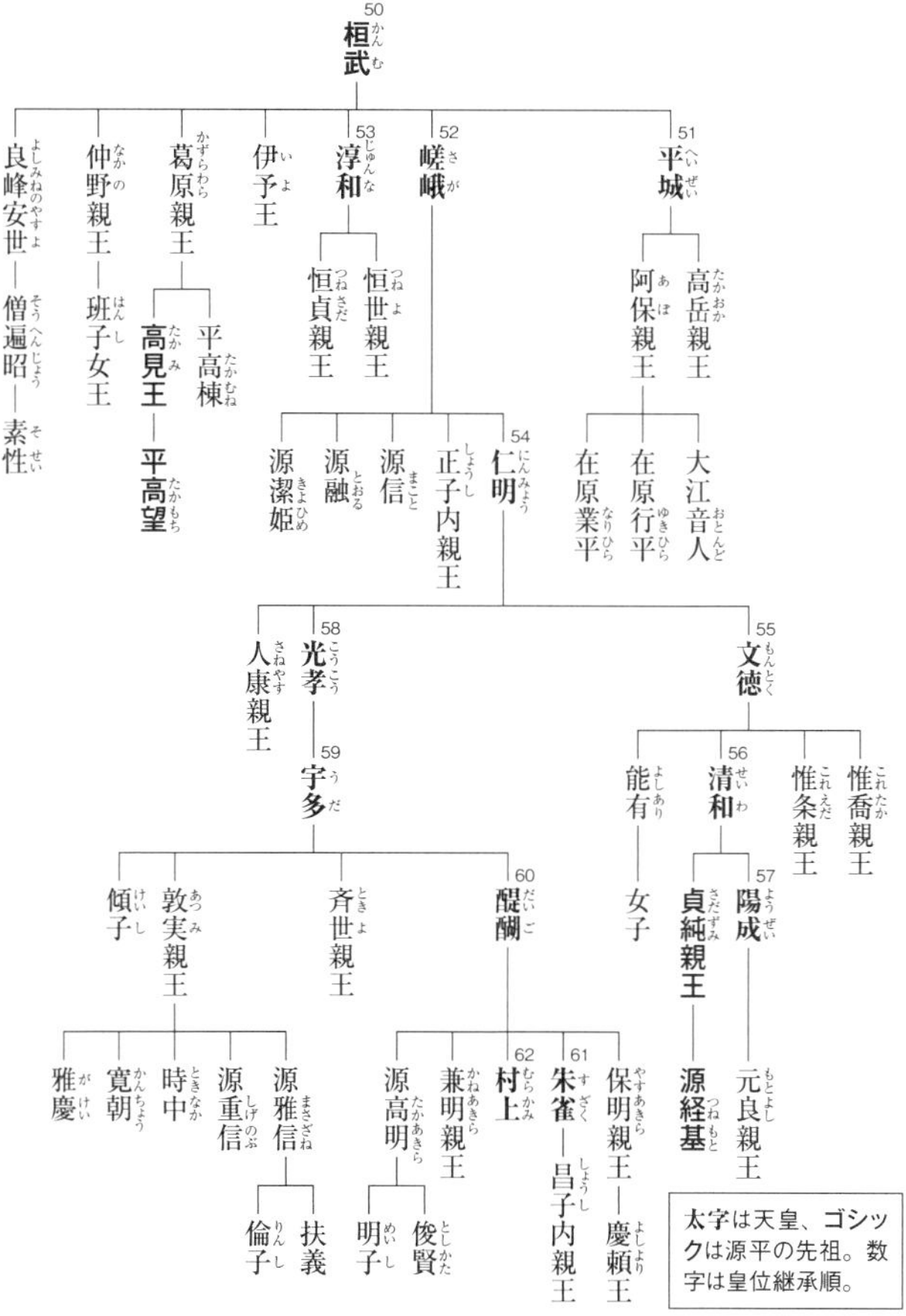

太字は天皇、ゴシックは源平の先祖。数字は皇位継承順。

た財産を賄賂として藤原氏に贈る生活に戻るだけなのです。

こうして任期が切れても都に帰らず、その土地に残る者が出始めるのです。

◇武装農民が大量に発生した理由とは？

国司は赴任するとすぐに、人民を動員して広大な農園をつくります。そして、それをすべて荘園にしてしまい、豪勢な生活を送るわけですが、任期が切れて都に戻るとき、荘園を持ち帰ることはできません。土地だけではありません、せっかく作った広い屋敷も持って帰ることはできません。

そうした持ち帰れない財産、つまり不動産を手放すのが惜しくて残るのですが、そこには一つ大きな問題がありました。それは、彼らは土地の正式な所有者になることができないということです。

藤原氏や東大寺など有力寺院は、墾田永年私財法によって、田んぼを開拓すればその土地を永久に自分のものにすることが認められていますが、国司に任命された中流貴族には土地の所有は認められていませんでした。

ですから、彼らは土地に残ることによって、実効支配をすることはできましたが、正式な土地所有者になることはできなかったのです。

ではどうするのかというと、名目上ですが、土地を所有する権利が認められている藤原氏などに寄付し、自分たちは荘園を管理する「荘官」として残るということをしたのです。

でもこのやり方だと、名目上とはいえ正式な土地所有者は藤原氏なので、収穫の何割かは藤原氏に上納しなければなりませんでした。

法律上の決まりなので仕方ないとはいえ、自分で耕した土地なのに自分のものにならないということに彼らは不満を抱いていました。しかも、地方の治安は都以上に悪いので、彼らは夜盗や強盗から自分たちの財産を自力で守らなければならないのです。

源氏や平氏がやがて「武士」になっていくのは、自分たちの財産を守るために武装したことがそもそもの始まりなのです。でも、彼らは単に武装したから武士になったわけではありません。彼らが「武士」という存在になっていったのは、武装した上で、夜盗・強盗に負けないように武技を磨いたからです。

Point

土地の所有権争いで天皇家は藤原氏に敗れ、実権を失った！

ですから、中央で出世の望みが断たれた中流貴族が、地方に土着し、財産を守るために武技を磨いた結果、誕生したのが「武士」なのです。

各地で自然発生的に生まれた武士は、身を守るためにやがて集団化するようになり、武装集団かつ生産集団へと成長していきます。これが「武士団」です。

武士団の広がりは、結果的に死に体だった公地公民の息の根を止めることになります。なぜなら、武士たちによって各地で公地が荘園に作り替えられ、その荘園は、武士たちが実効支配を続けるために藤原氏に寄進されてしまうからです。

実際、平安後期から二百年ほどを経た南北朝時代の北畠親房《きたばたけちかふさ》という公家で有名な政治家は、当時の土地について驚くべき事実を書き残しています。それは、当時の国有地は一〇〇のうちたった一つだということです。

おわかりでしょうか、国有地が一〇〇のうち一つしかないということは、残りの九九は荘園になってしまっている、ということです。

ですから、これは本来から言えばおかしな話なのですけれど、平安時代も末期になってくるとあまりの財政困難に天皇までもが荘園を持つようになるのです。本来は、日本の土地はすべて国有地で天皇のもののはずなのに、そんなことを言っていられなくなってしまったということです。

なぜ武士が日本に誕生したのか、おわかりいただけたでしょうか。

天皇家と藤原氏の長い政争の中で生まれた土地制度と関白という特殊な位、そして何よりも外敵がいなくなったのを機に、国内では政争をしているにもかかわらず軍と警察の機構を「ケガレ」として手放してしまったために、「武士」という武装農民が誕生することになったのです。

テーマ⑤

ケガレ思想が平氏の台頭を許した

政治の天才・白河《しらかわ》上皇は武士を登用することで藤原氏を失墜させた。しかし、なぜ天皇は武力を捨てたのか？また平氏台頭の裏には何があったのか？

◇おごれる者は一瞬にして滅ぶ

公家の政権から、源頼朝が本格的な武士の政権である鎌倉幕府を開くまでの過渡期、それが『平家物語』に描かれた平家の時代です。

その平家一族の興亡を描いた物語、『平家物語』は次のような言葉から始まります。

祇園精舎の鐘の声、諸行《しよぎやう》無常《むじやう》の響《ひびき》あり。娑羅《しやら》双樹《さうじゆ》の花の色、盛者必衰《じやうしやひつすい》の理《ことわり》をあらはす。おごれる人も久しからず、唯《ただ》春の夜《よ》の夢のごとし。たけき者も遂《つひ》にはほろびぬ、偏《ひとへ》に風の前の塵《ちり》に同じ。遠く異朝をとぶらへば、秦《しん》の趙高《てうかう》、漢《かん》の王莽《わうまう》、梁《りやう》の周伊《しうい》、唐《たう》の禄山《ろくさん》、是等《これら》は皆旧主先皇《きうしゆせんくわう》の政にもしたがはず、楽しみをきはめ、諫《いさめ》めをも思ひいれず、天下《てんか》の乱れむ事をさとらずして、民間の愁《うれ》ふる所を知らざッしかば、久しからずして、亡《ばう》じにし者どもなり。近く本朝をうかがふに、承平《しようへい》の将門《まさかど》、天慶《てんぎやう》の純友《すみとも》、康和《かうわ》の義親《ぎしん》、平治《へいぢ》の信頼《のぶより》、此等《これら》はおごれる心もたけき事も、皆とり〴〵にこそありしかども、まぢかくは六波羅《ろくはら》の入道前太政大臣平朝臣清盛公《にふだうさきのだいじやうだいじんたひらのあつそんきよもりこう》と申しし人の有様《ありさま》、伝へ承るこそ、心も詞《ことば》も及ばれね。

（新編日本古典文学全集『平家物語』巻第一「祇園精舎」より　小学館〈以下同〉）

『平家物語』の冒頭の祇園精舎というのは、かつてお釈迦様が教えをたれたというインドのお寺のことです。何代にもわたって栄えていたその寺も、今は廃《すた》れ、滅んでしまった。つまり、この冒頭の言葉は、平家の盛衰を仏教の教えである「諸行無常」という言葉を使って表したものなのです。

ここで言う「無常」というのは、実は勘違いしている人も多いのですが、あまりにも無残だという意味の「無情」ではなく、変わらないものは世の中にはない、ということです。

長嶋茂雄さんは引退セレモニーで「わが巨人軍は永久に不滅です」と言いましたが、永遠などというものは絶対にないというのが仏教の教えです。

どんなに永遠であるかのように思えるものでも、必ずいつかは移ろい滅びてしまいます。娑羅双樹の淡黄色の花もいずれは白く変色してしまうし、どれほど隆盛を極めたものもいつかは必ず衰えてしまう。おごり高ぶった人も、永遠におごりにふけることはできない。それは春の一夜の夢のように儚《はかな》いものなのです。勇猛な者もいつかは滅びてしまいます。それはちょうど風の前の塵のようなもので、一旦風が吹けば、あっという間に滅んでしまうものなのだということを、まず言っているわけです。

そして続けて、中国の例を見なさいと言います。

秦の趙高《ちょうこう》、漢の王莽《おうもう》、梁の周伊《しゅうい》、唐の禄山、これらの人たちは皆、皇帝の命に従わず、この世の楽しみを極めた人たちなのですが、そういう人たちは、結局滅んでしまったではないか。「本朝」というのは日本のことなので、「本朝をうかがふに」というのは、同じように日本でもという意味で、その例として「承平の将門（平将門）」「天慶《てんぎょう》の純友（藤原純友）」「康和の義親（源義親）」「平治の信頼（藤原信頼）」の名を挙げています。

こうした人たちは、特に将門がそうですが、みな天皇家に対して反乱を起こした人たち

●平氏と天皇の関係

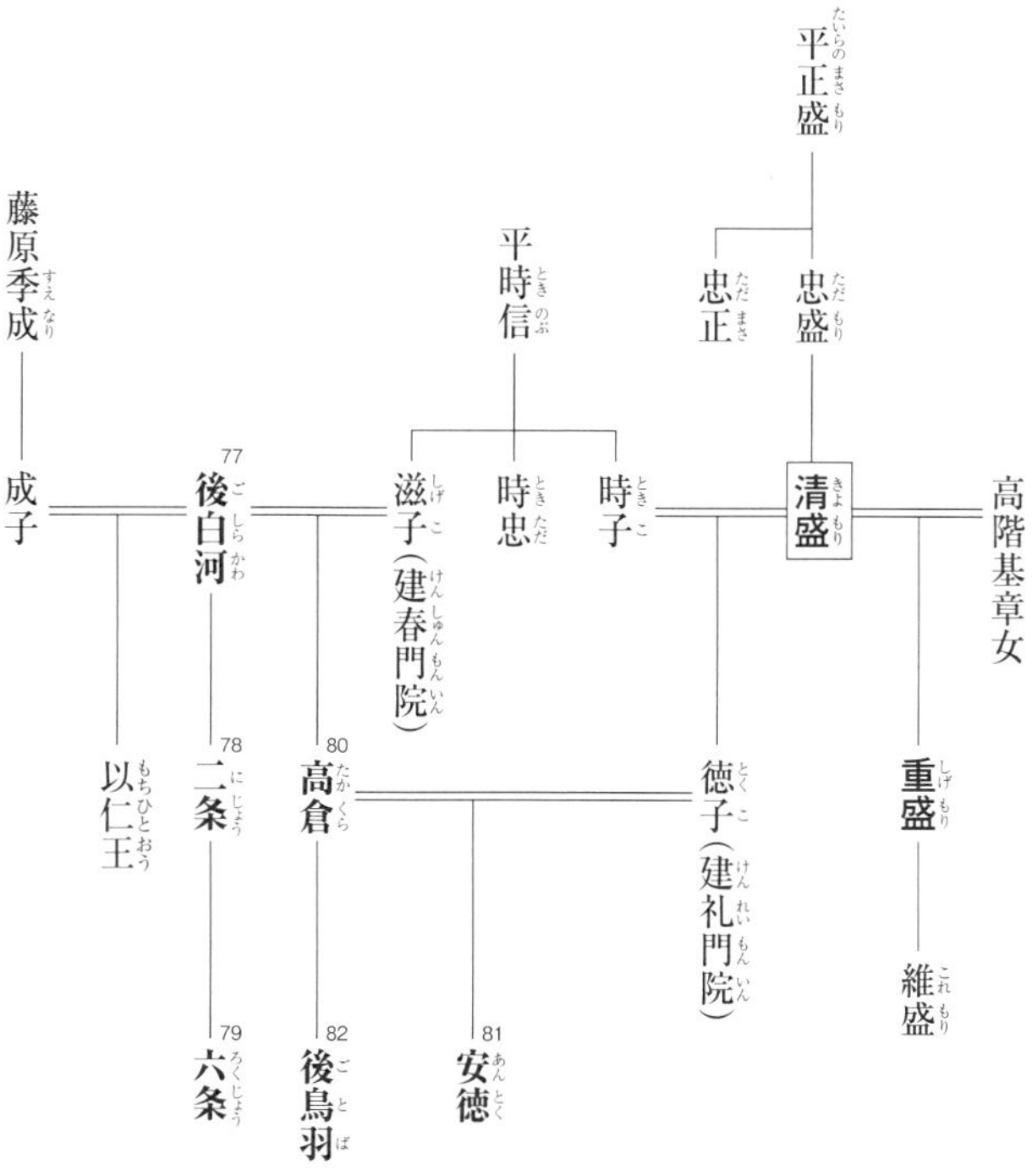

平氏は、太政大臣に清盛、内大臣に重盛、以下公卿16人、殿上人30余人を数えた。
清盛は外祖父の権力を使い、安徳天皇の即位を強行する。これにより、以仁王の怨みを買い、以仁王は源氏挙兵をうながす令旨を発給することになった。

です。そうした人たちの名を挙げて、こうした人間の末路はどうだ、結局みんな滅んだじゃないか、とした上で、そうした中でももっともそのことを如実に表しているのは「入道《にゅうどう》前太政大臣《さきのだいじょうだいじん》平《たいらの》朝臣《あつそん》清盛公」、つまり平清盛だ、と言っているのです。

　清盛は武士として初めて太政《だいじょう》大臣にまで上り詰めた人物です。太政大臣の上は関白《かんぱく》しかありません。ちなみに、武士で初めて関白になったのは戦国末期の豊臣秀吉です。

　平安時代は、武士は太政大臣はおろか、内大臣になることすらあり得ないことでした。清盛はそんな時代に人臣としては最高位の太政大臣を極めたのです。

　さらに、彼は娘の徳子を入内《じゅだい》させることに成功し、その徳子が皇子を産みます。皇子は幼くして皇位に即《つ》き（安徳《あんとく》天皇）、これによって、天皇の外祖父という立場まで手に入れるのです。

　平家の隆盛は並ぶものなく、まさにこの世の春、「平家にあらずんば人にあらず」というほどの威勢を極めます。

　しかし、これほどまでに栄華を極めた平家が、清盛が没すると、あっという間に、まさに風の前の塵の如く滅んでしまうのです。

　こうした平家の台頭から滅亡までを描いた物語が『平家物語』です。

　その『平家物語』の最後の巻に「大原御幸《おおはらごこう》」という章があるのですが、そこでは平家が

●平氏知行国

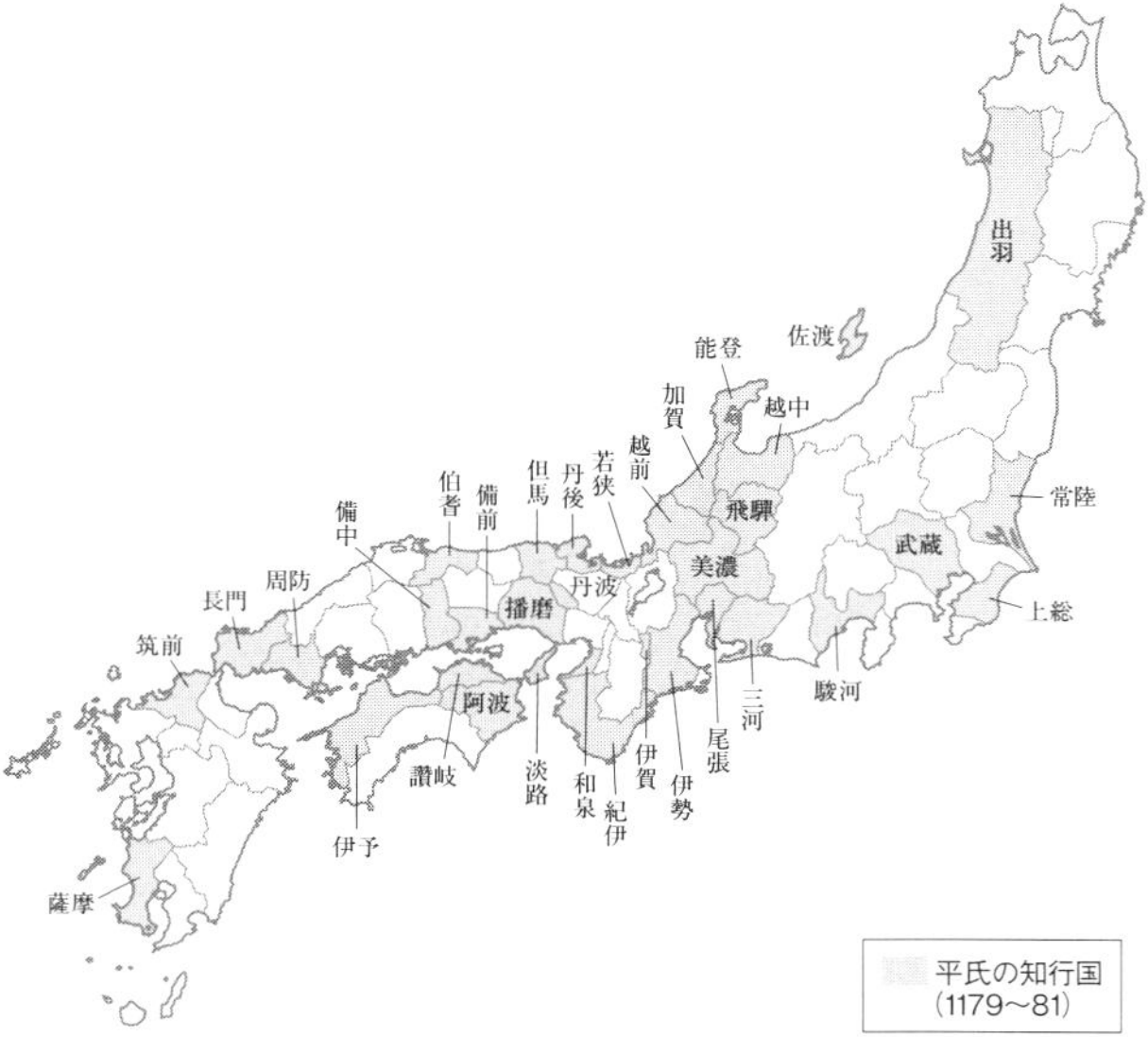

知行国は、「平家知行の国三十余カ国、すでに半国にこえたり」(『平家物語』)とされた。また、全国に500余所の荘園を持ち、日宋貿易で平氏の経済基盤を支えるなど、隆盛を極めた。

すべて滅んだ後、我が子安徳天皇を失いながらかろうじて生き残った建礼門院《けんれいもんいん》（徳子）が、しみじみと昔語りをする場面があります。

このことからも、平家の時代というものが如何《いか》に短いものだったかがわかります。その僅《わず》かの間に、平家はトップまで上り詰め、一時は日本国の半分を平家が直接統治し、残った半分は平家の鼻息をうかがっているという状況だったのに、それがあっという間に滅んでしまう。

平家の盛衰は、上り詰めるのも驚くほどの速さでしたが、滅びるのはそれ以上に速いという、非常にドラマチックな世界です。この世が諸行無常であることを、平家の盛衰は見事に物語っているのです。

◇平氏と源氏の大きな違いとは何か

『平家物語』については、学校で必ず習うので、先ほどの冒頭部分は皆さんもご存じのことと思います。「祇園精舎の鐘の声〜偏に風の前の塵に同じ」までの部分を暗唱させられたという人も少なくないはずです。

でも、その先はというと、きちんと読んだことのある人は、あまり多くないようです。

実際、『平家物語』のストーリー自体が、どこから始まるのかというと、ほとんどの人が知りません。

実は、ストーリーは清盛の父、平忠盛のところから始まります。

平家は、前項でお話ししたように、もともとは臣籍降下《しんせきこうか》した天皇の血を引く一族です。それが都での政争に敗れ、落ちぶれて地方へ行き、地方で土着することで武士団へと成長していったことはすでにお話ししたとおりです。

ですから、平家が都で出世を遂げていくというのは、ある意味「中央政界へのカムバック」だとも言えるのです。実際、『平家物語』には、次のような文章があります。


其先祖《せんぞ》を尋ぬれば、桓武天皇《くわんむてんわう》第五の皇子《わうじ》、一品式部卿葛原親王《いつぽんしきぶきやうかづらはらのしんわう》、九代の後胤《こういん》、讃岐守正盛《さぬきのかみまさもり》が孫《そん》、刑部卿忠盛朝臣《ぎやうぶきやうただもりのあつそん》の嫡男なり。

（『平家物語』巻第一「祇園精舎」より）


「其の」というのは、「平清盛の」ということです。つまり、清盛の先祖は皇族であったが、藤原氏に圧迫され、都落ちをしたと言っているのです。

平家が土着したのは、同じ地方でも主に西日本のほうでした。世界遺産の一つ広島の厳《いつく》島《しま》神社の社殿は、清盛が建てたのです。厳島神社は、平家一門の崇敬を受け、清盛以降、平家の氏神となっています。

平家と源氏の一番大きな違いは、源氏はどちらかというと農業専門なのに対し、西方に土着した平家は、大陸に近いという地の利を活かし、瀬戸内を地盤とする水軍と手を組んで国際貿易（当時は日宋《につそう》貿易）をやっていたということでしょう。

日宋貿易で巨万の富を稼いだことによって、平家は、一度は政争に敗れ、都落ちした中央政界にカムバックするのです。

では、具体的に何をしたのかというと、これは教科書にも載っている言葉ですが、「成《じょう》功《ごう》」ということを行いました。「成功《じょうごう》」とは、本来なら国家予算でやるべき寺社の建築など大規模工事を、武士団が請け負って一から十まで、つまり建設費から建築手配まですべてやって、完成品を天皇に献上するということです。

天皇家は藤原氏に政治的権力も、本来手に入るべき税金も取られてしまったので、寺院を建立《こんりゅう》したくてもできません。そこで、武士団をかわいがることによって、彼らの持つ財力を引き出したわけです。

清盛の父、忠盛はこの「成功《じょうごう》」で中央政権に復帰します。そのことは『平家物語』の「殿上闇討《てんじょうのやみうち》」という章の冒頭に書かれています。

しかるを忠盛備前守《びぜんのかみ》たりし時、鳥羽院《とばのゐん》の御願《ごくわん》、得長寿院《とくちやうじゆゐん》を造進《ざうしん》して、三十三間《げん》の御堂《みだう》をたて、一千一体の御仏《みほとけ》をすゑ奉る。

（『平家物語』巻第一「殿上闇討」より）

つまり、忠盛は鳥羽《とば》上皇の望みに応じて（なぜ天皇ではなく上皇だったのかということは、後で説明します）、一〇〇一体の仏像を納めた三十三間《げん》のお堂という、本来なら国家プロジェクトで建立するような大寺院を、自らの私財で、丸々つくって献上したというのです。

三十三間のお堂というと、多くの人は三十三間堂を思い浮かべると思いますが、この忠盛が建てた得長寿院は現在の三十三間堂のことではありません。現在の三十三間堂は蓮華《れんげ》王院《おういん》と言い、得長寿院はこれよりも南に位置していたといいます。蓮華王院は、忠盛の息子である平清盛が、父の建てた得長寿院を模して建てたものを、後白河《ごしらかわ》法皇に成功《じょうごう》したも

Point

平氏は日宋貿易で稼いだ富で中央にカムバックした！

のなのです。

◇経済力と武力で平氏は中央にカムバックした

天皇家にとって、武士団の魅力は財力だけではありませんでした。平家は、天皇家の最大のライバルである藤原氏が持たない「強み」を持っていました。それは「武士団」、つまり彼らの持つ「武力」でした。武力を持つ武士はボディガードとしても使えます。

経済力と武力、この二つのメリットを得られることから、藤原氏に対抗するためにも、武士団の長をかわいがるようになります。

平忠盛は、こうして中央政界にカムバックしたわけですが、中央政界に正式にカムバックするためには、中央の役職に就《つ》くことが必要です。もちろん無位では、中央政界の役職に就くことはできないので、天皇家はかわいがっている忠盛に位を授けます。政治の実権は藤原氏に奪われても、位を授ける権限だけは天皇家にあります。

これで官位相当として中央政界の役職に就く資格は得たわけですが、要職はすでに藤原氏が独占しています。いくら官位相当の役職でも地方では意味がありません。藤原氏と対抗させるためには、「公卿《くぎょう》」と言われる国政を担う立場にしなければなりません。公卿でないと国家の方針を検討する朝議、つまり天皇の前で行われる国家の最高意思決定会議に加われないのです。

そのためには、最低でも位で言えば三位《さんみ》以上の役職、具体的に言えば中納言、大納言クラスでなければなりません。でも、こうした要職に就く貴族というのは貴族の中でもトップクラスの人々ですから、当然、ケガレ（穢れ）を忌《い》み嫌います。いくら上皇がかわいがっているからと言って、ケガレに満ちた武士団の長をすぐに仲間として受け入れることはできません。

上皇も、忠盛に何らかのポストを与えなければなりませんが、いきなり要職にごり押しすることもはばかられます。そこで、まずは御殿の上に上がれる程度のポストを与えます。

御殿の上に上がることを「昇殿《しょうでん》」と言いますが、実はこれは当時としては大変なことなのです。昇殿できる人を「殿上人《てんじょうびと》」と言い、できない人は「地下人《じげにん》」と言われます。地下人が殿上人に会う際には地面に土下座したり平伏して控えなければなりません。ですから、**当時の人にとって昇殿するということは、ある意味、神様の位に昇るようなものだったのです。**

上皇は、忠盛を地下人から殿上人にするために、役職を与えます。しかし、殿上人に相応する役職は、例外を除いては空いていませんでした。その例外というのが、なり手がなく有名無実になっていた刑部省《ぎょうぶしょう》と兵部省《ひょうぶしょう》の長、刑部卿《ぎょうぶのかみ》と兵部卿《ひょうぶのかみ》です。

兵部卿と刑部卿、これらはどちらもなり手がなかったわけですが、特に刑部卿は卑《いや》しい罪人を裁くケガレた役職ということで、高級な公卿たちには忌み嫌われたポストでした。上皇は、その刑部卿のポストを平忠盛に与えたのです。

これが、平家が中央政権にカムバックする第一歩となりました。だから、『平家物語』のストーリーはこの忠盛昇殿のところから始まるのです。

◇藤原氏に対抗した天皇家の逆襲

ここで、なぜ「天皇」ではなく「上皇」だったのか、ということについて説明しておきましょう。

日本の古代の歴史というのは、天皇家と高級貴族（豪族）との覇権争いの歴史です。古くは蘇我《そが》氏が天皇家と争い、中大兄皇子《なかのおおえのおうじ》（後の天智《てんじ》天皇）が蘇我氏を討ち、勝利しますが、次には藤原氏が台頭してきて、やはり天皇家と覇権を争うことになります。

藤原氏台頭のエポックとなった出来事が、奈良時代に藤原不比等《ふひと》の娘である藤原光明子《こうみようし》が聖武《しょうむ》天皇の皇后になったことでした。

それまで皇后というのは、天皇が死んだ場合、未亡人として天皇の位に即く可能性があるので、皇族でなければならないという決まりがありました。

ところが、藤原氏はそれに反対した長屋王《ながやおう》を無実の罪に陥《おとしい》れて滅ぼしてまで、この禁を破り、不比等の娘である光明子を皇后にしてしまいます。これが、聖武天皇の皇后、光明皇后です。

さらに藤原氏は、それ以降、皇后は藤原家から出すというのを暗黙の不文律とし、平安期にはそれを完全に定着させてしまいます。これによって藤原氏は、天皇の外祖父という立場で権力を振るうことができるようになったのです。

とはいえ、時にはちょうど天皇と見合う年頃の娘が藤原氏に生まれず、藤原氏とはまったく関係のない家の娘が産んだ皇子が皇位に即いてしまうこともありました。そうした藤原氏とは無関係な天皇に、平安中期の後三条《ごさんじょう》天皇がいますが、この天皇は藤原氏と血縁の天皇が決してしないことをしています。

それは何かというと、「荘園整理令」の発布です。

藤原氏の息のかかっていない天皇にとって、一番腹立たしいことは、ほかでもない「脱税」です。

だから後三条天皇は荘園を整理して脱税をできないようにしようと試みたのです。しかし、残念ながら後三条天皇がいくら努力しても、荘園の数があまりにも多すぎて、いかんともしがたいというのが現実でした。ですから、いくら天皇が孤軍奮闘しても、平安期中頃までは、藤原氏の圧倒的勝利が続いていたわけです。そして、その象徴が「関白《かんぱく》」という人臣を超えた地位に藤原氏が君臨したことでした。

関白は、天皇の持つすべての権利を代理できました。そのため、天皇には何もさせず、関白がすべてを仕切ることができたのです。関白という地位を作り出し、権力を手にした平安中期の藤原氏は、自分たちの意に染まぬ天皇はすぐ退位させ、自分の娘が産んだ幼子を天皇に即けるということをしました。相手が子供のほうが思うがままにすることができたからです。

ところが平安末期、天皇家の逆襲が始まったのです。

それを可能にする画期的な方法を思いついたキーマンは、白河天皇でした。

白河天皇は、外戚に藤原氏を持たない後三条天皇の第一皇子として生まれました。母親は藤原氏出身の女性ですが、父の後三条天皇に倣《なら》って天皇親政を行いました。しかし、父同様うまくいきませんでした。

何とかして権力を天皇家に取り戻したいと思った白河天皇は、退位し上皇という立場から政治を執り行うという画期的な方法を思いつきます。これを「院政」と言います。

●天皇と藤原氏の関係

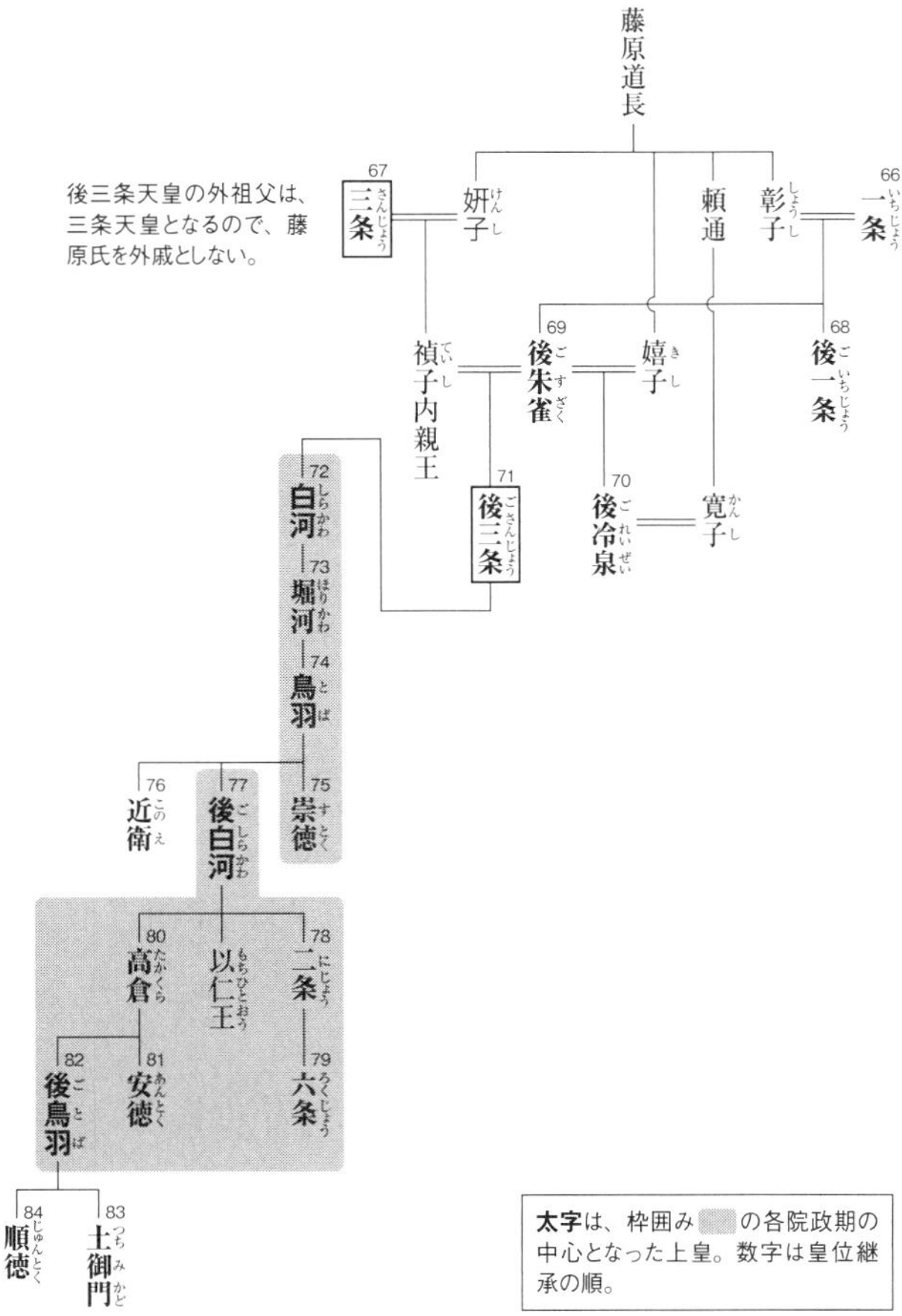
藤原道長
67
三条《さんじょう》
妍子《けんし》
頼通
彰子《しょうし》
66
一条《いちじょう》
後三条天皇の外祖父は、三条天皇となるので、藤原氏を外戚としない。
69
後朱雀《ごすざく》
68
後一条《ごいちじょう》
禎子《ていし》内親王
嬉子《きし》
71
後三条《ごさんじょう》
70
後冷泉《ごれいぜい》
寛子《かんし》
72
白河《しらかわ》
73
堀河《ほりかわ》
74
鳥羽《とば》
76
近衛《このえ》
77
後白河《ごしらかわ》
75
崇徳《すとく》
80
高倉《たかくら》
以仁王《もちひとおう》
78
二条《にじょう》
82
後鳥羽《ごとば》
81
安徳《あんとく》
79
六条《ろくじょう》
84
順徳《じゅんとく》
83
土御門《つちみかど》
太字は、枠囲み　の各院政期の中心となった上皇。数字は皇位継承の順。

◇政治の天才だった白河上皇

上皇というのは、引退した天皇に対する尊称で、正式には「太上天皇《だいじょう》」と言います。つまり、上皇というのは太上天皇の「上」と「皇」をとった略称なのです。ちなみに、上皇が出家すると、その尊称は「法皇《ほうおう》」に変わります。

では、なぜ天皇ではできないことが、上皇ならできたのでしょう。

実は、天皇というのはとても忙しいのです。何が忙しいのかというと、一言で言えば「公務」です。天皇の公務は律令で規定されているので、やりたくないということは通りません。関白が天皇の代理をできると言っても、公務に関してはできません。

天皇にしかできない公務とは何かというと、神様を祀《まつ》ることです。

これは、現在も天皇によって行われています。

天皇が執り行う祭祀というと、新嘗祭《にいなめさい》（即位した年は大嘗祭《だいじょうさい》）が有名ですが、それ以外にも、たとえば春季皇霊祭《しゅんきこうれいさい》など、一年中いろいろなお祭りがあり、天皇というのはとても忙しいのです。だから、よけいに関白に実権を奪われることになってしまったのです。

天皇家が権力を取り戻すためにきちんと親政したいが、公務が忙しくて、思うように国政に時間を割《さ》くことができない。そこで白河天皇は、引退することを思いつくのです。引退して上皇になれば、もう公務に追われることはありません。どうせ天皇でいても実権は何もないのです。そんなお飾りの天皇でいるより、自由に動ける上皇になった方がいいと、名よりも実をとった、ということです。

白河上皇は、幼い息子に皇位を譲ると（堀河《ほりかわ》天皇）、自らは御所を出て、「院」に移りました。院というのは、今風に言えば「上皇の個人オフィス」です。

御所のスタッフは律令で決まっていますが、院は上皇の私設オフィスですから、法律に縛られません。もちろんスタッフも自由に選ぶことができます。御所では官位相当ですが、院では身分に関係なく、優秀な若者を自分直属のスタッフにすることもできます。

こうして自由になった上皇は、天皇に対して「俺はお前の父親だぞ」ということで、何かと国政に口を出すということを始めたのです。

つまり、**白河上皇は、「院」という上皇とその側近がいるだけの小さな組織で、御所という国の行政組織をコントロールすることを考えたのです。**しかも、それを可能にする根拠は「自分は今の天皇の父親である」というカリスマ性だけなのですから、白河上皇というのは政治の天才と言えるでしょう。

◇白河上皇が行った権力掌握へのマジック

平安末期に「院政」というシステムによって、天皇家が政治の実権を取り戻したことは、もちろん教科書に書かれています。

白河《しらかわ》天皇は後三条天皇にならって親政《しんせい》をおこなったが、1086（応徳《おうとく》3）年、にわかに幼少《ようしょう》の堀河《ほりかわ》天皇に位をゆずると、みずから上皇《じょうこう》（院《いん》）として院庁《いんのちょう》をひらき、天皇を後見《こうけん》しながら政治の実権をにぎる院政《いんせい》の道をひらいた。上皇は荘園整理の断行《だんこう》を歓迎する国司（受領《ずりょう》）たちを支持勢力にとり込み、院の御所《ごしょ》に北面《ほくめん》の武士を組織したり、源平の武士を側近にするなど、院の権力を強化し、ついに堀河天皇の死後には本格的な院政をはじめた。

（『詳説日本史　改訂版』山川出版社　80ページ）

教科書のこの記述だけでは、天皇親政では取り戻すことができなかった政治の実権を、なぜ院政だと取り戻すことができたのか、その理由がわかりません。

武士と院の関係も「北面の武士」という言葉は出てきますが、それがなぜ院の権力強化につながるのかについての説明も不充分です。

天皇では実権を取り戻せない理由は、一つは先ほど触れたように、公務が忙しいからです。でも、理由はそれだけではありません。もう一つ、天皇という存在そのものが行政機構の中の存在だということがあります。

行政機構の中の存在である以上、天皇の意見であっても、関白や摂政《せっしょう》、太政大臣が「反対」と言えば強行することはできません。何しろ関白や摂政、太政大臣はもちろん、左大臣も右大臣も、主要メンバーはすべて藤原氏なのです（摂関《せっかん》政治）。

天皇の命令を「詔勅《しょうちょく》」と言いますが、これはもともと「詔」と「勅」という別々のものでした。これらはどちらも訓読みだと「みことのり」と読むことからもわかるように、天皇の命令であることは同じです。では何が違うのかというと、「詔」は大事に関する命令、「勅」は小事に対する命令なのです。

「詔」「勅」はどちらも、必ず大臣の合議にかけて、省の命令として出さなければならないという決まりがありました。つまり、天皇の命令であっても大臣の会議で反対されれば、詔勅として発布できないということなのです。そのため、天皇は最高権力者であるはずなのに、実際には大臣の意向に沿わない命令は出すことができない、という奇妙な状態になってしまっていたのです。

白河天皇が発明した「院政」は、この問題もクリアしました。

なぜなら、上皇は行政機構の外の存在だからです。

天皇の命令を「詔勅」と言うのに対し、上皇の命令は「院宣《いんぜん》」と言います。

院宣は大臣たちの承認を得る必要もなければ、省から出さなければならないということもありません。いつでも自由に出すことができます。ですから、院政というのは、天皇家の命令を通させるシステムでもあったのです。

でも、考えてみれば院政というのは不思議なシステムです。何しろ、上皇は天皇を引退した人なので、本来は行政に関する権限を何も持たない身です。あるのは「今の天皇の父親である」という権威だけです。

権威だけで本当にそんなことが可能なのかと思うかも知れませんが、実は現代社会でもこの院政と同じことが行われたことがあります。

それを行ったのは、総理大臣を経験した田中角栄という人です。

田中角栄は、「金脈」問題で総理大臣の職を辞し、さらにはロッキード事件という疑獄事件で失脚し、自民党も離党してしまいました。この時点で、彼は国政に関与する権限は、一議員としてのそれ以外持たないはずでした。ところが、彼はその後も日本の政界に君臨し続けました。

当時、彼は「オレは自民党総裁を決められる」と豪語していますが、実際そうでした。日本では事実上、政権第一党の代表者が内閣総理大臣に就任するということになっているので、自民党が第一党であった当時、自民党総裁を決められるということは、内閣総理大臣を決めることができるというのと同じことでした。

でも、そのときの田中角栄は、自民党の幹部でないのはもちろん、党員ですらありませんでした。そんな彼がどのようにして自民党総裁を決められたのでしょう。

その理由は、彼が自民党の実力者の「オヤジ」だったからです。竹下登元総理や、元自民党の小沢一郎氏など、多くの議員にとって田中角栄は逆らうことのできない「オヤジ」でした。

だから、次の総裁は誰を推《お》すのかというときに、田中角栄が「○○を推せ」と言うと、それが通ってしまったのです。

法律で認められたものではないが、現実として権力を持っていた田中角栄の支配を、マスコミは「田中院政」と称しました。それは、白河上皇が行った院政と同じシステムによる権力の掌握だったからです。

こうした「天皇の父親である」という上皇の権威を裏から支えたのが、武士の存在でした。武士たちは「成功《じょうごう》」によって経済的に上皇をバックアップするとともに、武力でも上皇を支えました。

その象徴が「北面の武士」です。

北面の武士というのは何かというと、上皇の護衛をするという名目で院に設けられた「上皇の私設軍隊」です。北面の武士を創設したのも白河上皇です。

『平家物語』は忠盛の時代から始まりますが、忠盛が上皇にかわいがられるようになったのは、忠盛の父、平正盛がもともと白河上皇の北面の武士として仕《つか》えていたという背景があってのことなのです。

繰り返しになりますが、この時代、国に軍隊はもちろん、正式な警察組織もありません。かろうじて、治安維持のために検非違使《けびいし》が設けられていましたが、たいした力はありません。そんな中で、院が私設軍隊を持ったのです。これがどれほど強い影響力を持ったか、容易に想像がつくでしょう。

◇武士は「院」のボディガードとなって勢力を伸ばした

もしも、白河天皇が院政を発明せず、ずっと天皇の立場にあれば、恐らくどんなに忠盛を重用しようとしても、藤原氏に反対されて実現できなかったことでしょう。

ですから、「院政」の発明があってこその、武士の台頭だとも言えるのです。

ここではっきり認識しなければならないのは、院政によって「天皇家」に実権は戻ったけれど、「天皇」の権力は回復できていないということです。

おわかりでしょうか。白河天皇が院政という画期的なシステムを発明できたのは、ある意味、天皇の権力を回復することを諦《あきら》めたからなのです。天皇の位にいては公務と律令に阻《はば》まれて自分の意志を通すことはできない。**そう痛感した白河天皇は、天皇として政権を奪還することを諦め、上皇という律令に縛られない場所にその身を置くことを思いついたのです。**

院政は、上皇と上皇が信頼する少数の側近によってすべてが行われました。そのため、非常なワンマン政治が展開されることになります。

白河上皇の後を継いで院政を展開した鳥羽上皇も、ワンマン体制をとります。『平家物語』で忠盛を昇殿させたのが、鳥羽上皇です。

鳥羽上皇は、藤原氏の反対を押し切って、自分のもっとも気に入りの武士である、平忠盛を御殿の上に上げたわけですから、当然、他の殿上貴族たちは怒りと不満を募らせます。

その結果起きたのが、「殿上闇討」でした。

雲《くも》の上人《うへびと》是を猜《そね》み、同じき年《とし》の十一月廿三日、五節《ごせつ》豊明《とよのあかり》の節会《せちゑ》の夜《よ》、忠盛《ただもり》を闇討《やみうち》にせむとぞ擬せられける。

（『平家物語』巻第一「殿上闇討」より）

この意味は、殿上人たちが、あいつは気にくわないから闇討ちにしてしまおうと決めた、ということです。

さほど難しい文章ではないのですが、実はこの部分の解釈について、多くの人が誤解を持っているので、この機会にはっきり訂正しておきたいと思います。

多くの人がしている誤解とは、この「闇討」を暗殺だと考えていることです。なぜそんな誤解が生まれてしまったのかというと、二十年ほど前には国文学者の書いた本でも、この闇討ちは殺すことだと書いてあったからです。

本書を読んできた読者には、そう解釈することが明らかな間違いであることは、すでにおわかりだと思いますが、一応説明しますと、そもそも貴族たちがなぜ忠盛を嫌っているかというと、武士である忠盛がケガレているからです。

ケガレた武士が、自分と同じ「清浄な御殿」の上にのっかってくることが許せないわけです。でも、その清浄な御殿の上でケガレた忠盛を殺してしまったらどうなるでしょう。

彼の死によって、あるいは死ななかったとしても、彼が血を流すようなことがあれば、彼のケガレた血によって、御殿がケガレてしまいます。

これでは本末転倒です。ですから、彼ら貴族が自ら忠盛を殺そうとするはずがないのです。

殺すつもりがない以上、ここで言う「闇討」というのは、せいぜい布団蒸しのような状態にして袋叩きにする程度のことだったと推測できます。

ところが、忠盛は貴族たちにそれすらさせないように手を打っていました。どうしたかというと、忠盛は氷のような刀を持って殿上に入ったというのです。

ところがこれは重大なルール違反なのです。

「殿中」という言葉がありますが、御殿の中で刀を帯びるということは、基本的にはしてはいけないことなのです。ちなみに、江戸時代は、帯刀が許されていました。なぜ江戸時代の江戸城内で帯刀が許されたのかというと、それが、将軍が「お前たちを信頼している

Point

平忠盛の昇殿は武士の力を世に示す出来事だった！

ぞ」ということを示す、いわば信頼の証《あかし》だったからなのです。

中国では皇帝のボディガードを除いて、どんな人も剣を帯びたまま皇帝の前に出ることは許されません。イギリスなどヨーロッパの宮殿でも、貴族が剣を帯びて国王の前に出ることは滅多にありません。江戸時代の日本というのは、そういう意味でも外国とは違う個性を持っているのです。

同じ日本でも、平安時代は、殿中では寸鉄も帯びてはいけないと決められていました。ですから「氷のような刀」を持って御殿に入った忠盛は、そのタブーを破ったことになるのです。

刀に恐れをなして闇討ちに失敗した貴族たちは、目的を果たせなかったことを悔やみながらも、しめたとほくそ笑みました。ルール違反を犯した罪で、忠盛を訴える口実ができたからです。

貴族たちは、早速上皇のところに行き、「あのものは法度《はっと》を破って刀を、しかも白刃を抜いて持ち込んでおりました。これを罰してください」と訴えました。

さすがの鳥羽上皇も困って、忠盛を呼んで問い詰めます。

「お前、白刃を殿中に持ち込んだというが、どうなんだ」と。

すると、忠盛はにやりと笑って、「これは本物の刀ではございません。木刀に銀の箔を貼ったものでございます」と言い、上皇の目の前でその白刃を折って見せたのです。

本当の刀でなければ罪に問われることはありません。結局、忠盛のほうが、温室育ちの藤原氏よりも数段知恵者であったということです。

◇なぜ自衛隊を「軍隊」と言わないのか

前項で、武士は日本だけの存在だと言いました。

なぜ日本で武士が誕生したのか、それは日本にケガレを忌み嫌う思想があり、その影響で平安時代中頃から軍隊と警察機構に当たるものが存在しなくなり、農民たちが自分たちの財産を守るために武装しなければならなくなったからでした。

ケガレ思想を持たない外国では、軍隊を持つことはもちろん、王族自らが武装するのはごく当たり前のことと考えられています。それは、皇帝ないし国王というのは、為政者であると同時に、その国の軍隊の総司令官でもあるからです。

日本でも、古い昔は天皇が軍団の長でした。奈良時代までは、天皇や皇太子が自ら戦場に赴《おもむ》くこともありました。でもそれは仕方なしにしていたことだったのです。彼らには根強いケガレ思想があったために、「異民族」がいなくなると、天皇もその周りを取り巻く貴族たちも、次第に軍事を厭《いと》うようになり、平安時代の中頃になると、国軍が存在しない

という世界でも珍しい状態になってしまうのです。

その後、日本は武家政権が誕生しますが、天皇家が軍事に関わることはありませんでした。再び天皇家が軍事力と結びつくのは、明治維新以降です。

明治以降、天皇陛下は同時に大日本帝国軍の大元帥《だいげんすい》、つまり軍のトップとなります。でもそれも、太平洋戦争に日本が敗れたことを機に、再び天皇家は軍と切り離された存在になります。

戦後は、天皇家だけでなく、日本という国そのものが、それまでの軍国主義の反動で、軍隊を放棄してしまいました。

しかし、現在の日本には、軍隊とは決して呼ばない「軍隊」が存在しています。なぜ自衛隊を「軍隊」と言わないのか。なぜ、日本人はここまで憲法第九条に固執するのか。その理由の根源にあるものは、平安時代に武士を生み出した「ケガレ思想」と同じものなのですが、日本史の教科書で宗教を無視してしまっているがゆえに、日本人は今自分たちが抱えている矛盾を理解することも、解決することもできないでいるのです。

武士を生み出した「ケガレ思想」は、決して過去の問題ではないのです。

テーマ⑥

平氏滅亡と源氏興隆の知られざる理由

平氏はなぜあっけなく滅び、源氏はなぜ急激に勢力を伸ばしたのか？　その裏には平清盛が見落とした武士の〝希望〟があった。

◇栄華を極めた平家政権

平清盛は武士として初めて太政大臣《だいじょうだいじん》に上り詰め、実質上「平家政権」を確立します。しかし、「平家にあらずんば人にあらず」と言われた権勢は、清盛一代で失墜、平家一門は源氏の棟梁《とうりょう》・源頼朝によって滅ぼされてしまいます。

私たちはこうした歴史の流れを知っているので疑問を抱かずにいますが、当時の状態を考えれば、源氏が勝つということは、奇跡にも近い凄《すご》いことなのです。

考えてみてください、まず平清盛は太政大臣でした。清盛は朝廷をおさえ、その権力を活かして自分の一族を国司（中央政府より派遣される地方官）、つまり県知事に任命しました。当時は日本全国六六カ国あったと言われていますが、そのうちの半分に及ぶ三〇余カ国は平家の息のかかった国司だったというのですから、その勢力の強さがおわかりいただけるでしょう。

しかも、平清盛の権勢を支えていたのはそれだけではありません。清盛は天皇家とも強く結びついていました。

清盛は、まず時の天皇である高倉《たかくら》天皇に自分の娘・徳子を嫁がせます。やがて清盛にとっては幸いなことに、二人の間に皇子が誕生します。すると朝廷を牛耳《ぎゅうじ》っている清盛は、強引に高倉天皇を退位させ、まだおむつもとれない孫を皇位に即《つ》けてしまいます。これが安徳《あんとく》天皇です。

これによって清盛は、「天皇の母方の祖父」という地位をも手にします。こうした立場を「外祖父《がいそふ》」と言います。逆に清盛から見ると、安徳天皇は「外孫」ということになります。

こうしたやり方、つまり自分の娘を天皇に嫁がせ、生まれた子供を皇位に即けて、外祖父という立場でコントロールすることで権勢を強固なものとしていくというやり方は、実は藤原氏がやってきたことでした。

平安時代の初期は、平安京を建てた桓武《かんむ》天皇が朝廷をビシッとコントロールしていました。それが、平安中期になり、藤原氏が関白《かんぱく》というものを設けると、天皇家の直接支配体制は崩れ、権力は事実上藤原氏のものになってしまいます。関白というのは天皇に代わって何でもできるために、天皇はお飾りになってしまったからです。藤原氏は荘園制度を展開することで財政的に力を持っていたということもありますが、同時に娘を天皇に嫁がせるという婚姻策によってもその力を揺るぎないものにしていったのです。

しかも、この方法だと天皇は幼い自分の孫、ということになります。ただでさえ天皇が子供で関白のほうが年長者だと関白の言うことを聞くことになるのに、それが自分のおじいちゃんだということになれば、幼い天皇に太刀打ちできるはずがありません。

このため、平安時代中期の天皇はそのほとんどが、藤原氏を外祖父に持つ天皇であり、同時にその外祖父は関白なのです。

Point

清盛は藤原氏と同じように外祖父として権勢を誇った！

藤原氏は他の一族が関白の位に就《つ》かないように、関白になれるのは藤原氏だけ、それも藤原氏の中でも有力な五つの家だけと限定してしまいました。この五つの家というのが、近衛《このえ》、鷹司《たかつかさ》、九条、一条、二条で、総称して「五摂家《ごせっけ》」と言います。それぞれの家を区別するためにこのように呼んでいますが、この五つの家はすべて「藤原氏」です。

関白になれるのは藤原氏の中でも五摂家だけと決まっていたこともあり、平清盛は関白にこそなっていませんが、もう少し長生きしていれば、清盛はこうした縛りをはねのけ、関白になっていたと思います。

実際、少し時代は先になりますが、豊臣秀吉はこの縛りを力でねじ伏せて関白になっています。

こうした清盛の権勢を知る当時の人々から見れば、清盛の天下は永遠に続くと思われたことでしょう。ところがあにはからんや、そうした当時の人々の予想に反して、平清盛が死んだ途端に、源頼朝がそれをひっくり返してしまったのです。

◇貴族の代理戦争で源氏は負け、落ちぶれていった

では、平家を滅ぼした源頼朝とはどのような人物だったのでしょう。

源氏と平家の対立は、一一五六年の天皇家や藤原氏の内部対立から起きた保元《ほうげん》の乱を経

て、一一五九年に起きた平治《へいじ》の乱に遡《さかのぼ》ります。

平治の乱というのは、もともとは院政をはじめた後白河《ごしらかわ》上皇の院近臣《いんのきんしん》二人の政権争いでした。しかし、朝廷の貴族たちは、繰り返し述べているようにケガレ（穢れ）を嫌うために武力を持ちません。**そこで彼らは自分たちの手は汚さずに、当時少しずつ中央で力を持ちつつあった武士たちを仲間に引き入れ、いわゆる「代理戦争」をさせたのです。**

このとき、藤原信頼《のぶより》側についたのが頼朝の父・源義朝《よしとも》、藤原通憲《みちのり》（信西《しんぜい》）側についたのが当時北面《ほくめん》の武士であった平清盛でした。そのためこの戦いは、政権争いであると同時に、武士団のチャンピオンシップという色合いを呈することになったのでした。

この戦いの結果、平家が味方した藤原通憲（信西）側が勝利を収め、源義朝は敗走途中に殺され、すでに元服し、戦いに参加していた頼朝は捕らえられました。後に平家と壮絶な戦いを繰り広げる義経（当時は牛若丸）は、まだ乳飲み子でしたが、これも捕らえられ、義朝の血をひく彼らは処刑される運命にありました。

ところが、清盛は継母である池禅尼《いけのぜんに》に懇願され、二人を助けてしまいます。運良く助かったものの、頼朝は流罪、義経は鞍馬のお寺に入れられることになりました。

この時点で源頼朝には、お付きの人間が一人か二人いたかも知れませんが、家来と言えるような人間は一人もいませんでした。

そんな頼朝が、日本国の半分を治め、天皇の祖父でもある清盛に対抗しようというのですから、常識的に考えれば勝負になるはずがありません。

実際、頼朝が挙兵して清盛を討つと言ったときに、多くの人は「あんた、頭がおかしいんじゃないのか」と言ったといいます。中でも有名な話に、源頼朝が挙兵すると聞いて須藤という武士が「あんたの身で挙兵するのは富士山と背比べするようなものじゃないか。勝てるわけがない」と言ったという話が伝わっています。

でも、結果は、皆さんもご存じの通り、頼朝が勝利し、平家は滅びてしまうわけです。

なぜ頼朝は絶対的に不利な状況にあったのに、奇跡のような逆転勝利を収めることができたのでしょう。残念ながら、教科書の記述では、この肝心のところがよくわかりません。

北条時政《ときまさ》の援助によって挙兵した頼朝は、東国《とうごく》の武士たちに支持されて、富士川の戦いで平氏の軍を破ったが、その後は鎌倉にとどまって、東国の地盤を固めることに専念した。

（『新日本史B』桐原書店　１１２ページ）

●武士団を台頭させた２つの戦い

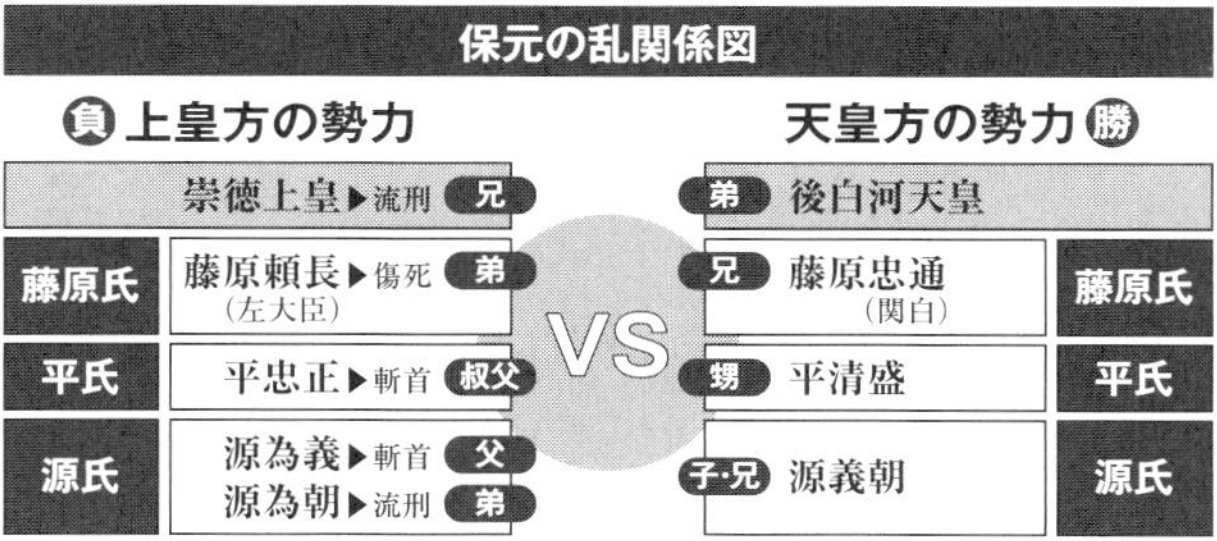
保元の乱関係図
負 上皇方の勢力
天皇方の勢力 勝
崇徳上皇▶流刑 兄
弟 後白河天皇
藤原氏
藤原頼長▶傷死 弟
（左大臣）
兄 藤原忠通
（関白）
藤原氏
VS
平氏
平忠正▶斬首 叔父
甥 平清盛
平氏
源氏
源為義▶斬首 父
源為朝▶流刑 弟
子・兄 源義朝
源氏

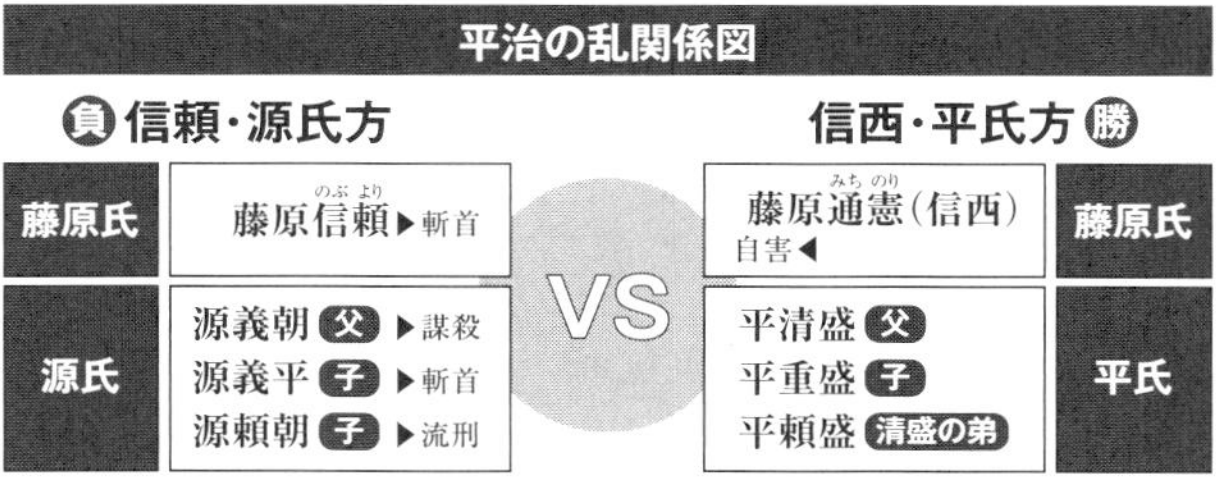
平治の乱関係図
負 信頼・源氏方
信西・平氏方 勝
藤原氏
藤原信頼《のぶより》▶斬首
藤原通憲《みちのり》（信西）
自害◀
藤原氏
VS
源氏
源義朝 父 ▶謀殺
源義平 子 ▶斬首
源頼朝 子 ▶流刑
平清盛 父
平重盛 子
平頼盛 清盛の弟
平氏

◇平清盛は「武士の望み」を見落としていた

平治の乱の後、平清盛は一気に太政大臣まで駆け上っていきます。太政大臣は、関白という藤原氏が自らの権力を強めるために創設した身分を除けば、天皇に次ぐ最高位です。ちなみに朝廷での身分を順番に書きますと、一番上が太政大臣、その下が左大臣。その下が右大臣。そしてその下が内大臣となります。大臣はここまでで、その下には大納言、中納言、参議、少納言と続いていきます。

こうして清盛は位人臣を極めたわけですが、ここに一つ大きな問題があることがおわかりでしょうか？

実はこの問題をはっきり指摘している人は少ないのですが、その問題とは、**清盛がいくら権力を持ったとしても、それはあくまでも武士である平清盛が大きな役職に就いたということであって、イコール武家政権の成立ではない**、ということです。

平清盛は律令に基づく朝廷制度の中で太政大臣になり、藤原氏を押しのけ、権力を握りました。しかし、これは朝廷の貴族政権のトップがたまたま武家の出身だったということであって、武士の政権を確立したとは言えません。なぜ言えないのかというと、何々政権という場合は、その何々と言われる人々の利益を代表していなければならないからです。

●源平、興亡の流れ

1129	忠盛、西国の海賊を追討
1132	忠盛、院庁別当に就任。院昇殿を許可される
1135	忠盛・清盛、西国の海賊を平定。清盛、従四位下に叙す
1146	清盛、安芸守に任官。厳島神社を建立
1156	**鳥羽法皇死去。保元の乱**
1159	**平治の乱**
1160	清盛、参議に任官（武士ではじめて公卿（＝三位以上）に列する）
1164	清盛、蓮華王院を建立
1165	清盛、権大納言に任官
1166	清盛、内大臣に任官
1167	**清盛、従一位太政大臣に任官、**のち辞職 （平氏一門公卿16人、殿上人30余人）
1168	清盛、出家し、摂津の福原に移る
1171	清盛の娘徳子（建礼門院）、高倉天皇に入内
1177	**鹿ヶ谷の陰謀**
1179	清盛、後白河法皇を鳥羽殿に幽閉、院政を停止
1180	**安徳天皇、即位**。5 源頼政・以仁王ら挙兵、敗死。6 福原京に遷都（11月には京都に還都）8 源頼朝挙兵、**石橋山の戦い**で敗北。9 源義仲挙兵
1181	清盛死亡
1183	5 義仲、**倶利伽羅峠の戦い**で平氏に勝利 7 平氏都落ち、義仲入京
1184	1 頼朝、弟の範頼・義経を派遣し、義仲を討伐。**2 一の谷の合戦** 8 法皇、頼朝の推挙なしで義経を叙任 10 頼朝、**公文所・問注所**を設置
1185	2 **屋島の合戦**。3 **壇の浦の戦い**で平氏滅亡 11 頼朝、法皇に義経追討の院宣を要求。頼朝、法皇に守護・地頭設置の許可を要求
1189	4 藤原泰衡、**衣川の戦い**で義経を自害に追い込む 9 頼朝、奥州平定。奥州藤原氏滅亡
1190	頼朝、征夷大将軍任官を要求（法皇拒否） 法皇、頼朝を権大納言・右近衛大将に叙任
1191	頼朝、**政所**（公卿の家政機関）をおく
1192	法皇死去。頼朝、征夷大将軍となる

たとえば貴族政権と言えば、貴族全体の利益を代表する者が政権のトップに就くというのが普通の構造です。

平清盛が太政大臣になったのは、経済力と軍事力という「力」を持っていたからです。特に軍事力というのは大きな力でした。なぜなら、朝廷勢力は持っていない力だったからです。

もう一つの力、経済力のベースは自分たちが開発した私田《しでん》です。これは源氏など他の武士団も同じなのですが、平家はもう一つ「私貿易」という大きな財布を持っていました。日宋《にっそう》貿易と言いますが、この時代の貿易は国家間の正式な貿易ではなく、あくまでも私貿易なので、利益はまるまる平家に入ります。

私田と私貿易から得られる、ありあまる富が平家の武士団を支え、その武士団の力と経済力で上皇に取り入って、清盛は太政大臣にまで上り詰めたわけです。

そうして勝ち取った政権を、**清盛は自分たち一族を富ませるだけで、他の多くの武士たちの利益を守るためには使わなかった**、ということです。

でも、これは歴史の結末を知っている今だから言えることです。

何しろ平清盛は武士で初めて太政大臣になった人ですから前例がないのです。そのため、簡単に言うと、彼はその後どうしていいかわからなかったのでしょう。

武士の出身でありながら太政大臣になったということは、本来武士の利益を図るような政策をとらないといけません。でも、彼にはそれが何なのかわからなかったのです。**他の武士たちが望む利益が何なのか、それがわからなかったから平家の政権は清盛一代で滅びてしまったのです。**

これは平家が滅びた理由であるとともに、頼朝が勝つことができた理由でもあります。というのも、頼朝は清盛がわからなかったこの「武士たちの利益」、具体的に言えば、他の多くの武士たちが何を望んでいるのかということを理解したからこそ、彼らに「自分を応援してくれたら、平家を倒した暁には必ずその望みを叶えてやる」と約束し、武士団の支持を勝ち取ったからです。

◇なぜ頼朝は島流しにあわなかったのか

では、清盛にはわからなかったことが、なぜ頼朝にはわかったのでしょう。

皮肉な話ですが、頼朝がそれを知ることができたのは、源氏が平氏に負け、伊豆に流されたからなのです。もしも、源氏が負けずに、頼朝が源氏の御曹司《おんぞうし》として都でぬくぬくと育ったら、きっと清盛同様、一生そのことには気づかなかったでしょう。

源頼朝の母親は熱田神宮の大宮司《だいぐうじ》の娘です。お産は実家でするのが一般的なので、恐らく頼朝も熱田神宮の近くで生まれたと考えられます。ですから、今風に言えば、頼朝は名古屋人というわけです。

でも、男子なので、比較的早い段階で父親のもとに引き取られ、関東、あるいは京都で育てられたと考えられます。いずれにしても、頼朝は「お坊ちゃん育ち」だったということです。当時はそうした身分の子供を「御曹司」と言います。

ちなみに御曹司と言うのは源氏の呼び方で、平家は「公達《きんだち》」と言います。これは平家のほうが貴族っぽかったということでしょう。

そんな苦労知らずのお坊ちゃま育ちの頼朝が、今で言えば中学生ぐらいの時に戦いに負け、なんとか死なずに済んだものの、「島流し」にされてしまうわけです。

島流しと言っても、本当の孤島に流されたわけではありません。頼朝が流されたのは「蛭《ひる》ヶ《が》小島《こじま》」という場所でした。これは現在の地名で言うと、伊豆の長岡温泉のある辺りです。長岡温泉というと、気候温暖、地味肥沃で、とてもいいところですが、当時はとても辺鄙《へんぴ》な何もない場所でした。まさに陸の孤島だったわけです。

しかも、今は首都が東京なのでそれほど僻地《へきち》という気はしませんが、当時の都は京都ですから、かなりの距離があります。それでも、本当の孤島ではなく、地続きの所に流されたというのは、頼朝にとっては幸運だったと言えるでしょう。

実際、源氏で島流しにあった人は頼朝の他にもいるのですが、彼らは本当の島に流されています。たとえば、頼朝の叔父に当たる源為朝《ためとも》という人は保元の乱の後、伊豆大島に流されています。

現在、大島は東京都ですが、当時は伊豆、つまり今の地名で言えば静岡県の領土でした。当時の大島は、中央政権からすると辺鄙な孤島だったので、流刑地として使われていたのです。それはなぜかというと、海流の関係で一番行き来に都合がよいのが伊豆だったからです。

では、なぜ頼朝も大島に流さなかったのでしょうか。

これには、源頼政《よりまさ》という人が関わっているのではないか、という説があります。

源頼政という人は、その名前からもわかるように源氏ですが、彼は平治の乱の時に源義朝とは袂《たもと》を分かち、清盛と同じ側についたため、平家の世で唯一高位を得た源氏だったのです。

実は、この人の領地が伊豆だったのです。**その伊豆に源氏が流され、御曹司の頼朝だけは、「蛭ヶ小島」と名前だけは島ですが、実際には島ではない場所に流されたというのは、そこに頼政の配慮があったのではないかと考えられるのです。**

もしかしたら、清盛が「同じ源氏なんだから、お前が面倒見ろ」とばかりに、任せたのかも知れません。だとすれば、清盛は伊豆には昔から流刑地に使われている大島や八丈島があったので、「蛭ヶ小島」も孤島だと思っていた可能性もあります。西国を本拠地とし、都に住んでいる清盛が、遠い伊豆の地理を詳しく知っていたとは思えません。恐らく清盛は、伊豆という都から遠く、しかも流刑地として知られる島を持つ土地に流したことで安心してしまったのでしょう。

◇頼朝による奇跡の大逆転勝利への秘策とは？

頼朝の伊豆での生活は、きっと多くのカルチャーショックを与えたことでしょう。何しろ家来もろくにいない身の上なのです。それまでお坊ちゃんとして何不自由なく暮らしてきたのに、ここでは水汲みや畑仕事もしなければならなかったはずです。

でも、**そうした生活をしたおかげで、彼は他の武士、つまり武士団の中でも中級、下級の武士たちと接し、彼らが何を一番望んでいるか、ということを知ることができたのです。**

それは何かというと、天皇家がしているように、藤原家がしているように、東大寺や、あるいは興福寺がしているように、自分で開墾し、耕した土地の正式な所有者になりたい、ということでした。

蛭ヶ小島。静岡県伊豆の国市にある源頼朝の流刑地とされる地。古くは狩野川の中洲であった事から、比留(ひる)島、蛭ヶ島と呼ばれ、周辺はヒルの多い低湿地帯であったと言われている。現在は、蛭ヶ島公園として整備されている

奈良時代に墾田永年私財法《こんでんえいねんしざいほう》が発布されて以降、荒れ地を開墾すれば、その土地の所有者になることができました。でも、それが許されたのは貴族と有力寺社、そして天皇家というごく限られた人々だったのです。

つまり、武士はいくら汗水垂らして開墾しても、武装して命がけで自分たちが開墾した田畑を守っても、実質的に支配しているだけで、正式な所有者にはなれなかったのです。

そのため、武士たちは自分たちの土地を守るためには、土地の所有が正式に認められる貴族たちに名目上献上するということを行ってきました。名目上彼らの土地、つまり荘園とすることで、自分たちの利益を守ったのです。

言い方を変えれば、そうしなければ、自分たちの土地を守ることができなかったのです。

でも、たとえ名目上でも、貴族に土地を献上する以上、その貴族に「名義料」として収穫の一部を納めなければなりませんでした。

貴族は何もしなくても名義料が入ってくるのですから、丸儲けです。

でも、武士たちはどうでしょう。貴族や寺社であれば、正式な土地の所有者になれるのに、自分たちはどんなに頑張っても正式な所有者とは認めてもらえない。なぜ彼らはよくて自分たちはダメなのか。武士たちはそんな不合理に、ずっと不満を抱き続けていたので

平清盛坐像。出家後の清盛。父・忠盛の才知と勇猛ぶりを受け継いで一世を風靡する姿を表している木像と言われ、鎌倉彫刻の名品と評価を受けている（六波羅蜜寺蔵）

す。

自ら土にまみれた生活をし、土地の武士たちと交わることで、頼朝はこうした武士たちの不満に気づくことができたのです。平家の公達として都で生まれ育った平清盛は、とうとうこのことに気づくことはできませんでした。

でも、それは無理のないことでした。彼は、平家が都で力をつけていく中で、中級、下級の武士と交わるのではなく、朝廷の雅《みやび》な貴族たちと交わる生活をしていたからです。

やがて、そんな生活を送る中で貴族化していった平家の人々と他の武士の間に、大きな溝ができていったのは仕方のないことでした。

最初は自分たち武士の棟梁として清盛に期待していた武士たちも、貴族化していく平家一門に反発と不満を抱くようになっていったのです。

清盛に失望した武士たちの期待を引き受けたのが、源氏の御曹司・頼朝でした。

また、頼朝は流された伊豆で、もう一つ彼の人生においてとても大きなものを得ています。それは、生涯の伴侶、北条政子でした。北条政子は、土地の有力武士の娘でした。都育ちでプレイボーイだった頼朝は、見事に政子の心を掴み、北条一族を味方につけることに成功します。

こうして頼朝は、「島流し」にされた罪人という身の上でありながら、地方武士の希望の星になっていったのです。清盛がまったくやってくれなかった武士の権利の獲得、つまり自分たちで耕した土地の正式な所有者として中央に認めさせるということを、頼朝なら実現してくれるのではないかと期待して、彼らは頼朝を応援したのです。

そのことに気がついた頼朝は、常に「必ずそれを朝廷に認めさせるぞ、だから俺のところに集まれ」と言って、味方を増やしていったのです。

これが頼朝の奇跡の大逆転の理由なのです。

◇日本国惣追捕使《そうついぶし》任命は頼朝の力を決定的にした

このことがわかると、頼朝が武士政権を築く上でもっとも大きなターニングポイントとなった年は、鎌倉幕府の成立年とされ、彼が征夷大将軍になった一一九二年ではなくて、彼が日本国惣地頭《そうじとう》になった一一八五年（一一九〇年説もある）だったと言えます。

平家を滅ぼした頼朝は、一一八五年に朝廷の代表者である後白河法皇と直接会談をします。そしてそこで、自分に味方してくれた武士たちとの約束を果たすために、「武士にも土地所有の権利を認めて欲しい」と交渉します。

その結果、彼が勝ち得たのが、日本国の公職である「地頭」を任命する権利でした。これが「日本国惣地頭」です。

日本国惣地頭になった頼朝は、部下の武士たちをそれぞれの土地の地頭に任命しました。地頭に任命されるということは、その土地の所有者になれるということですから、**ここに長年にわたる武士たちの「土地の正式な所有者になりたい」という悲願が達成されたわけです。**

もう一つ、この会談で頼朝は大きな力を手にしています。

それは、「日本国惣追捕使」という役職です。

なぜこれが重要なのかと言うと、頼朝はこの役職を得たことで、各地に「守護」を置く権利を得たからです。

この時点で頼朝は、平家討伐の立役者である弟・源義経とすでに仲違《なかたが》いをしていました。

頼朝はこの義経を討伐するという名目で、「私に国家の謀反人《むほんにん》を追跡・逮捕する権利をください」と、交渉しました。

これは、今で言えば「警察権をくれ」ということです。

どこの国においても、軍事権と警察権は非常に重要です。北朝鮮やカダフィ大佐のリビア、そしてかつてのエジプトを見てもわかりますが、「秘密警察」は、国家に対して悪事を企《たくら》む者を取り締まるという名目で、国民の生活にどんどん入っていくことが可能になります。

それに、当時の「警察権」は、追跡と逮捕だけでなく、もう一つ、今で言うと検察権、あるいは刑罰権と言える権利もセットになっていました。つまり、捕まえる権利と罰する権利が一体化していたのです。

本来ならこれは、国の最高権力者は、絶対に手放してはいけない権利です。なぜなら、これを持つということは、自分に都合の悪い者を、国家に対する反逆者という名目で排除できるということだからです。

頼朝はもともと軍事力を持っているわけですから、この権利が手に入れば、大きな力になるので何としても欲しかったのです。

これを院の立場から見れば、平家を滅ぼした頼朝をこれ以上増長させないためには、この権利を与えてはいけなかったのです。

しかし、法皇はこの権利を頼朝に与えてしまいます。なぜ与えてしまったのかというと、ここでも問題の根幹にあるのは「ケガレを嫌う思想」です。

もう一度復習しておくと、貴族社会にはケガレを嫌う思想があったために、平安中期になると政府は軍隊と警察を放棄してしまいます。その結果、社会の治安は悪化し、自分の財産と自分の身は自分自身の力で守らなければならなくなってしまいました。地方の農民は武装し、やがてそれが武士団に成長し、都の貴族たちは自分たちの身を守るために、検《け》非違使《びいし》という職を作り、身分の低い連中に都を守らせたのです。

そんな時代ですから、当時は正式な警察機構はありません。院は、恐らく頼朝に警察権を一任することをケガレ仕事を押しつけるぐらいにしか考えていなかったのではないでしょうか。

こうして、義経の追捕を口実に得た「日本国惣追捕使」という身分を使って、頼朝は全国に「追捕使」を置きました。追捕使というのは、今の言葉で言えば警察長官のようなものです。

この追捕使は一つの国に一人と決まっていました。当時は全国を六六の国に分けていたので、六六人の追捕使が、頼朝によって任命されたことになります。

追捕使は犯罪者を捕まえるということから、その国の治安を守る役職と見なされるようになり、やがて名前を追捕使から「守護」に変えます。これが室町時代になると、各国の守護が力を持つようになり、やがて守護大名と呼ばれるようになっていくのです。

◇後白河法皇が最後まで拒《こば》んだ頼朝の望みとは？

少々先走ってしまったので、話を頼朝に戻しましょう。

日本史の教科書では、頼朝が征夷大将軍になった一一九二年をもって鎌倉幕府の成立としていますが、幕府の機構自体は、この日本国惣地頭と日本国惣追捕使になった頼朝が、各地に守護と地頭を任命したことによって、ほぼ完成したと言っていいでしょう。

でも、日本国惣地頭も、日本国惣追捕使も、本来の朝廷の役職ではありません。つまり、この時点では頼朝はまだ朝廷の一員にはなれていないのです。

頼朝が公において権力を握るためには、やはり朝廷の役職に就くことが必要でした。その役職は、朝廷の中にもともとある役職であるとともに、武士団の長としてふさわしい「箔」が必要です。頼朝は考えた末に、朝廷に「征夷大将軍」という役職を望みます。鎌倉で頼朝が開いた武士政権を「幕府」と言いますが、なぜ武士政権を「幕府」と言うのかおわかりでしょうか？

実は「幕府」というのは本来、将軍がいる軍隊の前線基地という意味なのです。ここで重要なのは、基本的に前線基地である幕府は、中央から遠く離れた遠征地に設営されるものだということです。中央から遠く離れた戦地では、何か事が起きても、簡単に中央と連絡を取ることはできません。

今なら電話やインターネットで、リアルタイムで連絡を取り合うことができますが、そんなもののない時代です。そのため戦地では将軍が決断を下し、必要な措置を執らなければばなりません。でも、そのためには、それらをする「権利」が将軍に与えられなければなりません。

国のトップには、絶対に他の人に渡してはいけない権利というものが二つあります。一つは「徴税権」、もう一つは「徴兵権」です。でも、戦地では戦いで消耗した兵を補うために現地で徴兵する必要に迫られるときも、兵糧を手に入れるために徴税しなければならない事態になることもあります。そうしたときのためにこの二つの権利を特別に、一時与えられるのが遠征先の将軍でした。

頼朝が征夷大将軍を望んだのも、実はこの特権にありました。頼朝の本心は、朝廷から独立することです。どうしたら合法的に独立することができるのか、考えた末に思いついたのが、都から遠く離れた戦地の将軍に与えられる特権を利用することでした。

そして、朝廷の伝統的な役職の中に、外地に遠征することを前提とした職があることに気がついたのでしょう。それが「征夷大将軍」です。

征夷大将軍という役職自体は、それほど位の高いものではありません。

それでも頼朝が「ぜひ、私を征夷大将軍に任じてください」と朝廷に頼んだということは、征夷大将軍にしかないメリットがあったからです。

そのメリットというのが、いちいち都の上皇や朝廷にお伺《うかが》いを立てることなく、鎌倉で自由に徴兵権や徴税権を行使することで、幕府がほとんど独立国のような統治を行うことができるということでした。

日本国惣地頭と日本国惣追捕使を頼朝に与えた後白河法皇でしたが、この征夷大将軍の任命だけは、認めませんでした。征夷大将軍に任命してしまったら、武士たちが完全に朝廷から独立してしまうことがわかっていたからです。

そこで後白河法皇は、頼朝の要求は拒否し、代わりに右近衛大将《うこんえのだいしょう》という職を与えます。これは律令制度の中にある左右二つの近衛府《このえふ》のうちの、右近衛府《うこんえふ》の長に与えられる役職です。近衛府は天皇を守護する役所なので、位は高いのですが、天皇の住む都に常駐しなければなりません。都に常駐するので、当然、徴兵や徴税に関する特権はありません。

もしも頼朝がこの職に就けば、都に常駐しなければならなくなります。後白河法皇の狙《ねら》いもここにありました。遠く離れた鎌倉で武士団に独立されては困るのです。

頼朝もそんな後白河法皇の企みはわかっていましたが、任命を無下《むげ》に断ることもできな

Point

天皇は二つの権利を手放したことで〝権力〟も失った！

いので上洛して右近衛大将の職を拝命します。

しかし、頼朝は三日でこの職を辞して鎌倉に引きこもってしまいました。

その後も、後白河法皇は頼朝が征夷大将軍になることを決して許しませんでした。

その頼朝が征夷大将軍になったのは一一九二年です。なぜ一一九二年なのかというと、実はこの年に後白河法皇が亡くなるからなのです。

ですから、一一九二年というのは、鎌倉幕府成立の年と言われていますが、実質的には幕府はそれ以前から機能しており、その実質上の幕府が、頼朝が征夷大将軍の地位を得ることで公的に認められるものとなった、つまり、鎌倉幕府完成の年と言った方が事実に近いのだと思います。

◇武力を持たない天皇はなぜ武士に滅ぼされなかったのか

最初の武家政権である鎌倉幕府が誕生して以降、ほんの一時期、天皇親政が復活することはありますが、基本的には武家政権による日本統治が明治維新まで続きます。

つまり、幕府政治というのは、だいたい一一八五年頃から始まって、一八六七年までの約七百年間続いたことになります。

なぜ、今そんな先の話をするのかというと、幕府の始まりがきちんと理解できない限り、明治維新の大政奉還《たいせいほうかん》も正しく理解できないからです。

大政奉還というのは、ごく簡単に言えば、「幕府は日本の統治権を天皇家に謹《つつし》んでお返しいたします」ということです。鎌倉幕府から江戸幕府に至るまで、武家は日本の統治権を天皇から委任されて代行してまいりましたが、今、それを天皇家にお返ししますということです。

返すと言う以上、その前提には、幕府は天皇家から日本の統治権を預かったという事実があったことになります。大政奉還に対する「大政委任」があったはずだということです。

ところが、日本史の教科書のどこを読んでも「大政委任」などという出来事はありません。実際にはなし崩し的に幕府が権力を持っていったのです。

では、幕末の人々は、何を以《もっ》て大政委任と考えたのでしょう。

敢《あ》えて言うならば、頼朝が日本国惣追捕使に任命され、警察権と刑罰権を手に入れたときです。

これがわかりにくいのは、本来なら国家にとって必要不可欠な「警察権」「刑罰権」「軍事権」という権力を、当時の日本の権力者、つまり天皇家と貴族たちが重要視していなかったということがわからないからなのです。

ケガレ思想を持つ彼らにとって、こうした権力はケガレたものでした。

想像してみてください。もしも、自分たちが軽蔑している連中がやってきて、あんたのものを一つください と言ったら、皆さんなら何をあげますか？ どうしてもあげなければならないとしたら、一番必要のないものをあげるのではないでしょうか。

天皇にとってみれば、まさにそのもっともいらないものが「警察権」であり「刑罰権」であり、「軍事権」だったのです。

だから、このいらないものを武士にあげたことを以て、大政委任としたのです。


ここまで説明しても、外国人はまだ謎が残ると言います。

それは、なぜ源頼朝は、天皇家を滅ぼしておかなかったのか、ということなのです。

幕府政治が行われた後も、天皇家を頂点とする朝廷は存続し続けます。こうした状態を「朝幕併存」と言います。

朝廷にもはや権力はありませんが、存続し続けていたことは事実です。存続していたからこそ、明治に大政奉還されることにもなったのです。

でも、もしも頼朝が天皇家を滅ぼしておけば、七百年後に大政奉還という大逆転をされることはありませんでした。

『大政奉還（邨田丹陵）』。江戸幕府第15代将軍徳川慶喜が二条城に上洛中の各藩の重臣を招集し、大政奉還を諮問した。その結果、慶応3年10月14日（1867年11月9日）に慶喜は政権を朝廷に返上することを申し出、翌日朝廷がそれを許可した（聖徳記念絵画館蔵）

実際、武力を持たない天皇家を、武力を持つ幕府が滅ぼすことは決して難しいことではありません。それなのに、なぜしなかったのか。

これは何も頼朝に限ったことではありません。その後の足利幕府も、徳川幕府も、やろうと思えば簡単にできたのに、天皇家を滅ぼそうとはしませんでした。

権力というのは、一元化しない限り、必ず争いが起こります。ですから、外国では新政権が立つときには必ず前政権の血筋は根絶やしにされます。残酷なようですが、これが世界の常識なのです。

実は日本でも、武士同士の権力争いの場合は、この「根絶やし」が採用されています。たとえば、徳川家康は、豊臣家を滅ぼすとき、その血筋を完全に滅ぼしています。ところが、豊臣家を根絶やしにした家康でさえ、天皇家には手を触れていません。それどころか、権力こそ与えていないもののかなり丁重に扱っています。

なぜ天皇家に対してだけ、「根絶やし」をしないのでしょう。

これも教科書ではわかりませんが、本書の読者ならもうおわかりでしょう。ここにあるのは、**武士たちの、自分たちがケガレた存在であることの劣等感や「怨霊《おんりょう》」を恐れる心です。**

天皇家は神の子孫でもあります。「武士に怨霊なし」という言葉がありますが、実際には武士も天皇という高貴な存在を滅ぼした場合に生まれてしまうであろう「怨霊」を恐れたのだと私は思います。

「ケガレ」と「怨霊」。こうした日本特有の宗教観がわからなければ、日本史を本当に理解することはできないということです。

テーマ⑦ 武士から天皇へ、天皇から武士へ

幕府政治に不満を持つ武士が天皇中心に集まり、倒幕した。しかし、後醍醐《ごだいご》天皇は親政に失敗し、ふたたび武士政権に戻ってしまう。いったいなぜか——。

◇日本の「将軍」は特別な響きを持つ

芥川龍之介の作品に『将軍』という短編があります。

このタイトルを聞いたとき、あなたはどんな作品だと思いますか？　多くの人が幕府の支配者としての「将軍」をイメージするのではないでしょうか。

残念ながらこの『将軍』は、いわゆる武家のトップとして幕府の頂点で権力を握った征夷大将軍を描いた作品ではなく、日露戦争で活躍した一人の将軍、乃木希典《のぎまれすけ》を主人公にし

た作品です。

でも、本来の将軍というのは、乃木希典のように軍団の指揮官をさすものなので、私たち日本人が「将軍」という言葉に持っているイメージの方が特異なものなのです。

そうしたイメージが定着してしまった最大の理由は、二百七十年にも及ぶ江戸幕府の「将軍」のイメージがあまりにも強烈だからです。

日本の「将軍」のように、特定の称号が本来の意味を逸脱し、特別な意味を持つようになる例は海外にもあります。たとえば、長い間リビアで独裁を振るったカダフィ大佐がそうです。大佐というのは、軍隊の中では海軍なら一つの艦の指揮官、陸軍なら連隊の指揮官です。大きな隊の指揮官ではありますが、戦局を動かすほどの指揮官ではありません。ですから、本来なら将軍や大佐が国を統治するというのはおかしいのですが、軍事政権の場合は時々こうしたことが生じるのです。

源頼朝の場合は、「武士も土地の正式な所有者になれる」ということをスローガンにして武士たちの支持をとりつけ、朝廷に武士の権利を認めさせることで権力を手にしました。

その権力は一応、朝廷の代表である天皇が、その時々の武士のリーダーを将軍に任命するというかたちで与えられました。

現在は、将軍が軍政を布《し》いた場所を「幕府」と言っていますが、鎌倉幕府ができた当時はまだ、「幕府」という呼び名はありませんでした。当時は将軍に対しても「鎌倉殿《どの》」という言い方をしていました。実は「幕府」という呼称は、江戸時代になってから、朝廷に対して武士の政府を何と呼べばいいのかということになったときに、将軍が軍政を布く場所なのだから「幕府」と呼べばいいのではないか、ということで使われるようになったものなのです。

幕府による統治は、一応体裁としては天皇が将軍に政治の全権を委任したということになっているのですが、そこに正式な「委任状」のようなものがあるわけではありません。

確かに、頼朝の時に、武士の土地所有権を地頭というかたちで認めさせることと、謀反《むほん》人《にん》を取り締まるための追捕使《ついぶし》を任命する警察権に関しては、天皇から頼朝に正式に委嘱されていますが、朝廷からすれば、それはやりたくないケガレ仕事をケガレた武士に押しつけただけであって、日本国の政治を全部任せるとは言っていないし、そんなつもりもありませんでした。

しかし、武士というのは実力、つまり「経済力」と「軍事力」を持っているので、その専横に不満を抱いたとしても、天皇も貴族も実際にはどうすることもできないというのが現実でした。こうして武士たちは、貴族の土地である荘園を奪い、自分たちのものとしていったのです。

ここで思い出していただきたいのが、「下地中分《したじちゅうぶん》」とか「半済《はんぜい》」などといった言葉です。教科書で習ったときには、これが何を意味するものなのかわからなかったという人も多いのではないかと思いますが、要するに、下地中分も半済も、実際にはもともと貴族の持ち物であった荘園に武士がちょっかいを出して半分よこせと言って奪い取ってしまうことなのです。

なぜそのようなことがまかり通るのかというと、**貴族は都に住んで、荘園からの上がりを取るだけの存在ですが、武士はその土地に住んでいたからです。**今もそうですが、名前だけの地主よりも、実力でその場を占有してしまうものの方が強いのです。

こうして鎌倉時代にやっと土地の正式所有者になった武士たちは、その後、もう一つの正式な土地所有者である天皇や貴族の荘園を実力に任せて勝手に奪っていくことになるのです。

武士が荘園を奪っていった背景にあるのは、一つは貴族たちが武力を持たなかったということです。実際、同じような荘園の持ち主である寺社は、その土地に根ざしているということもありますが、彼らは僧兵など武力を持っていたので、武士にほとんど土地を奪われていません。ですから、ここでも貴族たちの足かせとなったのは「ケガレ思想」だということです。

でも、実はもう一つ、武士が貴族たちの土地を奪わなければならない大きな問題がありました。それは武士の相続問題でした。

◇土地問題の失敗が鎌倉幕府崩壊を招いた

現在の相続法では、子供は嫡出子《ちゃくしゅっし》、非嫡出子を問わず、相続権を均等に持ちます。たとえば、ご主人が亡くなった場合、遺産の半分は配偶者である奥さんが相続し、残りの半分を子供たちが、正式な奥さんの子供も、愛人の子供も、均等に分けて相続するというのが基本です。子供の相続は性別にも関係しません。男の子だからとか、長男だから、ということで区別されることはないということです。

こうした相続のかたちを「均分相続」と言います。

でも日本で、この均分相続が法律で定められたのは戦後のことです。それ以前の相続は一番年長の男子ただ一人がすべてを相続する「長子相続」でした。これは単に財産を受け継ぐというだけではなく、たとえば江戸時代の大名なら、大名の地位も名誉もすべてを長男が受け継ぐというものでした。

では、他の子供はどうなるのかというと、まず女の子は嫁ぐことが基本ですから相続には関係のない存在と見なされていました。では次男以下の男子はどうかというと、実は跡継ぎ以外の男子は「部屋住み」と言われて、兄から捨て扶持《ぶち》というのをもらい生きていくか、跡継ぎに恵まれなかった他家に養子としてもらわれていくしか道はなかったのです。ですから嫌《いや》な言い方ですが、部屋住みの弟は、兄の世話（厄介）になっている身ということで「厄介者」とも言われました。

彼らは生きているうちは、兄にもしものことがあったときのスペアとして捨て扶持をもらえますが、親が亡くなっても財産は一銭ももらえません。それどころか、兄が結婚して跡継ぎとなる男子が生まれれば、スペアとしての役目もなくなるので、ますます肩身が狭くなるという辛《つら》い立場でした。

『暴れん坊将軍』という時代劇では、主人公の吉宗が、城を抜け出したときに身分を隠すために「俺は徳田新之助、旗本の次男坊だ」と言いますが、あのように遊び人でいてもおかしくない（見方によっては仕事に就《つ》きたくても職がないということでもあるのですが……）という意味では、結構リアリティーのある設定なのです。

均分相続と長子相続、どちらの相続法が合理的かつ民主的かというと、これは考えるまでもなく現在の均分相続です。そして、多くの人は昔ほど相続は不平等で、それが時代とともに改善され、現在のような均分相続になったと思っているのですが、実は江戸時代よりずっと前の鎌倉時代というのは、均分相続だったのです。しかも、男女差なくすべての子供に均等に財産が分けられるという、現行の法律と比べても遜色のない平等な相続だったのです。

それは素晴らしい、と思うかも知れませんが、実は、**この均分相続が鎌倉幕府を崩壊させる最大の原因となってしまったのです。**

◇均分相続が御家人《ごけにん》を苦しめた

なぜ均分相続が幕府を崩壊させる原因となってしまったのか。それは、武士が基本的に農場経営者だからです。

彼らが正式な土地の所有権を持ちたいと切望したのも、彼らが基本的には農場経営者だからです。もともと武装するようになったのも、自分たちの土地をならず者たちから守ることが目的でした。

武士たちは積年の願いを叶えてくれた幕府に恩があります。その恩に報いるために、武士たちは「奉公《ほうこう》」の義務を負います。普段の奉公の中で一番大きいものは、定期的に領地を離れて京都、あるいは鎌倉の警護を務める「番役《ばんやく》」ですが、それ以外の時も遊んでいられるわけではありません。なぜなら、戦争が起きたときにはすぐに駆けつけなければならないからです（軍役）。そのため武士たちは、普段からその時にそなえて、人や馬を養っておかなければなりませんでした。それが、鎌倉幕府の直属の武士である「御家人」の務めでした。

そんな御家人に子供が三人いたとしましょう。

当主である御家人が亡くなった場合、その領地は男女に関係なく子供たちに均等に分配されます。しかし、御家人の地位、たとえば何々守《のかみ》というような官位は分けることができません。そこで、地位だけは長男（嫡子）が継ぐことになります。

地位を継ぐということは、御家人としての義務も継ぐということです。そうすると、長男はとても大変なことになるのです。なぜなら、相続によって領地は親の代の三分の一に減っているのに、義務は親の代と同じだけこなさなければならないからです。

当時は子供が一人しかいないというようなことはほとんどありません。三人も五人も子供がいる中で、相続するたびに領地を均等に配分していったらどうなるか――、そうで

Point

均分相続が御家人を苦しませ、倒幕へと導いた！

す、御家人一人当たりの領地がどんどん小さくなっていってしまうのです。つまり、代を追うごとに御家人が貧乏になっていくということです。

どんなに貧乏になっても、御家人たちは奉公の義務を果たさなければなりませんでした。なぜなら、奉公を果たさなければ御家人とは言えないからです。

そこで、貧乏な中で義務を果たすために、御家人たちは領地を担保に商人から借金をして奉公を果たすことになります。しかし、奉公を果たしたからと言って給与がもらえるわけではありません。つまり、この借金は返すあてのないその場しのぎの借金なのです。

借金が返せないと、最後には担保にした領地を取られることになります。

土地のない武士は、羽のない鳥のようなものです。また、幕府の方も御家人たちに義務を果たしてもらわなければ困ります。

そこで、幕府は御家人の破産を防ぐために手を打ちます。それが「徳政令」の発布でした。これは商人に御家人の借金を棒引きにさせるというかなり強引なものでした。

しかし、根本原因である相続の方法が変わらないのですから、徳政令を出したそのときは何とかなっても、暫《しばら》くたつとまた同じ問題が浮上してきてしまい、根本的な解決にはなりませんでした。

武士たちが力で貴族の土地を奪っていったのも、目減りする一方の領地を少しでも増や

●武家社会の一族の結合体制（惣領制）

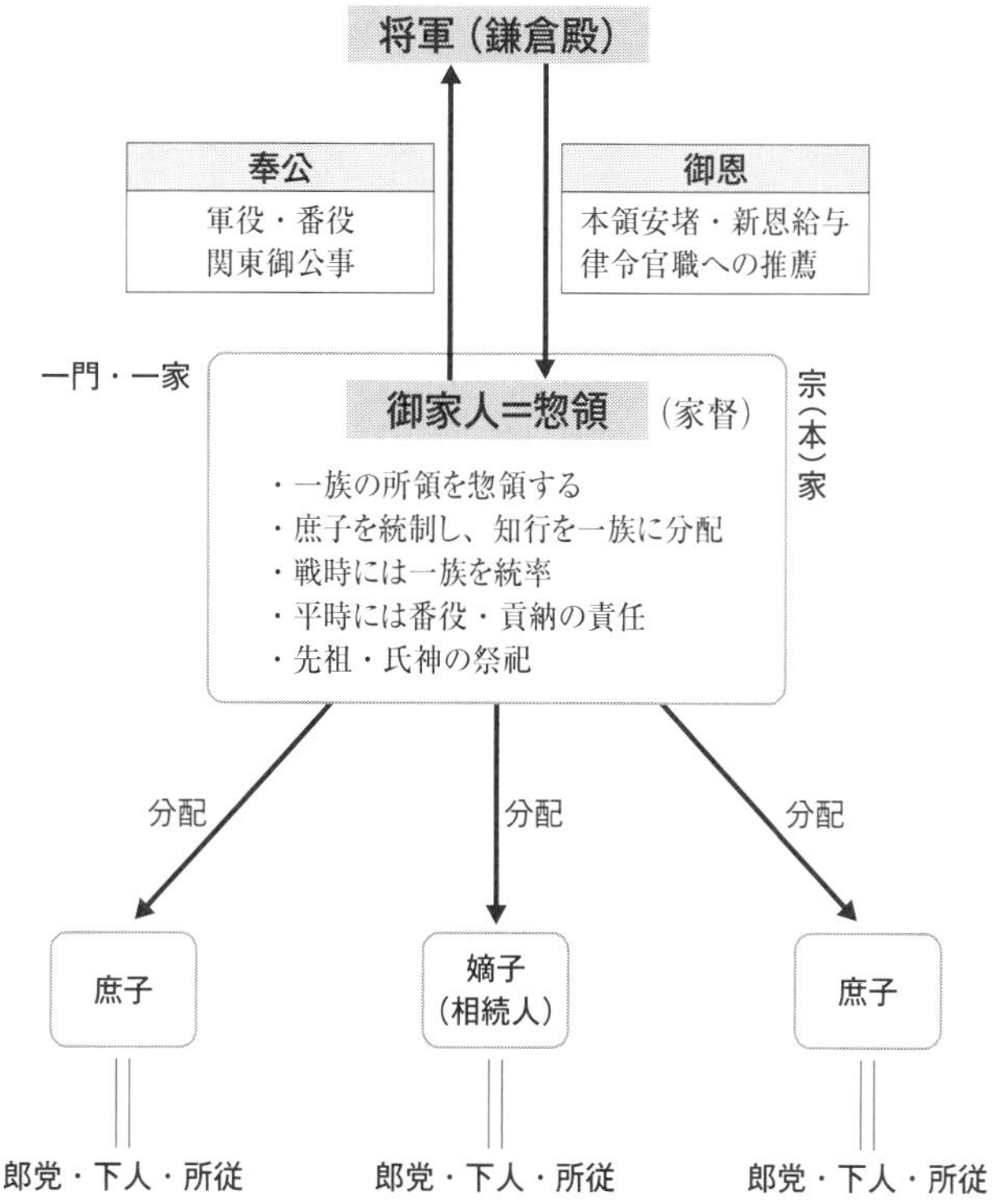

御家人（惣領）は一族を代表して軍役・番役などを引き受け、所領を一族に分配する役目を負った。

そうとしたためです。それでも、均分相続する限り、御家人の領地は、代を追うごとにどうしても目減りしてしまいます。

結局、**御家人たちはどんどん貧乏になっていき、義務を果たせなくなって、ついには幕府政治に不満を抱くようになっていったのです。**

◇天皇家始まって以来の「島流し」の刑

幕府政治は、鎌倉幕府が成立してから明治維新までの約七百年間続くわけですが、この間ずっと、一度も途切れることなく幕府政治が続いていたわけではありません。

実は、ほんの短い時期ですが、天皇家が政権を回復した時期があります。

天皇家が政権を回復したのは、頼朝が幕府を開いてから約百四十年後の一三三三年。倒幕に成功するのは、後醍醐天皇です。

でも、幕府ができてから後醍醐天皇に至るこの約百四十年間、朝廷はずっと幕府に従順だったのかというと、そうではありません。実は、三代将軍・源実朝が暗殺された直後に、一度倒幕の動きがありました。

このときの倒幕の首謀者は後鳥羽《ごとば》上皇で、頼朝を征夷大将軍にしたその天皇でした。後鳥羽天皇は、後白河《ごしらかわ》法皇が頑《かたく》なに拒《こば》んでいた征夷大将軍任命を許してしまったことをとても後悔していました。そして上皇になると、幕府に対して政権を取り戻すための戦いを挑みます。

上皇側から見れば、日本の今の間違った状態を元に戻すための戦いということになりますが、幕府から見れば、それは反乱でした。

この戦いは私が学生時代の教科書には「承久の変」と記載されていました。でも、今の教科書では「承久の乱」と書かれています。

後鳥羽上皇は、分散していた広大な天皇家領をまとめて手にいれ、強力な院政をおこない、あらたに西面《さいめん》の武士をおいて軍事力も増強した。そして将軍実朝が甥の公暁《くぎょう》に暗殺されたのを機会に、上皇中心の政治をもとめ、1221（承久3）年京都で幕府打倒の兵をあげた。しかし、味方とたのんだ大寺院の僧兵や東国の武士が上皇方につかず、さらに幕府の危機をまえに、東国御家人が結束して上皇方を打ち破った（承久の乱）。

（『もういちど読む山川日本史』山川出版社　80ページ）

上皇は、分散していた広大な皇室領の荘園を手中におさめるとともに、新たに西《さい》面《めん》の武士をおいて軍事力の増強をはかるなど院政を強化し、幕府と対決して朝廷の勢力を挽回する動きを強めた。
そのなかで1219（承久《じょうきゅう》元）年、将軍実朝が頼家の遺児公暁《くぎょう》に暗殺された事件をきっかけに、朝幕関係が不安定になると、1221（承久3）年、後鳥羽上皇は、畿内・西国の武士や大寺院の僧兵、さらに北条氏の勢力増大に反発する東国武士の一部をも味方に引き入れて、ついに北条義時追討《ついとう》の兵をあげた。
（『詳説日本史　改訂版』山川出版社　93～94ページ）

承久の乱のきっかけとなったのは、教科書の記述にもあるように三代将軍・源実朝の暗殺でした。実朝の死によって頼朝の血は絶えてしまいました。何とかして幕府を倒し、天皇家が政権を取りたいと思っていた後鳥羽上皇は、これを絶好のチャンスととらえたわけです。

なぜ実朝の暗殺がチャンスなのかというと、幕府内に内紛が起きているということだからです。天皇はそもそも軍事が大嫌いなので武力を持ちません。そのため、滑稽なことなのですが、軍事政権である武士と戦うためには、同じ武士の力を借りることが必要不可欠だったのです。ですから、幕府が一枚岩の時は反乱を起こしたくても、味方になって戦ってくれる武士がいないので起こせません。

そういう意味で、実朝の暗殺は幕府の団結にひびが入ったということを示すものでした。

後鳥羽上皇は、反主流派の武士たちに「オレが後押ししてやるからお前たちで幕府を倒さないか」と、声をかけたのです。

しかし、この時期の反主流派というのはまだまだ少数でした。**この時点はまだ幕府ができたばかりだったため、幕府を倒して朝廷政治を復活させて、昔に戻そうなどと考える武士はほとんどいなかったのです。後鳥羽上皇が失敗したのはこのためです。**

ちなみに、なぜ昔は「変」と言ったかというと、「乱」というのは基本的には下のものが上のものに反抗することを意味するものだからです。そして、この場合は年号を用いていますが、一般的には「変」という語を使う場合は、場所の名前を用います。

ですから「本能寺の変」と言いますが、実際にはあれは主君である信長に対して家来である明智光秀が起こした反乱なので、本来は「明智光秀の乱」と言うべきなのです。でも、なぜか昔から「明智光秀の乱」ではなく「本能寺の変」と言っています。これは意図的なものではないと思いますが、幕末の「禁門の変（蛤《はまぐり》御《ご》門《もん》の変）」は、朝廷が関わっているため「乱」ではなく意識的に「変」が用いられたのです。

承久の乱は、後鳥羽上皇が武士の政府を倒すために起こした戦いです。実際に権力を握っていたのは幕府でも、身分としては天皇の方が上です。そうした感覚があるので、「変」と言ったのです。でも今は、とにかく現体制に対して反乱を起こしたのだから乱としたほうがわかりやすいということで「承久の乱」という表記に変わったのです。

呼び名はともかく、この戦いは失敗に終わります。そして、敗れた後鳥羽上皇は武士政権によって島流しにされます。

ここで注目していただきたいのが、上皇が「島流し（流刑）」にあっている、ということです。保元の乱の後に崇徳上皇が流刑にされたのは天皇家の意思によるものです。しかし、これは幕府の意思によるもので、天皇家始まって以来のことでした。上皇が島流しにされたぐらいですから、後鳥羽上皇に味方した武士も貴族たちもすべて、追放ないし処刑されています。

つまり、**ここで上皇を島流しにするという思い切った処分をすることで、幕府は自分たちの権力が揺るぎのないものに固まっていることを世間にアピールしたのです。**この効果は絶大で、承久の乱以降、幕府の力は経済的にも強くなり、完全にこの国を仕切り、天皇はもはや名前だけという状況になっていきました。

◇武士の心をつなぎ止められなくなった鎌倉幕府

時代が動いたのは、承久の乱から百十二年後の一三三三年、後醍醐天皇のときです。鎌倉幕府は、三代将軍・源実朝が亡くなった後も続きました。頼朝の子孫は確かにいなくなったのですが、鎌倉幕府の「執権《しっけん》」、今風に言うとマネージャーを務めていた北条一族が幕府を仕切っていたのです。北条氏というのは、頼朝の妻である北条政子の実家の一族です。

この「執権」というのは、天皇に対する関白《かんぱく》のようなもので、征夷大将軍の全権を代行することができました。三代将軍・実朝が暗殺された後、北条一族は、この「執権」という立場を利用して、仮の将軍を立てて実際の政治は自分たちの手で行ったのです。

この仮の将軍というのは源頼朝の姻戚関係にあった京都の公家・九条家から幼い子供を派遣してもらい、形だけ「将軍」と奉《たてまつ》ったもので、後には親王を迎えたことから「宮将軍」と呼ばれました。

宮将軍が大きくなると、別の子供をまた派遣してもらうことで、将軍は常に若年であるようにしていました。大人になると、どうしても文句を言ったり政治に口を出そうとしてくるからです。そうして実質的には執権がすべてを仕切っていたのです。

ところが、その鎌倉執権政治がうまくいかなくなります。うまくいかなくなる理由はいくつもあるのですが、その最大のものは、先にも述べましたが相続にまつわる土地問題でした。領地減少による御家人の弱体化は、そのまま幕府の弱体化を意味します。

幕府への信頼が揺らぎ始めた頃、ダメ押しのような事件が起きます。それが「元寇《げんこう》」です。この時代、日本は二度にわたって元から攻撃を受けます。最初の「文永《ぶんえい》の役」は一二七四年、二度目の「弘安《こうあん》の役」は一二八一年。いずれの時も日本はかろうじて元軍を撃退しますが、侵略戦争から自国を守っただけの戦いだったため、命がけで戦った御家人たちに幕府は恩賞を与えることができませんでした。

勝ってどこかの土地を占領したというなら、その土地を分け与えればいいのですが、防衛戦では恩賞を与えたくても与える原資がありません。

しかし、命がけで戦った武士たちの立場になれば、「恩賞として与えるものはありません」と言われても納得できません。中には借金をして戦の支度をして参加した御家人もいたのです。そうした御家人は、当然のことながら幕府に対して不満を募らせることになります。

後醍醐天皇が倒幕に動いたのは、まさにこうした時期だったのです。

しかし、後醍醐天皇は、そうした御家人たちの苦しい経済状況や不満をわかって、「何とかしてやるから」と思って倒幕を志《こころざ》したわけではありません。

後醍醐天皇は、幕府が政治の実権を握るなどこの国のあり方としておかしい、この国の政治は天皇が、つまりは自分が執るべきだという感覚で倒幕を目指しただけなのです。

政治は天皇家を中心とした朝廷が行うべきだと考えていた後醍醐天皇ですが、朝廷で正規の軍隊を組織しようとはしていません。後醍醐天皇が倒幕に利用したのも、後鳥羽上皇のときと同じように幕府に不満を抱く武士たちでした。

同じことをしたのに、後鳥羽上皇の時と結果が違ったのは、今度は幕府の政治に不満を持っている御家人たちが大勢いたからでした。

本来御家人というのは、鎌倉幕府に忠義を尽くすべきものです。しかし、土地の相続問題を解決できないことから、頼りにならない幕府より後醍醐天皇についたほうがいいのではないか、ということで後醍醐天皇側についた武士がいっぱいいたわけです。

冷静に考えれば、武士をケガレとして嫌う天皇家についても、問題が解決するはずがないのですが、当時はあまりにも幕府の力が落ちていたため、「こんな幕府ではどうにもならない、誰かどうにかしてくれ」という人が多かったのです。それはちょうど、二〇〇九年の総選挙で「自民党ではもうダメだ、民主党ならこの行き詰まった状態を何とかしてくれるかも知れない」と、民主党に政権をゆだねた日本国民の心理に似ています。

こうした人々の思いが後醍醐天皇の倒幕運動を成功へと導いたのです。

後醍醐天皇が甦《よみがえ》らせた天皇親政を、私が学生だった頃の教科書では、「建武の中興」と記していました。でも、今の教科書では「建武の新政」と記しています。

これも先ほどの「変」から「乱」への変化と同じように、歴史的出来事に対する認識の変化を反映したものです。以前の認識では、日本は天皇が治めているのが健全な状態であり、武士が治めていたのは異常な時代であると考えたので、「中興」という言葉が使われたのです。つまり、武家政治は異常であるという価値観の中から出てくる言葉です。この言葉が使われるようになったのは、やはり天皇親政が復活した明治時代です。

しかし今は、もっとニュートラルに、つまり中立的な視点から、他の時代の政治とは違うかたちになったという意味で「新政」という言葉を用いるのがいいだろう、ということになっているのです。

◇天皇の「倒幕の目的」は「個人の欲望」のためだった

先ほど、後醍醐天皇は武士たちの不満を理解していたわけではないと申し上げました。

後醍醐天皇が、天皇が政治を執るべきだと思っていたことは間違いありませんが、そのた

●武家台頭と幕府政治の流れ

797	坂上田村麻呂、征夷大将軍となる
939	平将門の乱。新皇と称し除目を行う
1083	後三年の役（合戦）起こる。源義家が活躍する
1086	白河上皇の院政始まる。北面の武士を置く
1132	平忠盛、院昇殿を許される
1156	保元の乱起こる
1159	平治の乱起こる
1167	平清盛、武士初の太政大臣
1185	源頼朝、謀反人の追捕につき朝廷から専断を認められ全国に守護・地頭を置く
1192	源頼朝、征夷大将軍となる
1221	承久の乱起こる。六波羅探題が設置される
1232	御成敗式目が作られる
1274	蒙古襲来（元寇）。文永の役
1281	弘安の役
1293	鎮西探題が設置される
1333	鎌倉幕府滅ぶ（建武の新政）
1338	足利尊氏、征夷大将軍となる（室町幕府の成立）
1368	足利義満、征夷大将軍となる
1392	南北朝の合体
1467	応仁の乱起こる
1573	室町幕府滅ぶ
1577	織田信長、右大臣となる
1582	本能寺の変
1585	豊臣秀吉、武士初の関白
1603	徳川家康、征夷大将軍となる（江戸幕府の成立）
1615	武家諸法度、禁中並公家諸法度が制定
1867	徳川慶喜、朝廷に大政奉還する（江戸幕府の滅亡）

めに幕府を倒すことが必要だと決意した最大の理由は、どうも個人的欲望を満たすことが最大の理由だったようです。

天皇家の皇位継承は、長子相続が基本です。代々直系の長男が皇位を継承するということです。ところが、後醍醐天皇の時代、持明院《じみょういん》統と大覚寺《だいかくじ》統という二つの系統が交互に皇位に即《つ》いていました。

では、なぜそんなことになってしまったのでしょう。

そもそもの原因は第八十八代後嵯峨《ごさが》天皇にありました。後嵯峨天皇は最初、第二皇子の後深草《ごふかくさ》天皇に皇位を譲ります。ところが、皇位を退いて上皇になってから生まれた子供がかわいく、後深草天皇に「天皇の位を弟に譲れ」と強要し、無理矢理譲位させてしまったのです。こうして皇位に即いたのが亀山《かめやま》天皇です。

この後嵯峨上皇のわがままに納得がいかないのが、後深草天皇の息子です。上皇がわがままを通さなければ、自分のところにくるはずだった皇位が、叔父のものになってしまったからです。

こうして皇位を巡る「お家騒動」が生じ、朝廷ではそれを治めきれず、本来ならおかしな話なのですが、朝廷は幕府にこの争いの調停を依頼したのです。

その結果朝廷は、幕府の立ち会いのもと、後深草天皇の血筋「持明院統」と、亀山天皇

●天皇家の系図

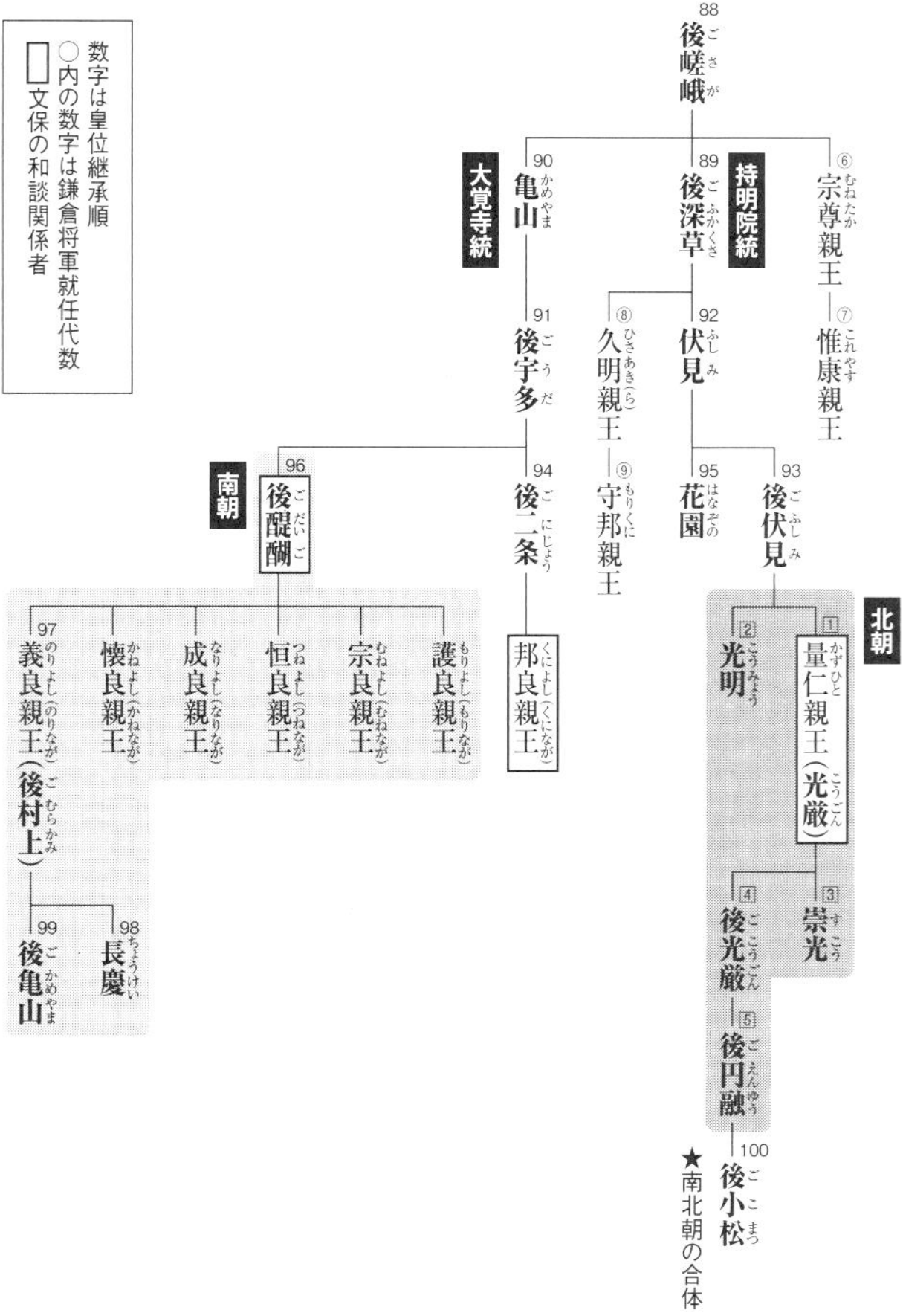
数字は皇位継承順
○内の数字は鎌倉将軍就任代数
□文保の和談関係者
88 後嵯峨《ごさが》
大覚寺統
90 亀山《かめやま》
89 後深草《ごふかくさ》
持明院統
⑥ 宗尊《むねたか》親王
⑦ 惟康《これやす》親王
91 後宇多《ごうだ》
⑧ 久明《ひさあき(ら)》親王
92 伏見《ふしみ》
南朝
96 後醍醐《ごだいご》
94 後二条《ごにじょう》
⑨ 守邦《もりくに》親王
95 花園《はなぞの》
93 後伏見《ごふしみ》
北朝
97 義良《のりよし》親王（のりなが）（後村上《ごむらかみ》）
懐良《かねよし》親王（かねなが）
成良《なりよし》親王（なりなが）
恒良《つねよし》親王（つねなが）
宗良《むねよし》親王（むねなが）
護良《もりよし》親王（もりなが）
邦良《くによし》親王（くになが）
2 光明《こうみょう》
1 量仁《かずひと》親王（光厳《こうごん》）
99 後亀山《ごかめやま》
98 長慶《ちょうけい》
4 後光厳《ごこうごん》
3 崇光《すこう》
5 後円融《ごえんゆう》
100 後小松《ごこまつ》
★南北朝の合体

の血筋「大覚寺統」が交互に皇位に即くこと、「両統迭立《てつりつ》」を決めます。これを「文保《ぶんぽう》の和談」と言います。

ちなみに、この持明院統、大覚寺統という名前は、後世になってから両統を区別するためにつけられたものです。持明院統は、後深草上皇の住まい、つまり「院」の名前から、大覚寺統という名前は、亀山天皇が後に出家して入ったのが嵯峨野の大覚寺であったことに由来しています。

この文保の和談では、皇位に即ける期間も十年間と決まっていました。なぜなら、崩御するまでとしてしまうと、天皇が長生きした場合、皇位が回ってくる前に相手方の統の候補者が亡くなってしまう危険性があったからです。きれいに順番通り皇位が継承されていかなければ、また争いとなります。そうした争いを避けるために、どんなに元気でも十年経《た》ったら皇位を相手の統の候補者に譲るという決まりになっていたのです。

後醍醐天皇が倒幕を目指した最大の理由は「個人の欲望」だったと言ったのは、後醍醐天皇がこの決まりを守らず、自分が天皇であり続けるために倒幕を志したからです。

系図をご覧頂くとわかりますが、第八十九代後深草天皇から、第九十六代後醍醐天皇までは、きちんと両統迭立が守られています。それなのに困ったことに、後醍醐天皇は自分が皇位に即くと「なぜ持明院統に皇位を譲らなければならないのか、位を譲るのは嫌だ」

と言い出してしまったのです。

これに対して、和議を仲介した立場にある幕府は、当然のことながら「そんなわがままは文保の和談に反します。陛下といえどルールには従ってください」と諫《いさ》めました。しかし後醍醐天皇というのは非常にわがままな人で、却《かえ》って、そんなうるさいことを言う幕府など倒してやる、ということで倒幕を目指したのです。

◇後醍醐天皇と楠木正成をつなげた思想とは？

後醍醐天皇が倒幕に成功したといっても、何度も言うようですが、天皇自体はケガレである軍を持たないので、実際に幕府と戦い、倒したのは武士です。

この後醍醐天皇に味方し、倒幕のために働いた武士の代表が、足利尊氏と楠木正成です。

足利尊氏は、下野国《しもつけのくに》（現在の栃木県）足利荘を本拠地とする有力御家人の一人でした。本拠地の地名を取って「足利尊氏」と名乗りましたが、源氏一族の子孫なので本当の姓は「源」です。

御家人だった足利尊氏は、幕府に不満を持っていましたが、それは政治を牛耳《ぎゅうじ》っている北条氏に対する不満であって、「幕府」という体制そのものを否定していたわけではありませんでした。

ですから足利尊氏が後醍醐天皇に味方した目的は、北条氏を倒して、もう一度御家人主体の幕府を源氏一族である自分の手で作り直すことでした。

しかし後醍醐天皇は、ケガレた存在である武士が天皇家を蔑《ないがし》ろにして日本を牛耳っていることがそもそも悪いのだという考えですから、幕府は完全につぶしてしまうべきだと思っていました。

このように目指すところも、基本的な考え方もちがう後醍醐天皇と足利尊氏は、鎌倉幕府を倒すところまでは共同歩調を取りますが、その後は袂《たもと》を分かつことになっていきます。

そんな足利尊氏と違い、最後まで後醍醐天皇に尽くしたのが楠木正成でした。

楠木正成は、当時「悪党」と呼ばれた人々の一人で、鎌倉幕府の正式な御家人ではありませんでした。武装していたので広い意味では武士と言えますが、生活の基盤としての所領を持ってはいませんでした。では、何を生活の基盤としていたのかというと、はっきりとした記録があるわけではないのですが、どうも広い意味での商売、具体的に言うと運送業をやっていたようです。

正式な御家人ではない楠木正成と後醍醐天皇はどこで結びついたのでしょう。

実は、二人がどこで出会い、どのようなかたちで結びついたのか、未《いま》だにわかっていません。

この時代の歴史を記した史料『太平記』には、後醍醐天皇が夢の中で「楠」の暗示を受け、「楠を名乗る武士」を探して結びついたということになっていますが、恐らくこれは事実ではないでしょう。本当のところがわからないので、神秘的なエピソードに仕立てたというところだと思います。

出会い方はわかりませんが、後醍醐天皇と楠木正成は非常に深い絆で結ばれます。建武の新政の功労者というと、足利尊氏が有名ですが、後醍醐天皇の最大の忠臣は楠木正成です。

では、何が彼らをこれほどまでに強い絆で結びつけたのでしょう。

教科書はこのことにまったく触れていませんが、私は「朱子学」が二人の絆だったのではないかと考えています。朱子学というのは、孔子の教えをもととする儒教の一派で、儒

Point

後醍醐天皇と楠木正成をつなげたものは「朱子学」だった！

教を学んだ南宋《なんそう》の朱熹《しゅき》という人が作り出した学問体系です。ちなみに、朱子とは朱熹のことで、「子」は、先生を意味する尊称です。

朱子学最大のテーマは、「国の王者とはどのようなものか」というものでした。朱子は天下の取り方によって、天下人を「覇者《はしゃ》」と「王者」とに区別し、本来、国は王者が治めるべきだと述べます。なぜなら、覇者というのは武力や陰謀を用いて天下を取ったもので、王者は徳を以《もっ》て天下を手にしたものだからです。

後醍醐天皇はこの朱子学を信仰していました。そして、楠木正成という人も朱子学を信仰していたと考えられます。

楠木正成が朱子学をよく知っていたなどと言うと、学者の中にはそれを証明する史料を出せと言う人がいましたが、これは史料などなくても、彼の一貫した行動を見ていれば明らかです。

楠木正成は、武士でありながら天皇に忠義を尽くします。しかもその態度は、最後まで揺るぎません。これは、それが正しいことだという揺るぎのない信念があったことを意味します。

でも、そうした考え方というのは、朱子学以前にはありませんでした。朱子学が生まれた南宋時代は、日本では平安末期から鎌倉時代の初期に当たります。当時の日本には、中国から最新哲学がいろいろ入ってきていましたが、朱子学もそうした最新哲学の一つとして日本に入ってきていたのです。

朱子学が、王者とはどのようなものか明確にすることに重きを置いたのはなぜかというと、人々が忠義を尽くすべき対象を明確にするためでした。つまり、人が忠義を尽くすべき対象は、覇者ではなく王者であるというのが朱子学の教えなのです。

朱子学を知らない鎌倉の御家人たちにとっては、幕府には土地の正式な所有者にしてくれたという恩がある、だから奉公する義務があるが、天皇にはなんの義理もない、というのが基本的な考え方でした。

◇尊王思想のルーツは楠木正成にある

足利尊氏も、目的が同じうちは後醍醐天皇に従っていますが、北条氏を倒すと、わがままな後醍醐天皇を吉野に追いやり（南朝）、さっさと新しい天皇（持明院統の光明《こうみょう》天皇）を立てて自分の幕府（北朝）を立ててしまいます（南北朝の動乱）。

でも楠木正成は、後醍醐天皇がどんなにわがままを言っても、権力を失って吉野の山奥に追われても、最後まで忠義を尽くします。

なぜ楠木正成がそこまで後醍醐天皇に尽くしたのかというと、日本においては天皇こそ

「王者」だからです。

朱子学が生まれた中国と日本では国の成り立ちが違うので、「王者」と「覇者」の定義もそのまま当てはめることはできません。

中国では天子は天命によって決まり、天命によって天子となった一族であっても、徳を失えば天命は別のものに移る、と考えます。これを天命が革《あらた》まり皇帝の一族の姓が易《か》わるという意味で「易姓《えきせい》革命」と言います。

日本の天皇が中国の皇帝と決定的に違うのは、天皇は天照大神という神の直系の子孫だということです。この「神の血」は、「徳」で乗り越えられるものではありません。

そこで日本では、神の血をひく天皇が「王者」であり、武力で権力をもぎ取った幕府の最高権力者を「覇者」と考えました。この場合は、征夷大将軍はお飾りの宮将軍なので、執権の北条氏こそ覇者だと考えたわけです。

後醍醐天皇は足利尊氏、楠木正成等の活躍により幕府を倒し、一三三三年（元弘三）、天皇親政を甦らせます。これが建武の新政です。

しかし、長い間政治を離れていたため、天皇はもちろん朝廷の貴族たちも政治については、やることすべてが素人同然でうまくいきませんでした。中でも問題だったのは、血を流して働いてくれた武士たちにまったく恩賞を与えず、天皇の側近である貴族たちにどんどん土地を与えてしまったことでした。

朱子学の信奉者である楠木正成は、それでも天皇が正しいという考え方を変えませんでしたが、ほとんどの武士は大きな不満を抱き、やはり自分たち武士の主《あるじ》は武士でなければダメだということで、足利尊氏のもと新しい幕府をつくることになっていくのです。

結局、建武の新政は三年足らずで崩壊し、政権は足利尊氏の立てた室町幕府が握ることになります。しかし、このときには効力を発しなかった「日本の本当の王者は天皇である」という朱子学の考え方は、ずっと後、幕末になってから日本の歴史を大きく動かすことになるわけです。

幕末の尊王思想は、この国の正当なる王者は天皇家であって、徳川幕府ではないというものです。この、天皇に対して忠実でありさえすれば、幕府なんか潰してしまってもいいと考える人たちが大勢出てきたことが世の中をひっくり返し、明治維新を推《お》し進める原動力になっていったということです。

なぜ、幕末にこうした尊王思想が現れたのか。そのルーツはどこにあるのかというと、鎌倉時代に日本に伝えられ、建武の新政を支えた忠臣・楠木正成と後醍醐天皇を結びつけた朱子学にあるのです。

歴史はつながっています。江戸時代に起きたことだからと言って、必ずしもその出来事の原因が江戸時代にあるわけではありません。特に思想や宗教というのは、史料を見ているだけでは見えてきません。

なぜ日本は朝幕併存という世界的に例のないことが実現したのか。

なぜ楠木正成は武士でありながら天皇に尽くしたのか。

なぜ幕末に尊王思想が巻き起こったのか。

こうしたことの背景にあるのは、日本古来のケガレ思想と、日本で形を変えた朱子学の思想です。

現在の日本史の教科書では今一つ歴史がわからないのは、「通史」という長いスパンで歴史をとらえる視点に欠けているとともに、ケガレ思想や怨霊《おんりょう》信仰といった日本固有の宗教とも言える思想や、日本の神話によって日本風に変化した外来思想についての記述が充分になされていないからなのです。

テーマ⑧

信長は天皇を超えようとしたのか

源頼朝も手をつけられなかった天皇の権威。信長はその権威に対して、どのように考えていたのか。信長が築いた安土城にその謎を解くカギがある。

◇源頼朝と織田信長の考え方の違いとは？

鎌倉幕府が成立してから、徳川幕府が倒れるまでの約七百年間、「朝幕併存」という外国ではあり得ない不思議な状態が続きます。

その最大の理由は、すでに述べたように、日本人に「ケガレ思想」と「怨霊《おんりょう》信仰」が根ざしていたからです。

ところが、もしかしたらこの人がもう少し長生きしていたら、朝幕併存という状態は失われ、日本の歴史が大きく変化していたかも知れないという人物がいます。

それは織田信長です。

なぜ信長が長生きしていたら、歴史が変わっていた可能性があるのか、そのことを述べる前に、多くの方が持っている歴史に対する誤解を一つ解いておきたいと思います。

それは、もしかしたら一般の方だけでなく、歴史学者の先生方も誤解しているのではないかと思えることなのですが、軍事的実力者にのし上がりさえすれば、それで天下を治めることが可能になる、と思っていることです。

残念ながら、これは間違いです。「下克上《げこくじょう》」という言葉が生まれ、力さえあれば主君を倒して下のものが大名に成り上がることも可能だった戦国時代でさえ、力だけでは天下人になることはできませんでした。なぜなら、天下を治めるためには、この人なら天下人に相応《ふさわ》しいと、周囲が認める「権威」が必要不可欠だからです。

最初の武家政権、鎌倉幕府を開いた源頼朝は、自分が天皇家より劣ったものであるという実感があったのだと思います。だから天皇家を滅ぼして自分が天皇に成り代わるなどということは夢にも考えませんでした。でも、政治の実権は握りたい。そこで考えられたのが、天皇という権威に将軍と任じてもらうことで政治を行う「幕府」という仕組みでした。その後、この仕組みは、足利幕府でも、徳川幕府でも、「幕府」と名がつくものでは

織田信長（1534～82）。尾張国の織田信秀の次男として生誕。1560年、桶狭間にて今川義元を討ち、その後、勢力を急激に伸ばす。朝倉、浅井、武田など、次々と戦国大名を倒し、1573年、室町幕府を滅ぼした。畿内平定を達成したが、1582年、本能寺にて家臣の明智光秀によって倒された（長興寺蔵／写真協力：豊田市郷土資料館）

すべて踏襲されています。

しかし信長は「幕府」という形を取ろうとはしていません。幕府という仕組みを採用しなかっただけではありません、**信長は、実際には実現させることはできませんでしたが、天皇家の権威を借りるということからも脱却することを考えていたと思われるのです。**

織田家というのは決して名門ではありません。何しろ織田家というのは、そもそも大名ですらないのです。織田家はもともと、地方の守護代の家老の家でした。ですから、本来の意味の大名、つまり守護大名からすると、守護の下が守護代、その守護代の家の家老なので、織田家は二段階も格下の家柄なのです。

戦国大名というのはもともとの守護大名、あるいは守護代を力で追い払って、自分がその国の国主にのし上がった人間のことです。たとえば、長尾景虎《ながおかげとら》（後の上杉謙信）が出た長尾氏などはその典型と言えるでしょう。長尾家はもともと越後の守護大名・上杉氏の守護代でした。それが謀反《むほん》を起こし、大名になったという家です。越前の朝倉氏も、もともとは越前国の守護斯波《しば》氏に仕《つか》えていた一族です。

大名を名乗るものの中でも、誰がそうした成り上がりの戦国大名であるかは、同時代の人はみんな知っていました。そして、当時そうした成り上がり大名は「出来星《できぼし》大名」と揶《や》揄《ゆ》され、大名の中でも少し格下に見られていたのです。

そんな成り上がり大名が上に立つためには、いかに力を持っていたとしてもそれだけではダメで、**「お前らのような成り上がりがどうして俺たちの上に君臨することができるんだ」、という周囲の問いに答えられなければなりません。**

そうした中で、当時覇権を目指した大名の多くが考えたのは、「将軍家の権威を利用する」ということでした。

たとえば、関東管領《かんれい》上杉家の家督と名跡を継いだ上杉謙信は、俺は室町将軍家が認めた関東管領だということを大義名分に、武田信玄や北条氏と戦っていました。つまり、当時天下を目指した戦国大名のほとんどが、有名無実になっていた室町幕府を再興するかたちで、自分が君臨する新しい世の中を作ろうと考えたのです。

信長が斬新だったのは、こうした当時一般的だった構図に引きずられることなく、足利将軍家にいち早く見切りをつけていたことです。信長は、室町幕府というのはいろいろ問題があって衰退したのだから、それを再興するというかたちではダメだということに気づいていたのです。

◇信長が「副将軍」を断った理由

このように言うと、「そうは言っても、信長だって足利義昭を庇護《ひご》しているじゃないか」と疑問を投げかける人もいることでしょう。

信長は確かに足利義昭を庇護し、将軍位に就《つ》けていますが、本気で義昭をもり立てていこうと思っていなかったことは、信長のその後の行動を見ていくことでわかります。

当初の信長は尾張・美濃の二カ国の大名にすぎません。しかも出来星（成り上がり）大名ですから身分も高くありません。そんな彼が勝手に京都に上り、実力で都を占拠したとしても、正直なところ誰もついてきません。信長には自分に他の大名を従わせるだけの「権威」をつけることが必要だったのです。信長が流浪の足利一族であった「足利義昭」というカードを手に入れたのはこのためです。

このように言うと、なんだ上杉謙信と同じじゃないか、と思われるかも知れませんが、彼は他の大名とはまったく違う方法でこのカードを使います。

信長は、将軍に自分を認めさせるのではなく、義昭を十五代将軍に押し上げ、自分はその保護者となっています。つまり、主従関係になっていないのです。

義昭を将軍にした信長ですが、最初から義昭をもり立てる気持ちはありませんでした。そのことを示す有名なエピソードがあります。

それは義昭が上洛してまもなくのことです。

自分を将軍にしてくれたお礼にと、義昭は信長に「お前を副将軍にしてやろう」と申し出ます。身分の低い出来星大名が副将軍になれるのですから、これは大変な出世です。義昭はこの申し出を信長が感激して受けると思って言うのですが、信長はこれを即決で断ってしまいます。

なぜ信長は断ったのでしょう。

それは、**たとえ副将軍であっても、室町幕府の一員になってしまうと、将軍家を支える者として位置付けられてしまうからです。**もし、そのような立場を受け入れれば、義昭を超える存在になることができなくなってしまいます。

このことからわかるのは、義昭を将軍に立てることは、信長にとって自分の権威を築く計画の最初のステップに過ぎなかったということです。

いきなり自分がトップになっても誰もついてこない。そのことがわかっていたので、敢《あ》えて義昭を将軍に就け、自分がその後見をすることで、自分に足利将軍家を超える力があることを、まず世に示したのです。

Point

信長は他の戦国大名とはまったく違う方法で天下を狙った！

◇信長は本当に天皇を超えようとしたのか

将軍に祭り上げられ、喜んでいた義昭も、この一件で、信長の本心に気がついたのでしょう。その後は、「とにかく信長をやっつけて欲しい」という内容の手紙をいろいろなところに送っています。兵力も財力もない義昭に残っているのは権威だけです。その権威に応じて打倒信長の意気を持って上洛を試みたのが武田信玄でした。

しかし、信長にツキがあったのでしょう、信玄は上洛の途中で病死してしまいます。そして義昭は、信長によって京都から追放されてしまうのです。

この追放も、怒りにまかせたものではありませんでした。

恐らく信長は、早い段階から、義昭の追放をもプランに組み込んでいたのだと思われます。なぜなら、いくら将軍の後見という立場で名を売ったとしても、黒幕は黒幕に過ぎないからです。天下人となるためには、自分自身が表に出ることが必要です。

信長と義昭の関係が悪化し始めたとき、信長は将軍義昭に対し、「諫言《かんげん》の書」を出しています。その中で彼がなんと言っているか、そこに信長の次なる一手が窺《うかが》えます。

実は、信長はこの書の第一条で、自分があれほど勧めているのに、最近義昭が宮中参内《さんだい》を怠《おこた》っているのは不敬だと責めているのです。

信長がこの諫言の書を書いたのは、信玄存命中のことです。ということは、信長はこの時点で、すでに義昭を追放することを予定していたということです。

信長の次の一手は、まず天皇の権威をもう少し持ち上げるとともにそこに食い込み、さらには、その天皇家をも超えることだったと推測できます。

というのは、信長は朝廷に対しても、義昭に対して取った態度と似たようなことをしているからです。

権威しか持たない朝廷は、義昭がそうだったように、実力を持つ信長の存在を恐れていました。権威者としては、自分に従わない人間が力を持っているのは不安なので、何とかして自分の組織の中に取り込もうとします。義昭が信長を副将軍にしようとしたのには、単なる恩返しだけではなく、そういう意味合いもあったのです。

同じように朝廷も、信長を自分たちの組織に取り込むため、信長が義昭を追放した後、朝廷の官職に推任しています。

まず、一五七五年（天正三）には将軍の「直前職」とも言うべき右近衛大将《うこんえのだいしょう》に、このとき同時に従三位《じゅさんみ》という位階も授けています。その翌年には正三位に叙すとともに内大臣に、さらにその翌年には従二位、右大臣に任じています。

信長はここまで任官を素直に受け続けますが、翌年の一五七八年（天正六）には、正二位の位階だけ受けて、官職は辞してしまっています。朝廷が正二位に叙したということは、当然それに見合った官職、つまり左大臣に任命する心づもりだったと考えられるのですが、信長は天下統一の事業がまだ完成していないことを口実に、やんわりと官職を辞しています。

義昭に対しては拒絶、朝廷に対してはやんわりと辞退するというように態度に違いはありますが、どちらの場合も相手の権威に組み込まれることを拒否しているということでは同じです。

この一件についてはいろいろな説があり、朝廷は信長に対して太政《だいじょう》大臣、あるいは将軍、関白《かんぱく》、いずれでもいいからとにかく何らかの官職に就いて欲しいと言ったという説もあるのですが、結局、信長は何の官職にも就かないまま本能寺の変が起きてしまいます。

本当は信長はどう思っていたのでしょう。

信長が、どのように考えていたのか、どのような方法で天下人としての権威を築こうとしていたのか、教科書の記述ではよくわかりません。

信長は1560（永禄3）年、上京をくわだてて進撃してきた駿河の今川義元の大軍を尾張の桶狭間《おけはざま》の戦いで破り、1568（永禄11）年には京都にのぼって足利義昭を将軍にたてた。
その後、信長は比叡山の延暦寺や石山《いしやま》（大坂）の本願寺と戦って寺院勢力をおさえ、1573（天正元）年には信長の命令にしたがわなくなった将軍義昭を京都から追放した（室町幕府の滅亡）。ついで近江の浅井氏と越前の朝倉氏をほろぼし、さらに1575（天正3）年、甲斐の武田勝頼を三河の長篠《ながしの》合戦で破った。
まもなく信長は、交通上の要地である近江に安土城をきずいて全国統一の拠点とし、領国内の経済力を強めるため、城下には多くの商工業者を集め、楽市《らくいち》・楽座《らくざ》の制をおしすすめて、商人が自由に営業できるようにした。

（中略）

信長は1582（天正10）年に武田氏をほろぼしたあと、さらに中国地方の毛利氏を攻撃するため安土を出発したが、京都の本能寺《ほんのうじ》に宿泊中、家臣の明智光秀に攻められて敗死した（本能寺の変）。

（『もういちど読む山川日本史』山川出版社　141〜142ページ）

信長についてはさまざまな説がありますが、私はやはり天皇家を超える存在になろうとしていたのだと思います。そして、私がそう思う理由は、信長の最後の城「安土城」にあります。

◇安土城は信長の思想を表す城だった

安土城は本能寺の変の後、焼失してしまったので、今はもうその姿を見ることはできません。それでも、発掘調査の結果や、研究者の努力によって往時の姿がずいぶん明らかになってきています。

多くの研究者の中でも最大の功績者は、建築史家で工学博士でもある内藤昌《ないとうあきら》氏でしょう。今、私たちが目にすることのできる安土城の復元図や模型の多くは、内藤氏の研究成果に依《よ》るものと言っても過言ではありません。

記録によると安土城の天守は、最下層に高さ一二間《けん》（約二二メートル）の石蔵を置き、その石蔵を基壇とした七層の構造だったと言います。

実際に安土城を見た宣教師ルイス・フロイスや太田牛一《ぎゅういち》の『信長公記《しんちょうこうき》』によれば、その内部は非常に壮麗で、各層ごとにテーマの異なる絵が描かれていたと言います。

特に興味深いのは、**第三層に中国の賢人たちが描かれ、第六層には仏教をテーマとした**

絵が描かれ、最上階の第七層には中国の伝説的聖人である三皇、五帝が描かれているということです。

第三層の中国の賢人が描かれている部屋は「御影向《ごようごう》の間」と名付けられているのですが、「影向」とはどういう意味かというと、神仏が仮の姿をとって現れること、つまり神仏の来臨ということなのです。ということは、この部屋に描かれた賢人たちは、この部屋に現れる神仏の「取り巻き」として描かれているということになるのです。

では、この部屋の主《あるじ》は誰かというと、言うまでもありませんね、信長です。

第六層の釈迦如来とその十大弟子が描かれた部屋でも中心に座るのは信長です。つまり、**信長は、儒教や仏教、中国の聖人を描くことで、自分をそれを超える存在に演出したのです。**

しかも、これは最近の安土城発掘でわかったことなのですが、どうも安土城の本丸のすぐ横で、一段下がったところに、天皇をお迎えするための御殿が建てられていたらしいのです。

この意味がおわかりでしょうか。信長が本丸から天皇を文字通り見下ろす構図になっているのです。

信長は天皇を超える権威を得るために、安土城を使って自ら神になることを目指していました。

これはルイス・フロイスが書いていることですが、「信長は自分の誕生日を聖なる日として、自分の像をつくって安土城下で参拝させた」といいます。

いくらなんでもそんなバカなことはしないだろうというのが、学者の定説なのですが、自分の像をつくらせたかどうかは別として、私は、信長がそういうことをやった可能性は充分あると思います。

当時の信長にはライバルが二つありました。一つは「天皇家」、もう一つは「本願寺」です。この二つは何かというと、要は、当時の人々の心に根ざしていた二大権威なのです。

「神の子孫としての天皇家の権威」、そして「本願寺の仏の代理人という権威」、これらは一朝一夕に築かれたものではありません。それに比べて信長には、「偉そうなことを言っても所詮は尾張の田舎大名じゃないか」という人々の思いがどうしてもつきまといます。信長は、こうした人々の思いをなんとか工夫して乗り越え、ライバルに勝たなければなりませんでした。

その工夫のための装置が安土城だったのではないでしょうか。

私には、安土城が信長教の神殿だったのではないか、と思えてなりません。

安土城の模型。吹き抜けの底（地下１階）には、宝塔があったとされている（内藤昌復元©／安土城郭資料館蔵）

なぜなら、それは城というにはあまりにも宗教的な建物だからです。

内藤昌氏の「天主指図《てんしゅさしず》」によると、安土城の天守には地下があり、そこには「宝塔」が安置されていました。そしてその上の空間は、大きな吹き抜け構造になっているのです。これはとても珍しいことで、吹き抜け構造をもった天守は他に例を見ません。

なぜ吹き抜け構造になっているのかというと、どうも、地下に置かれた宝塔がせり上がるための空間だと考えられるのです。

天守として見ると、地下一階があるだけでも変なのですが、そこに宝塔があるというのはさらに変です。信長はなぜ天守に宝塔などつくったのでしょう。

実は、これは一般の歴史学者の人は気づいていないことなのですが、「法華経（正しくは、妙法蓮華経《みょうほうれんげきょう》）」という当時もっとも重んじられたお経の中に、仏が真実の教えを説いたとき、それを祝福する宝塔が地下からずずずっと湧出するということが書かれているのです。信長は、これを実現させようとしたのではないでしょうか。

そうだったとして、これが何を意味するかおわかりでしょうか。

御影向の間に仏の間、天皇の御殿を見下ろす信長の居室、そして吹き抜けをせり上がる宝塔……、つまり、安土城というのは、信長を、神の末裔《まつえい》である天皇にも、仏の代理人である本願寺にも負けない「神仏の化身」として演出する巨大な装置としてつくられたものであるということです。

◇神になろうとした信長、神になった家康

信長は自ら神になろうとしていた。

これまでの教科書や、信長について書かれた本を見ると、信長が自らを神格化しようとしていた理由を、「晩年になって頭がおかしくなったから」としているものを多く見受けます。

天下布武《てんかふぶ》の完成を目前に、信長は傲慢なバカ殿になったというのです。

本当にそうなのでしょうか。

私は、信長の行動をそのようにしか理解できないのも、歴史を細切れにしか見ない、今の日本史学の弊害だと思っています。なぜなら、信長以前と信長以降の大きな変化にみな気づいていないからです。

信長が神になろうとしていたと言うと、多くの学者は笑いますが、彼らは、信長の後を継いだ秀吉が、死後「豊国大明神《ほうこくだいみょうじん》」として祀《まつ》られていることをご存じないのでしょうか？

秀吉の次に天下人になった徳川家康はもっと顕著です。何しろ彼は、自ら死の間際に自

分は関東鎮護の神になりたいので、一年経《た》ったら私の遺骸は久能山《くのうざん》から日光へ改葬せよと命じています。この命令は実行され、家康は「東照大権現《とうしょうだいごんげん》」として今も信仰されています。

つまり、家康は自ら神となることを宣言し、実際、神となっているのです。

そんな家康のことは誰もバカだとは言わないのに、なぜ信長は頭がおかしくなったとされてしまうのでしょう。

それは、信長が「自ら神になる」という事業に最初に挑んだ人物だからです。

日本は、昔から人間を神様に祀る習慣のある国です。しかしそれは、たとえば菅原道真しかり、崇徳上皇《すとくじょうこう》しかり、平将門しかり、怨霊の祟《たた》りを恐れた他の人々が御霊《ごりょう》として祀るというものでした。

周囲の人々に神と祭り上げられるのと、自ら神になるというのでは大きく違います。

実際には、自ら宣言して神になるということを達成したのは、家康ですが、「自ら神になる」というアイデアを最初に打ち出して実行しようとしたのは、家康ではなく信長だったということです。もっと正確に言えば、**信長のチャレンジと準備があったからこそ、秀吉の豊国大明神というステップを経て、家康が成し遂げることに成功したと言えるのです。**

どのような物事も、最初にチャレンジする人というのはだいたい「バカだ」と言われるものなのです。ライト兄弟も、「人間が空を飛ぶ、そんなバカなことできるわけないじゃないか」と言われ、笑われました。でも、誰かがチャレンジすることで物事は動き出すのです。最初はもちろん失敗します。でも、必ずその後に成功者が出てくるのです。

そういう流れで歴史を見れば、家康の段階で成功した「自ら宣言して神になる」ということも、実は信長がその種を蒔いていたからできたことなのだということが見えてくるはずです。

歴史のターニングポイントは、このように、当時の常識からすると「バカな」と言われたところにこそあるのです。

◇信長は天皇をどうしようと考えていたのか

確かに、信長が自らを神格化しようとしていたことを示す明確な文献は残っていません。それでも、安土城がどんな構造をしていたのか、そこを彩《いろど》る内装はどのようなものだったのかということはわかっています。実際の発掘調査から、安土城の本丸のそばに天皇の御殿と思われる客殿をつくろうとしていたことも判明しています。

当時の日本には誕生日を特別な日として祝うという習慣はありませんでした。

では、なぜ信長は自らの誕生日を「聖なる日」としたのでしょう。当時、誕生日を特別な日としていたのは、お釈迦様の誕生日を花祭りとして祝う仏教と、キリストの誕生日をクリスマスとして祝うキリスト教だけです。

つまり、信長が自らの誕生日を聖なる日としたのも、自らを神格化するための工夫の一環だったと考えれば、充分あり得ることなのです。

こうしたことから総合的に推理すると、やはり信長は自己を神格化することで、天皇と本願寺という二大権威を超えようとしていたのだということがわかるわけです。

歴史学者の中には、信長は晩年、天皇家と妥協することを考えていたのではないか、と言う人もいますが、あの時期の信長を「晩年」ととらえるのは間違いです。

なぜなら、本能寺の変が起きたときというのは、信長にとってはまだまだ自らの計画の途中だったからです。中国地方の毛利はほとんどめどがついたけれど、九州はまだ丸々残っています。恐らく信長はあと十年二十年はやれると思っていたことでしょう。

ですから、あの段階ではまだ天皇家に手をつける段階だとは考えていなかったはずです。なぜなら、下手に天皇家を追い込むと、あの段階では九州の島津と天皇が結びつくといった面倒な状態を招く危険性があったからです。信長はかつて、本願寺と毛利が結びついたことで大変な苦労をしているので、同じ轍《てつ》を踏むことをするはずがありません。

信長が天皇家に手をつけるとすれば、それは他の大名を全部従えた後だったはずです。

では、信長は天皇家をどうしようと考えていたのでしょうか。

ここからは私の想像ですが、抹殺という選択肢はなかったと思います。

恐らくは、後に秀吉が計画したように、信長も大陸侵出をすることで天皇家問題を解決しようとしたのではないかと思います。

秀吉の「朝鮮出兵」も歴史学者は「晩年の狂気による行動」と評しますが、あの本当の目的は当時「唐入《からい》り」と言っていたことからもわかるように、中国の占領なのです。そして、その秀吉の計画書を見ると、中国を征服した暁には天皇を北京に移すといったことがすでに書かれていたのです。

つまり、日本の領国を拡大して、その拡大した中で別の場所に天皇家を移してしまえば、そしてそれをやるのが秀吉であれば、天皇家の権威を超えられることになるわけです。

Point

家康は「東照」となることで天皇と並び立った！

日光東照宮。元和3年(1617)に創建され、徳川初代将軍徳川家康を神格化した東照大権現を祀った神社。栃木県日光市に所在し、日光霊峰の恒例山にあり、中禅寺湖から流れる大谷川と女峰山から流れる稲荷川との河合いの地に鎮座している

恐らくは、これもそもそものアイデアは信長のものだったのではないでしょうか。

でも、信長は本能寺の変で倒れ、秀吉は大陸侵出に失敗し、彼らの野望は実現することはありませんでした。

自らを神格化するという野望を成し遂げた家康も、明治維新で大ドンデン返しを受けるわけですから、結局は天皇家を超えることはできなかったと言えます。

それでも、「東照大権現」という彼の神名には、明らかに天皇家の祖神である「天照大神」への対抗心が表れています。つまり、どちらも神の子孫であるということで、天皇と将軍の権威を対等であるとしたわけです。

そして、同時にこれは、これまで日本は西半分を中心に「天照」大神の子孫である天皇家が支配してきた、でもそれはすでに過去のもので、これからは「東照」大権現の子孫である将軍家が、日本を治めていくという家康の決意表明でもあったのです。

第二章のまとめ

・今も昔も日本人が軍隊を嫌う理由は二つあります。一つはそれが「ケガレ」に触れる存在であるという「ケガレ思想」。もう一つは軍隊などない、日本は平和だと言っていれば平和が維持できると信じる「言霊信仰」です。

・藤原氏に対抗するため、白河天皇は退位し、上皇となって院政を始めました。そして院を守るための北面の武士を創設しました。これが武士台頭の始まりだったと言えます。

・平清盛は勝ち取った政権を、自分たち一族を富ませるだけで、他の多くの武士たちの利益を守るためには使いませんでした。他の武士たちが望む利益が何なのか、それがわからなかったから平家の政権は清盛一代で滅びてしまったのです。

・足利尊氏が後醍醐天皇に味方した目的は、北条氏を倒して、もう一度御家人主体の幕府を源氏一族である自分の手でつくり直すことでした。その一方、後醍醐天皇は個人的欲望を満たすことが最大の目標だったがために、最終的には失敗するのでした。

・自らを神格化するという野望を成し遂げた家康も、明治維新の大政奉還で大ドンデン返しを受けるわけですから、結局は天皇家を超えることはできなかったと言えます。

第三章

「天皇絶対」と「日本教」の謎を解く

——神道、仏教、朱子学からわかる日本独自の思想とは？

テーマ⑨ 仏教が怨霊を鎮魂する

日本人の仏教は本来の仏教とはまったく違っている。そのことは「往生」や「成仏《じょうぶつ》」の考え方によく表れている。日本人の仏教とは何か——。

◇日本人は神道の信者である

日本人は、太古からずっと「ケガレ」を嫌うという思想や、「怨霊《おんりょう》」を恐れるという思想にとらわれています。それは二十一世紀の今も変わりません。

これらの思想に敢《あ》えて宗教としての名前をつけるなら、それは「神道」ということになると思います。つまり、日本人は神道の信者だということです。

でも、多くの日本人は、自分が神道の信者だという自覚を持っていません。

また、中には神道というと拒否反応を示す人もいると思います。それは、日本が帝国主義に突き進んだ時代の「国家神道」のイメージが強いからです。たまに天皇陛下万歳と書かれた街宣車を見かけます。確かにあれも神道ではあるのですが、あれは日本にもともとある「神道」に中国の思想である「中華思想」が入ったものなのです。

そして、この中華思想にも敢えて宗教としての名前をつけるなら、それは「朱子学」ということになると思います。ちなみに、朱子学は学問であって宗教ではないと言う方もいるかも知れませんが、朱子学は宗教でもある「儒教」の一派なので宗教と言って差し支えないと私は思います。

中華思想の「中華」とは、「真ん中のとてもいいところ」という意味です。中国の人たちというのは、その名前からもわかるように、昔から自分たちの住む場所こそ世界の中心、真ん中だと思ってきました。

そして、自分たちを中心とするのに対し、その他の土地、つまり辺境に住む人々を野蛮人だと考えました。さらに、中国の東に住む人々を「東夷《とうい》」、西に住む人々を「西戎《せいじゅう》」、北に住む人々を「北狄《ほくてき》」、南に住む人々を「南蛮《なんばん》」という蔑称で呼びました。

日本古代についての詳細記録である『魏志《ぎし》』倭人伝ですが、その正確な名称は、「『三国志』魏書東夷伝倭人条《ぎしょとういでんわじんのじょう》」と言います。日本人は中国にとって「東夷」だったということです。

つまり中華思想というのは、自分たちの国が唯一絶対的に素晴らしく、他はみんな野蛮だという、ある意味で非常に傲慢な考えなのです。

でも、中国人からは東夷と蔑《さげす》まれた日本人も、そんな中華思想を取り入れます。**室町時代から戦国時代にかけての日本人が、ポルトガル人やスペイン人たちを、「南蛮人」と呼んだのがその表れです。**

ちなみに、西欧の人々を「南蛮人」と呼んだのは、彼らが南アジア回りの航路で日本に来ていたからです。

日本に朱子学が入ってきたのは鎌倉時代後期あたりからなのですが、それが日本に深く根ざすことになったのは、徳川家康が朱子学を官学と定めたからです。

もともと日本人が信仰していた神道というのは、決して傲慢なものではありませんでした。しかし、江戸時代に日本が朱子学を官学としたことで神道とも合体し、それが明治の神仏分離《しんぶつぶんり》によって、さらに過激で傲慢な国家神道へと変貌していったのです。

ですから、**国家神道は日本古来の「神道」とは大きく異なったものなのです。**私がこの項の冒頭に申し上げた、日本人は神道の信者であるというのは、もともとの神道のことを言っているので、そこは誤解しないでいただきたいと思います。

日本古来の神道は、決して傲慢なものではありません。

では、もともとの神道とはどのようなものなのでしょう。

それを知るためには、現在の神道から、後から入り込んだ思想を分離することが必要です。なぜなら、日本の神道には、キリスト教の『聖書』やイスラム教の『コーラン』のような、いわゆる「教典」がないからです。

神道というのは、非常に懐《ふところ》の深い宗教で、いろいろな外来宗教を受け入れてきました。朱子学と合体する以前にも、神仏混淆《しんぶつこんこう》（仏教の仏様と神道の神様は、実は同じだとする考え方）というかたちで仏教と合体しています。

でも、神道はすべてを受け入れるだけではありません。受け入れることで相手の宗教を自分の色に染めてしまう強さも持っています。

日本人の心を捕らえてはなさない本当の「神道」とはどのようなものなのか、**それを知るためには後から加わった「仏教」と「朱子学」がどのような教えかを知ることが必要です。それがわかれば、自《おの》ずと純粋な神道が見えてくるからです。**

ここではまず仏教について見ていきましょう。

◇なぜ仏教では出家しなければいけないのか

仏教というのは、言うまでもないと思いますが、お釈迦様が始めた宗教です。でも「お釈迦様」というのが個人名ではないというのはご存じでしょうか。お釈迦様の個人名は「ゴータマ・シッダールタ」と言います。では、なぜお釈迦様と言うのかというと、彼が釈迦族という部族の王子様だったからです。

仏教徒の人はお釈迦様のことを「釈迦牟尼《しゃかむに》」とも言いますが、これは釈迦族の聖者という意味のサンスクリット語「シャーキャムニ」に漢字を当てたものです。

そのお釈迦様はインド人だと思っている人が多いのですが、実は違います。私は、お釈迦様が生まれた場所に行ったことがあるのですが、そこは現在の区分で言うとネパールに当たります。つまり、ネパールで生まれてインドで悟りを開いて布教したというのが、正しい表現なのです。

お釈迦様が生まれたのは、紀元前四六三年と言われていますが、はっきりしたことはわかっていません。

でも、王子として生まれ、美しい妻を娶《めと》り、何不自由ない生活をしていた彼が、なぜ宗教家になったのでしょう。

お釈迦様の宗教家としての人生は、出家するところから始まります。ちなみに「出家」というのは、宗教的修行をするために頭髪を剃り、家を出て、俗世とのつながりを断つことですが、これは仏教以前からあるインド地方の宗教的習慣です。なぜ髪の毛を剃るのかというと、当時髪を剃るのは罪人に対する仕置きの一つだったからです。頭を剃った人は、他の人から人間扱いされなくなってしまいます。つまり出家者は、自ら髪を剃ることで、俗世を離れる決意を示したのです。

お釈迦様はなぜ出家したのか、その理由とされる有名なエピソードがあります。それは、「四門出遊《しもんしゅつゆう》」と呼ばれているものですが、ある日、王子シッダールタがお城から出かけようとしたときのことです。東門から出ようとすると、皺だらけの老人に出会いました。それまで老人を見たことのないシッダールタは、「あれは何だ」と家来に問います。すると家来は「あれは老人です。誰でも歳を取ればあのような姿になってしまうのです」と答えました。それを聞いたシッダールタは出かける気が失せ、城に戻ります。

次に南門から出かけようとしたときには、もがき苦しむ病人に会います。また家来に尋ねると、家来は「人は誰でも病にかかります」と答えます。

次に西門から出かけようとすると、死者を囲み、嘆き悲しむ人々に出会います。また家来に尋ねると、家来は「人は誰でもいつかは死にます。人々が嘆いているのは、死者とはもう会うことができなくなるからです」と答えます。このとき初めて「死」というものを知った王子は、「ではいつか私も死ぬのか」と聞きます。「はい。これだけはたとえ王子様でも避けることはできません」と家来が答えると、王子は出かける気が失せ、城に戻ります。

最後に北門から出かけようとすると、黄色い衣を纏《まと》った僧侶に出会います。また家来に尋ねると、「あれは心の平安を求めて出家した修行僧です」と答えました。伝承では、シッダールタはこのときすでに自らも出家する覚悟を決めたと言われています。

このエピソードが史実かどうかはわかりませんが、**人間は生きているがゆえに老いからも病からも死からも逃げることはできない、その四つの苦しみ「生老病死《しょうろうびょうし》」から救われる方法は出家して修行することだけだ、という考え方が仏教の基本となっていることは事実です。**

つまりお釈迦様は、人間が生きている限り、避けられない苦しみを克服するために出家したということです。

◇仏教の説く人の苦しみとは?

仏教の説く人の苦しみは、この四つの苦しみ「生老病死」に、さらにそこから派生するもう四つの苦しみを加えた「四苦八苦」と呼ばれるものです。

まず「生」、これは生きることの苦しみです。人は生きている間にさまざまな困難を経験します。でも、どんな苦しみも生きているからこそ感じるものです。つまり、生きることこそが苦しみのスタートラインなのだということです。

次に「老」、これは歳を取り、体が衰えていくことに伴う苦しみです。どんなに元気だった人も、歳を取れば耳が遠くなり、足腰が弱くなり、美しかった肌には醜い皺が刻まれていきます。

次に「病」、生きていれば必ず一度や二度は病に苦しみます。中には老衰で死ぬまで病気知らずだったという人もいますが、そんな人はごくまれです。それに、今は病気になっても病院で治療が受けられるし、薬もいろいろありますが、お釈迦様が生きた時代には病は死に直結するものでした。

そして、「死」。どんなに健康で病知らずの人も、死から逃《のが》れることはできません。王様も貧乏人も、善人も悪人も、どんな人にも例外なく死は訪れます。

この四苦に加え、もう四つ、人間には避けることができない苦しみがあるとお釈迦様は言います。

その一つ目が「愛別離苦《あいべつりく》」。これは愛する者と別れる苦しみです。これは恋人や夫婦が別れるといった男女の関係だけを言っているのではありません。親や兄弟、愛する友人なども含んだ「愛する人」と別れる苦しみです。人間は死を避けられない以上、どんなにいい関係を保っていたとしても、いつかは別れを経験することになります。

二つ目は、「怨憎会苦《おんぞうえく》」。これはちょうど愛別離苦とは逆に、怨《うら》み憎んでいる相手と会わなければならない苦しみです。こんな奴には会いたくないと思っていても、社会生活を営んでいると、嫌な相手にも会わなければなりません。

三つ目は「求不得苦《ぐふとくく》」。これは求めるものが得られない苦しみです。人はさまざまな欲を持ちます。家が欲しい、お金が欲しい、物だけでなく恋人が欲しいと望むこともあります。でも、どんなに頑張ったとしても、そのすべてが得られるわけではありません。

四つ目は、「五蘊盛苦《ごうんじょうく》」。これは総括的なものですが、その他のさまざまな精神的な苦しみのことです。

最初の四つの苦しみを「四苦」、そこから派生した四つの苦しみを「八苦」、合わせて人の避けられない苦しみを「四苦八苦」と言います。

◇苦しみはすべて執着から生まれる

お釈迦様は、これらの苦しみを克服する方法を求めて出家して、修行生活に入ります。

そして、苦しい修行を乗り越えて菩提樹の木の下で悟りを開きます。悟りとは、いろいろな表現ができると思いますが、四苦八苦を克服した境地と言っていいと思います。

では、悟りを開くためには、どうすればいいのでしょう。

お釈迦様は、真理に気がつき、それを自分のものにすることだと言います。そしてその真理とは、これは、言葉にすると非常に簡単に聞こえてしまうのですが、「**苦しみはすべて執着から生まれる**」ということです。

生きることに執着するから「死」が苦しみになる。「病」も「老」もすべて生に執着するから苦しいのです。これは「八苦」も同じです。

たとえば、一般的には愛情というのはいいことのように思われていますが、仏教では実はそんなにいいことだとは考えません。なぜなら、愛情というのは特定の異性に対する「執着」に他ならないからです。恋人と別れた時に苦しむのは、その人に執着しているからです。

『月光仮面』のテーマ曲や、森進一の『おふくろさん』という曲で有名な川内康範《かわうちこうはん》という作詞家に『誰よりも君を愛す』（作曲：吉田正）という作品があるのですが、その歌詞に〈愛した時から　苦しみがはじまる　愛された時から　別離《わかれ》が待っている〉という一節があります。

愛する人と出会うという一見喜びに満ちた出来事が、実は別れという不幸の始まりだというこの歌詞は、仏教に非常に造詣の深かった川内氏が、仏教の教えを歌詞に取り入れたものなのです。

執着するから苦しいのだという真理がわかっても、それだけでは苦しみから逃れることはできません。なぜなら、それが自分の執着だとわかっていても、人はそれをなかなか手放すことができないからです。

『誰よりも君を愛す』の歌詞も、〈ああ　それでもなお　命かけて　誰よりも　誰よりも君を愛す〉と続きます。

では、どうすれば手放しがたい執着を手放すことができるのでしょうか。

お釈迦様は、人が執着する原因は、「諸行無常」、つまり、この世には変わらないものは何もないということがわかっていないからだと言います。

立派な家も、地位も名誉も、恋人も、自分の命も、すべてはいずれなくなるということを悟っていれば苦しむことはないというのです。

それがわかったからといって、そう簡単に執着をなくすことができるかどうか私にはわかりませんが、お釈迦様が説いていることのアウトラインをごく簡単に言えばそういうこ

インド・ブッダガヤの大菩提寺。釈迦が悟りを開いた場所であり、ユネスコにより世界遺産に登録されている（写真：ユニフォトプレス）

となのです。そして、そうした「悟り」を開くことを「解脱《げだつ》」と言うのです。

◇悟りに至る方法はたった一つしかない

「解脱」というのは、直訳すると「解き放たれてそこから脱出する」ということです。脱出するということは、悟りを開いていない人は何かに囚《とら》われているということになります。何に囚われているのかというと「輪廻《りんね》」です。

そもそも、古代インド人は、人間は死んでもそれですべてが終わるわけではないと考えていました。どういうことかと言うと、一度死んでも必ず別のものに生まれ変わると信じていたのです。

この生まれ変わりのことを「輪廻転生《てんしょう》」と言います。

輪廻によって生まれ変わる世界は六つあります。「天道」「人間道」「修羅道」「畜生道」「餓鬼道」「地獄道」、これらを総称して「六道《ろくどう》」と言います。

この生まれ変わりは、人間が必ずしも人間に生まれ変わるとはかぎりません。生前よい行いをすれば人間に生まれ変わることができますが、悪い行いをすれば畜生道に落ちて虫や獣に、最悪の場合は地獄道に生まれ変わることになります。

死んでも何度も生まれ変わるというのはよいことのように思うかも知れませんが、お釈迦様はこれを苦しみととらえました。なぜなら見方を変えれば、何度も何度も、それこそ永遠に四苦八苦にさいなまれるということだからです。

ですから、具体的に言うと、お釈迦様は悟りを開き、「仏（仏陀《ぶっだ》＝覚者）」という絶対的なものになったことで、輪廻転生を繰り返すサイクルにはもう戻らない存在になった、ということなのです。

物事は、常にいい面と悪い面を持っています。

たとえば、日本人のケガレを嫌うという特性は、清潔なものを好んだり、身の回りをきれいにするといういい面を持っていますが、同時にケガレを扱わなければならない仕事をしている人々、たとえば皮革職人や葬儀関係者などを差別してしまうという悪い面も持っています。

同じように、輪廻転生という考え方にも、善行を積めば来世幸せになると考えて善行を心がける人が増える、といういい面もあるのですが、弊害もありました。それは、今現在

Point

輪廻転生という考え方が幸福を生み、差別をも生んだ！

苦しい状況にある人、より具体的に言えば、インドにはカーストという身分制度があるので、カーストの底辺に生まれた人は、前世で悪いことをしたから今世、そうした貧しく低い身分に生まれたのだ、と見られてしまうということです。

つまり、恵まれた貴族に生まれた人はいい人で、奴隷階級に生まれた人は悪人だったからそうなったのだと、生まれでその人の人格が決められてしまうのです。

さらに悪いのは、たとえば生まれつき体に障害を持って生まれて来た人は、それはお前が前世で犯した罪の報いだ、ということになってしまうということです。この理論に則《のっと》ると、障害者はすべて前世悪人だった、ということになってしまいます。

実は、輪廻転生という考え方は、そういう問題も含んでいるのです。そして、インドには、古くから輪廻とともに因果応報（よい行いをすればよい報いがあり、悪い行いをすれば悪い報いがある）という考え方もあったので、お釈迦様も恐らくは、そういうことも否定しなかったのだと思います。だからこそお釈迦様は、苦しみを克服するためには、その原因である輪廻転生の輪から解脱することが必要だと説いたのです。

解脱するためには、修行をして自ら悟るしかありません。そういう意味でお釈迦様の説いた仏教において一番大切なのは何かというと「修行」なのです。

しかし、悟りというのは生半可なことで開けるものではありません。まず、出家しなければなりません。おいしいものを食べて、きれいな奥さんと一緒に生活をして、なんて言っていたら絶対に悟りなど開けません。地位も名誉も財産も、すべてを捨てて出家して、修行に励まなければいけないというのが仏教の本来の教えなのです。

ここでのポイントは、お釈迦様が説いたそもそもの仏教では、悟りに至る方法は自分の力で修行をして悟りを開く「自力」しかなかったということです。

◇「念仏すれば救われる」はどうして生まれたのか

お釈迦様の教えというのは、言うなれば「こうすればみんなも悟りを開いて苦しみから逃れることができるよ」ということを山の上で叫んでいるようなものです。お釈迦様がいる山の上に至るコースは示してくれていますが、そこへ至るためには自分で山を登っていかなければなりません。

お釈迦様の教えを信じたとしても、実際に山を登るのは大変です。そうすると、自分には「無理だよ」という人が出てくるのが自然な流れです。

こうして、お釈迦様の死から二、三百年後、そういう人たちに対する救済策が考え出されます。

自力修行の問題点は大きく二つ、一つは修行が大変だということ、もう一つは何もかも捨てて出家しなければならないということです。

この二つの問題を克服するために考え出されたのが、仏様のお力を借りるという方法でした。このアイデアがいつ、誰によって考え出されたのかは不明ですが、恐らくは、インドから中国に至る途中で生まれたものだと考えられます。

では、どのようなかたちで仏様の力を借りるのでしょう。

ここでお力を借りる仏様というのは、お釈迦様のことではありません。まず、仏というのは悟りを開いた人という意味なので、お釈迦様以外にもさまざまな仏様がいるというのがこの考え方の前提にあります。

確かに苦しい修行を経て、悟りを開いたお釈迦様は偉大な仏様ですが、ゴータマ・シッダールタという人間が達成できたことなのですから、他にも達成し、仏になった人がいても不思議ではありません。そうした数いる仏様の中のひとり「阿弥陀仏《あみだぶつ》（＝阿弥陀如来）」という仏様のお力をお借りするのです。

なぜ阿弥陀様なのかというと、唯一この仏様だけが、「**自分を念仏する人々を助けましょう**」と言っているからなのです。

その言葉が書かれているのが『大無量寿経《だいむりょうじゅきょう》』というお経です。この中で阿弥陀仏は、四八の誓いを立てているのですが、その中でももっとも大切な誓いと言われているのが、先ほどの「我を念仏するものは必ず極楽に往生す」という誓いなのです。

◇日本に入ってきたのは大乗仏教

この誓いの意味を正しく理解するためには、まず言葉の説明が必要でしょう。

「極楽」というのは、正式には「極楽浄土」と言い、阿弥陀如来の住まう世界の名前です。

仏教では、仏様は各自、その仏様が支配する世界を持つとしています。この世界は六道の外にある世界なので、いわば別次元の世界です。この別次元の世界を「浄土」と言い、阿弥陀如来なら「極楽浄土」、薬師如来なら「瑠璃光《るりこう》浄土」というようにそれぞれの仏様が独自の世界を持っています。

「往生」というのは、文字通り「往《い》って生まれる」ということです。つまり、亡くなった後、輪廻の輪の中にある世界に生まれ変わるのではなく、私の住む極楽浄土に生まれ変わらせてあげようというのです。極楽浄土は輪廻の世界とは別の次元の世界なので、そこに生まれるということは、輪廻から解脱したということになります。

輪廻の輪から解脱して、極楽に生まれ変わったと言っても、それだけで仏になれたということではありません。まだ悟りを開いてはいないからです。でも、この考え方では、仏の世界にいるのだから、仏様の力で悟りへと教え導いてもらえるとしています。

問題は、浄土に生まれ変わるための方法です。

この誓いの言葉によれば「我を念仏するものは」と言っているので、「念仏」すればいいのですが、**実は念仏とはどのようにすればいいのかということが経典には書かれていないのです。**そこで後世、さまざまな方法の「念仏」が考え出されることになるのです。

念仏の方法はともかく、こうして自力ではなく、阿弥陀仏の力、つまり「他力」によって解脱することを目指す仏教が生まれました。

テーマ③でも述べましたが、この新しい仏教を「大乗仏教」と言います。「大乗」とは大きな乗り物という意味ですが、これは自力で悟りを目指す仏教を、その人一人しか救えないという意味で「小乗」、つまり一人乗りの乗り物のようだが、自分たちの仏教は多くの人を救うことができる教えだ、と考えたことに由来します。

ちなみに、これも前述のとおり、「小乗仏教」という呼び方は、大乗仏教の信者たちが自力仏教を揶揄《やゆ》した差別語なので、現在は使われていません。現在は自力で悟りを目指す仏教は「上座部《じようざぶ》仏教」と言います。

日本に仏教が伝来したのは、六世紀の半ば、欽明《きんめい》天皇の治世だとされていますが、このとき入ってきた仏教は「大乗仏教」でした。つまり、日本の仏教は最初から他力による解脱を目指す大乗仏教だったのです。

◇浄土庭園はなぜ造られたのか

六世紀半ばに日本に入ってきた仏教は、鎌倉時代に大きく変化を遂げます。「鎌倉新仏教」の誕生です。教科書ではこの鎌倉新仏教について、次のように説明しています。

仏教では、それまでの祈禱《きとう》や学問中心のものから、内面的な深まりを持ちつつ、庶民など広い階層を対象とする新しいものへという変化がはじまった。

その最初に登場したのが法然《ほうねん》であった。天台の教学を学んだ法然は、源平争乱のころ、もっぱら阿弥陀仏《あみだぶつ》の誓いを信じ、念仏《ねんぶつ》（南無阿弥陀仏《なむあみだぶつ》）をとなえれば、死後は平等に極楽浄土《ごくらくじょうど》に往生《おうじょう》できるという専修念仏《せんじゅねんぶつ》の教えを説いて、のちに浄土宗《じょうどしゅう》の開祖とあおがれた。法然の教えは摂関家の九条兼実《くじょうかねざね》をはじめとする公家のほか、武士や庶民まで広まったが、一方で旧仏教側からの非難が高まり、法然は土佐に流され、弟子たちも迫害《はくがい》を受けることになった。

親鸞《しんらん》もこの時、法然の弟子の一人として越後に流されたが、のちに関東地方に移って師の教えを一歩進めた。煩悩《ぼんのう》の深い人間（悪人《あくにん》）こそが、阿弥陀仏の救いの対象であるという悪人正機《しょうき》を説いたが、その教えは農民や地方武士のあいだに広がり、やがて浄土真宗《じょうどしんしゅう》（一向宗《いっこうしゅう》）とよばれる教団を形成していった。

（『詳説日本史　改訂版』山川出版社　105〜106ページ）


この記述だけでは鎌倉新仏教と言いながら、何が新しいのかがよくわかりません。念仏がこの時期に創始されたように勘違いする人もいるのですが、日本に最初に入ってきた仏教がすでに大乗仏教なのですから、「念仏」は鎌倉以前からありました。

では、何が新しいのでしょう。

実は、念仏の方法が大きく変わっているのです。

先ほども述べましたが、『大無量寿経』には、「我を念仏するものは必ず極楽に往生す」という阿弥陀仏の誓願の言葉は書かれているのですが、肝心の念仏のやり方が記されていません。

そこで最初に考えられたのが、文字通り仏を念じること、今風に言えば「イメージする」という方法でした。これを難しい仏教用語で「観想《かんそう》念仏」と言います。要は頭の中で阿弥陀様の姿を想像するということです。

観想念仏では、阿弥陀様の姿、または阿弥陀様の世界である極楽浄土の風景を思い浮かべます。とはいえ、阿弥陀様の姿や極楽浄土の風景を見たことがある人は誰もいません。見たこともないものを想像しろと言われても簡単にはできません。

そこで、イメージの助けとなるような絵が描かれるようになります。阿弥陀様の姿絵、阿弥陀様を中心とした浄土の絵、そして、臨終に際して自分を迎えに来てくれる阿弥陀様の姿。特に阿弥陀様が迎えに来てくれる姿を描いたものは「来迎図《らいごうず》」と言われ、日本でも平安時代に盛んに描かれました。

これが盛んになると、裕福な平安貴族の中に、もっと完璧な観想念仏をしたいという欲求が高まり、浄土の模型とも言うべき「浄土庭園」を造るものが現れ始めます。

そのときもとになったのが経典の言葉でした。

阿弥陀様について書かれたお経は三つあります。先の『大無量寿経』と『観《かん》無《む》量寿《りょうじゅ》経《きょう》』、そして『阿弥陀経』の三つです。これらは総称して「浄土三部経」と言います。そして、この「浄土三部経」によると、極楽というのは常に水が流れていて迦陵頻伽《かりょうびんが》という鳥の声が聞こえ、暑からず寒からず、きれいな空気に満ちた場所だというのです。

ですから、**浄土庭園の基本は水の流れる池があるということです。そして清浄な空気を造り出す森があり、そこには美しい声の鳥が放たれました。**

そんな浄土庭園の代表作が京都府宇治市にある平等院鳳凰堂です。

平等院はもともと摂政《せっしょう》を務めた平安貴族、藤原道長の別荘だったものを、その息子で関《かん》白《ぱく》を務めた藤原頼通《よりみち》が寺院に改めたものです。

中央の鳳凰堂には大きな阿弥陀像が安置され、その前には池が広がっています。池には美しい鳥が放されていますが、あれは経典に基づき極楽の様子をこの世に再現したものなのです。

現在はそのほとんどが失われましたが、平安時代には数多くの浄土庭園が造られました。二〇一一年に世界遺産に登録された岩手県平泉の毛越寺《もうつうじ》にも立派な浄土庭園が残っています。

こうして平安貴族たちは浄土に生まれ変わることを祈って、自分の別荘に浄土の模型を造り、毎日それを眺めながら阿弥陀様の姿を念じていたのです。

教科書に書かれた鎌倉新仏教の特徴の一つに、「庶民に広まった」ということがありました。これは逆を返せば、**それ以前は、仏教は庶民の間には広まっていなかったということです**。その、庶民に広まらなかった理由が、実はここにあります。

どういうことかというと、浄土庭園のような大規模なものは言うまでもありませんが、一幅の来迎図であっても庶民に手の届くものではなかったからです。

阿弥陀聖衆来迎図。平安〜鎌倉時代の仏画。三幅からなる。西方浄土から往生者（念仏行者）を迎えにくる阿弥陀如来と、楽の音を響かせながらそれに従う聖衆を描く。来迎図の最高傑作と言われている（高野山有志八幡講十八箇院蔵）

◇「口称《くしょう》念仏」という画期的方法が民衆を救った

鎌倉時代、仏教が庶民に広まったのは、新たな念仏の方法が開発されたからです。いくら念仏すればいいいだけだと言っても、そのために浄土庭園や来迎図が必要になるのでは、現実的には裕福な貴族しか念仏できないことになってしまいます。

そこで、もう少し簡単な方法で念仏することはできないのか、と考える人が現れます。それが法然《ほうねん》であり、その弟子の親鸞《しんらん》でした。

法然が天台宗の本山である比叡山で勉強して気づいたのは、お経には確かに「念仏しなさい」と書いてあるけれど、「観想念仏じゃなければいけない」とは書いていないということでした。そこで念仏は、阿弥陀様の名前を唱えるだけの「口称念仏（称名《しょうみょう》念仏）」で充分なのではないか、と考えるようになります。

口称念仏自体は、法然の発明品ではありません。もともと中国にあったものです。中国では最初「阿弥陀仏（あーみーとーふぉー）」とそのまま仏の名前を唱えていましたが、やがてそれに「私はあなたを信じます」という意味の「南無」をつけて「南無阿弥陀仏」と唱えるようになります。ちなみに南無とはサンスクリット語のナマス（namas）の音訳です。

左は法然上人像〈隆信御影〉（知恩院蔵）、右は親鸞聖人像〈熊皮御影〉（奈良国立博物館蔵）

口称念仏なら高価な来迎図も浄土庭園も必要ありません。ただ仏の名前を唱えればいいのですから庶民にもできます。

ところが、口称念仏が広まると、ある問題が生じます。

それは、「私は一〇〇回も唱えている、あなたは五〇回しか唱えてないじゃないか」と言い出す人が出てきたことでした。つまり、五〇回しか唱えていないあの人より、一〇〇回唱えた私の方が優先的に救われるべきだと主張したのです。

でも、これは大きな間違いです。なぜなら、自分の方がたくさん努力したのだからというのは「自力」だからです。そもそも阿弥陀様に救っていただくということは「他力」なのですから、自力を主張した時点で他力から外れてしまいます。

では、一回だけ唱えれば、それで充分なのでしょうか。

それも違います。人間はやはりできる限り、念仏を唱えた方がいいのです。なぜなら、救われるための「念仏」は、確かに最初の一回で充分なのですが、それほどの大きな心で私たちを救ってくださる阿弥陀様に対して、私たちは何度もその御名を唱えることで感謝の心を表すことが必要だからです。

実は、口称念仏を説いた法然も、このことに気づいたのは晩年になってからでした。ですから、その自分がやっとたどり着いた他力の神髄を、彼は弟子の親鸞に教えたのでした。

法然の教えを受けた親鸞は、この真理をさらに突き詰め、口称念仏の回数に優劣がないのなら、「お前は坊さんだから先に救ってやる。お前は在家の信者だからまだ救わない」というように出家と在家で優劣をつけるようなことはしないはずだという考えに至ります。そこに優劣が存在しないなら、出家と在家を区別する必要はない、ということになります。

このことに気づいた親鸞は、ここで日本仏教史上というか、世界仏教史上においても画期的なことをします。それは妻帯、つまり、奥さんをもらうことでした。

そもそも、仏教でなぜ出家が求められたのかというと修行をするためです。家にいたのでは親や愛する妻、財産やご馳走など、執着を抱くもととなるものが沢山あって修行の妨げになるので出家することが求められたのです。ですから古今東西、仏教に限らず、宗教者が女性と関係を持つことはタブーとされているのです。

でも、他力では自力修行をする必要がないのですから、家族と一緒に過ごすことも、妻を娶って夫婦関係を持つことも往生の妨げになりません。と、いうことで、親鸞は妻帯してしまったのです。

実は親鸞の師である法然も出家する必要はない、妻帯してもいい、と信者には言っているのですが、自分自身は最後まで妻帯しませんでした。長い仏教史上で、指導者自らが堂々と結婚したのは、親鸞が最初だったのです。

結婚した親鸞には子供が生まれます。親鸞が説いた教えは「浄土真宗」と呼ばれ、本願寺を中心に広まっていくのですが、その本願寺のトップには、代々親鸞の血を受け継ぐ子孫が就《つ》いています。そういう意味で、鎌倉時代に生まれた浄土真宗は、とても風変わりな、まさにまったく新しい仏教を説いていると言えるのです。

◇日本の仏教には神道の思想が入っている

浄土真宗の仏教書『歎異抄《たんにしょう》』に、浄土真宗の教えの特異さを見事に表現した言葉があります。

「善人なおもて往生をとぐ、いわんや悪人をや」

この言葉を現代語に訳すと、「善人ですら極楽往生できるのだから、言うまでもなく悪人は往生することができる」ということになります。

おかしいと思いませんか？　普通は逆ですよね。

悪人ですら極楽往生できるのだから、善人ならば言うまでもなく往生できる、と考えるのが普通です。

でも、ここでは逆なのです。なぜ逆なのかというと、悪人は決して自力には頼らないので、阿弥陀様の「他力」にすがろうとするからです。「阿弥陀様は、自分の名を呼びすがってきたものは必ず助けてくれるので、変に自力に頼らない悪人の方が救われやすい。善人はむしろ、自分はこんなにもいいことをしているのだから救われるだろうという自負を持ちやすい。それが驕《おご》りとなるので悪人より救われがたくなってしまう」と親鸞は言うのです。

お釈迦様が説いた最初の仏教は、出家して、自分の力で修行して悟りを開くことを目指すというものでした。そして、そんなお釈迦様の時代の仏教徒は、あらゆる地位、名誉、財産、妻子を捨てて出家し、頭を剃って、ぼろぼろの着物を着ていました。

ところが、それから約千五百年後の日本では、同じ仏教徒と言いながら、本願寺を信じている人々の姿は、お釈迦様の時代の仏教徒とはまったく違うものでした。彼らは普通の家に住み、妻を娶り、子供をもうけ、農業や商売などをしたりと、ごく普通の人とまったく同じ生活をしています。

もしもお釈迦様が彼らを見たとしても、恐らく彼らが仏教徒だとは思わないでしょう。

それでも、理論的には、お釈迦様から親鸞に続く道というのは、その変遷を説明できるものなのです。

でもそれはあくまでも理論上のことで、本当に日本人が「往生」を阿弥陀様の浄土に生まれ変わることだと思っているかというと、怪しいと言わざるを得ないと私は思っていま

Point

日本人は仏教をまったく異なる宗教に変えてしまった！

す。

なぜなら、日本人は「往生」という言葉を、本当の意味とは異なる意味で使っているからです。

往生というのは、念仏の結果、極楽浄土に生まれ変わるというのが本来の意味です。ところが、ほとんどの日本人は、「いい死に方をした」という意味でこの言葉を使っています。

皆さんも、「あの人は、多くの孫に囲まれて大往生だったなあ」というふうな使い方をしているのではないでしょうか。

同じように「成仏」という言葉の意味も、本来のものとは違ったものになってしまっています。成仏というのは、本来は、念仏をして極楽に生まれ変わり、極楽で阿弥陀様の指導を受けて一人前の仏になるという意味です。しかし、実際には日本人がそうした意味で使うことはまずありません。ほとんどの日本人は、「あんな不幸な死に方をした彼女も、犯人が捕まって死刑になったから、これでようやく成仏できただろう」というような使い方をしています。これは明らかに、極楽浄土で悟りを開いたということではありませんよね。

つまり日本人は、「往生」とは「満足できる死に方」、別の言い方をすれば「悔いのない死に方」であり、「成仏」とは、「死後に、怨みなど心残りが晴らされたこと」という意味で使っているのです。

これらは明らかに仏教とは異なる思想に基づいています。

そもそも、往生できるかどうか、つまり阿弥陀様の極楽浄土に生まれ変わらせてもらえるかどうかは念仏をするかどうかが問題なのであって、いい死に方をするかどうかは関係ないはずです。

成仏するかどうかも、問題となるのは極楽で阿弥陀様の指導を受けることであって、亡くなった人の怨みがこの世で晴らされるかどうかは関係ないはずなのです。

それなのに日本人は、殺人事件などで犯人が捕まると、「これで被害者も成仏できるだろう」と言います。

そもそも、「往生」や「成仏」という言葉は、阿弥陀様を信仰する人々でなければ使わないはずの言葉なのですが、今では一般用語化して、ごく普通に使われています。

つまり、日本人が使っている「往生」や「成仏」という言葉は、もはや仏教用語ではないということです。

では、これらはどのような思想に基づいているのでしょう。

それこそが、**日本人の心に深く根ざした「神道」なのです。**もっと具体的に言うなら、

「怨霊信仰」と言ってもいいでしょう。復習になりますが、怨霊信仰とは、怨みを抱いたまま人が亡くなると、その人は怨霊になってこの世に祟《たた》りをなすと信じることです。

怨霊をつくらないためには、怨みや悔いを残さず亡くなることが重要です。いい死に方が「大往生だ」と称賛されるのは、怨霊になる心配がないからです。

同様に、怨霊を慰めるためには、死者の怨みが晴らされることが重要です。だから、犯人が捕まったり、死刑になったときに「よかった、これで成仏できる」と安心するのは、怨霊になるのを防ぐためなのです。

つまり、見た目は仏教でも、日本人の心はやはり神道にとらえられているのです。

テーマ⑩

浄土宗と日蓮宗はなぜ対立したのか

日蓮宗はなぜ迫害を受けたのか。法然《ほうねん》の浄土宗、親鸞《しんらん》の浄土真宗との違いとは何か。両者には相容《あいい》れぬ信仰があった。

◇法華経が教える「人間に一番大切なこと」とは？

前項では、法然が道を開き、親鸞が完成させた日本独特の大乗仏教、浄土真宗について見てきました。

大乗仏教についてもっともわかりやすいので、浄土真宗を取り上げたのですが、実は浄土真宗というのは大乗仏教の究極形なのです。この究極のかたちの他にも、いろいろなかたちの大乗仏教があります。

その中で、日本史に多大な影響を与えたのが「日蓮宗」です。日蓮宗は『法華経』を信奉していることから「法華宗」とも言います。

ちなみに、一般的に『法華経』と言われることが多いので、私もそれに倣《なら》いましたが、このお経の正式なタイトルは『妙法蓮華経《みょうほうれんげきょう》』と言います。法華経は、妙法蓮華経の略称だと思っていただいて結構です。

日蓮宗の宗祖である日蓮上人《にちれんしょうにん》は、口称《こうしょう》念仏を提唱した法然上人より一世代後の人ですが、阿弥陀《あみだ》信仰と法華信仰ということで言うと、実は法華のほうが古いものなのです。

どういうことかと言うと、『法華経』というお経は、お釈迦様ご自身が説いた、とても古い、そして、とてもありがたいお経だとされていたからです。

キリスト教の聖典は『聖書』だけですが、仏教の聖典であるお経は、とても多くの種類があります。そして宗派ごとに一番大切なお経というのが違っています。たとえば、口称念仏を提唱する浄土宗や浄土真宗では、「浄土三部経」と総称される三つのお経がもっとも大切なものとされました。

前項で述べましたが、お釈迦様が説いた仏教は、修行をして悟りを開く「自力」仏教でした。自力を説いたお釈迦様が、「他力」による救いを説くはずがありません。ですから、「浄土三部経」のような大乗仏教の経典は、お釈迦様の死後に作られたものということとになります。

「浄土三部経」も「法華経」も明らかに大乗仏教のお経なので、お釈迦様の死後に作られたはずなのですが、信仰の上では、後世に作られたものではなく、お釈迦様が生前に説かれていた教えを後になって記録したものだということになっています。

では、浄土三部経の中でもっとも長い『大《だい》無《む》量寿経《りょうじゅきょう》』と『法華経』、その違いは何かというと、まず主人公が違います。**『大無量寿経』の主人公は阿弥陀様ですが、『法華経』の主人公はお釈迦様です。**

内容はというと、『大無量寿経』には、「念仏するものは極楽に往生させる」という誓願を含む、阿弥陀様の四八の誓願が書かれています。

『法華経』には何が書かれているのでしょう。

法華経はとても長いお経なので、いろいろな話が書かれているのですが、最後の最後に、それまでの話はすべて前振りであったかのように、「これから人間にとって一番大切なことを言う」としてお釈迦様が語っていることがあるのです。

それは何かと言うと、「**人間は誰でも仏になれる**」ということなのです。

誰でもなれるということは、明らかに「自力」ではあり得ないことなので、これは大乗仏教の教えです。

他ならぬお釈迦様ご自身が、すべての人間は仏になれます、と保証してくださっているのですから、これほどありがたいことはありません。でも、実はこのお経には、とても大きな問題がありました。それは、「どうしたら仏になれるのか」ということが何も説かれていないということなのです。

『大無量寿経』では、念仏の具体的なやり方が書かれていないという問題がありましたが、それでも「念仏すれば」ということは明記されていました。しかし、『法華経』には、そうしたことも何もないのです。

ただ、「人間は誰でも仏になれる」と書いてあるだけなのです。

◇桓武《かんむ》天皇が新しい仏教を求めた理由とは？

ここで質問です。

日本に『妙法蓮華経』を伝えた人は誰でしょう。

ヒントは、日本史の教科書にも必ず名前が出てくるとても有名なお坊さんです。その人の開いた宗派の名前を正しく知っていればわかるはずです。

さて、わかりましたか？

答えは――、「伝教大師《でんぎょうだいし》」という号が贈られた「最澄《さいちょう》」です。

最澄は比叡山に延暦寺《えんりやくじ》を開きます。その宗派名は一般的に「天台宗」と言われていますが、法華経の正しい名前が妙法蓮華経であるように、天台宗も正式には「天台法華宗」と言います。法華経を教えの中心としているということです。

最澄が生きたのは、都を奈良の平城京から京都の平安京に遷《うつ》したことで知られる桓武天皇の時代です。実は当時、桓武天皇は、新しい都に相応《ふさわ》しい新しい仏教を求めていました。最澄は、そんな桓武天皇の命を受けて、遣唐使船に乗って中国へ渡り、妙法蓮華経を持ち帰ったのです。

ちなみに、最澄と一緒の船で中国に渡り、やはり新しい仏教を持ち帰った有名な僧がもう一人います。弘法大師・空海です。空海が持ち帰ったのは真言密教という、やはりそれまでの日本にはない仏教でした。

ところで、話は少々脱線しますが、なぜ桓武天皇が新しい仏教を強く求めたのか、これも教科書では絶対にわからないことなので、少し説明しておきたいと思います。

皆さんが奈良の都と聞いて最初に思い出すものは何ですか？　鹿、という人もいるかも知れませんが、ほとんどの人は大仏でしょう。つまり、奈良が都だったとき、すでに立派な大仏を作るほどの仏教があったということです。

ではなぜ桓武天皇は、新しい仏教を欲したのでしょう。

ごく簡単に言うと、奈良時代の仏教に御利益《ごりやく》がなかったからなのです。

なぜ、奈良にあれほど大きな大仏が作られたのかというと、表向きは国家鎮護のためですが、より具体的に言うと、天皇家に跡継ぎとなる男子が欲しかったからです。

大仏を建立《こんりゅう》した聖武《しょうむ》天皇には、皇子がまったく生まれなかったわけではないのですが、弱くて女の子しか育ちませんでした。そこで仕方なく娘を皇太子にします。これが後の称《しょう》徳《とく》（孝謙《こうけん》）天皇です。

結局、称徳天皇も子供には恵まれず、天武《てんむ》天皇系の天皇家の血統が絶えてしまったのです。つまり、大仏はその目的を果たすことができなかったということです。

そこで急遽《きゅうきょ》、それまで日の当たらなかった天智《てんじ》天皇系の血を引く光仁《こうにん》天皇が即位することになったのです。光仁天皇は皇位に即《つ》いたときすでに高齢だったので大事業には着手していません。その跡を継いで、平安京遷都という大事業を成し遂げたのが桓武天皇でした。

桓武天皇は、平安京に遷都するにあたり、平城京の寺院を一つも連れて行きませんでした。そして、新たに平安京を守る力を持った仏教を求めたのです。

一般的には力を持ちすぎた旧来の寺社勢力と手を切るために寺院を連れて行かなかったということになっていますが、本当はあれほどの大仏を作っても天武系の血を守れなかっ

桓武天皇(737〜806)。第50代天皇(在位781〜806)。生母は百済系渡来人とされる和氏(やまとうじ)出身の高野新笠。平安京遷都・勘解由使設置のほか、坂上田村麻呂を征夷大将軍とし、蝦夷征討を行わせ、最澄・空海を保護し、日本の仏教に新たな動きをもたらした(延暦寺蔵)

た奈良仏教に見切りをつけたのだと私は思っています。

そんな桓武天皇の命に応《こた》えて、当時最新の仏教である天台法華宗を持ち帰ったのが最澄だったのです。

奈良時代の仏教は、一応大乗仏教ではあるのですが、それはまだ古い仏教の香りを残した教学中心の仏教でした。ですから、日本における本格的な大乗仏教は、実は「念仏」ではなく、最澄が持ち帰った「妙法蓮華経」だったのです。

天台宗では、法華経こそが最高の経典だと言います。

なぜ最高だと言い切れるのかというと、中国で天台宗を開いた天台大師智顗《ちぎ》というお坊さんが、ありとあらゆるお経を整理して格付けした結果、法華経こそが最高のお経だということになったからです。

では、天台大師智顗は、なぜ法華経を最高のものとしたのでしょう。

先ほども言いましたが、大乗仏教のお経というのは、本当のことを言えばお釈迦様の死後に作られたものです。でも、そこは宗教ですから、天台智顗は、すべてのお経はお釈迦様がその一生の中に説いたものだという前提で整理したところ、法華経こそがお釈迦様が最後に説いたお経だということになったのです。つまり、最後に説いた教えなので、その内容ももっとも進化したものだというわけです。

●天皇家の系図

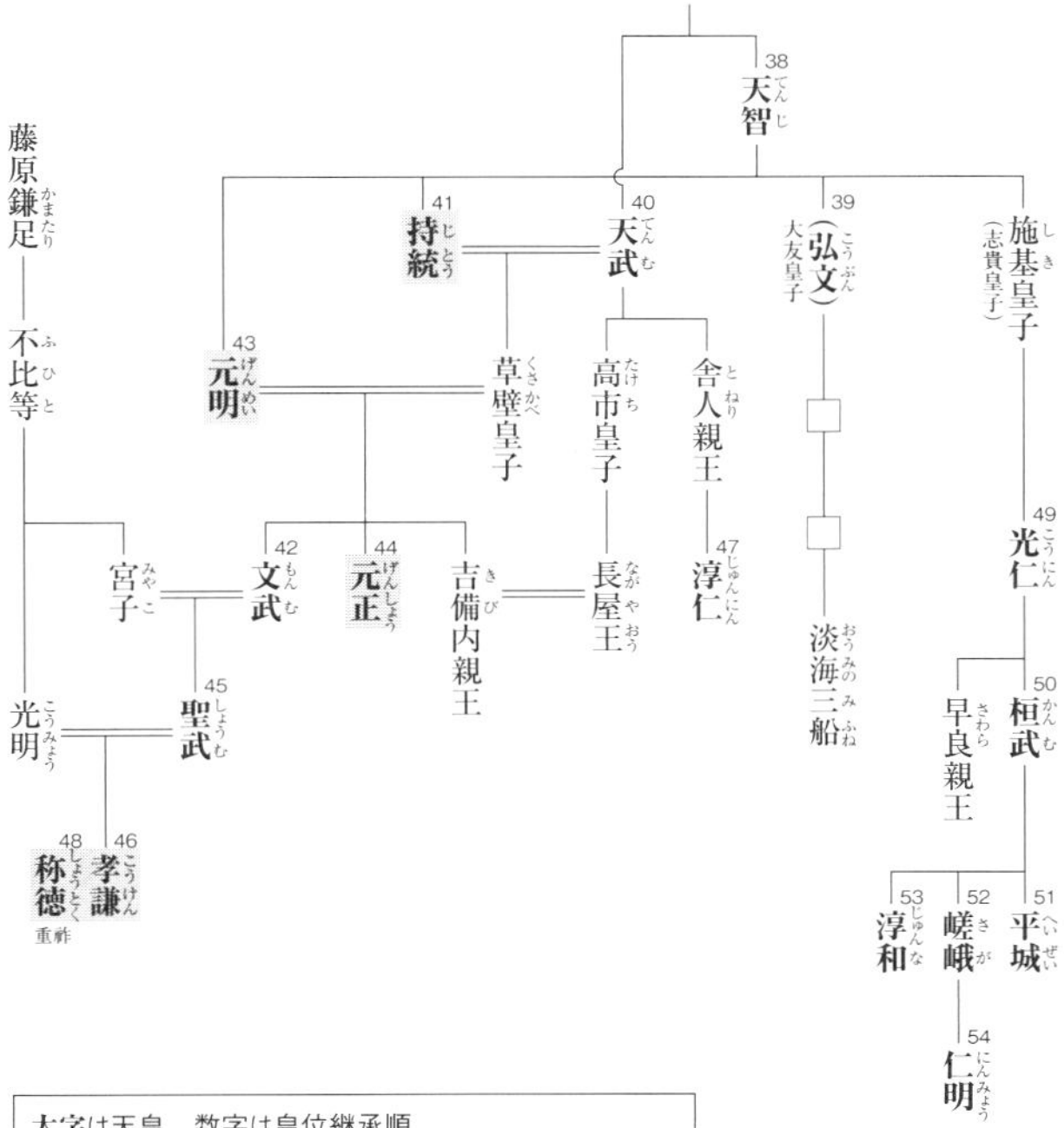

太字は天皇、数字は皇位継承順
═は婚姻関係
▒は女性天皇
『日本書紀』では39代の弘文天皇の即位を認めていない

中国で、法華経こそ最高のお経であるとする天台宗を学んだ最澄は、日本にそれを持ち帰り、比叡山延暦寺を拠点に「法華経こそ一番の経典だ」という教えを大々的に日本に広めました。

鎌倉時代まで、比叡山は日本最大の仏教学校でした。実際、鎌倉新仏教を立ち上げる人たちのほとんどが比叡山で学んでいます。浄土宗を開いた法然、その弟子で浄土真宗を開いた親鸞、日蓮宗を開いた日蓮、そして曹洞《そうとう》宗を開いた道元《どうげん》も臨済《りんざい》宗を開いた栄西《えいさい》も比叡山で学んでいます。

ですから、鎌倉新仏教はそれぞれ異なる特徴を持っていますが、その根底には法華経の「人間は必ず仏になれる」という同じ信念があるのです。

◇日蓮宗は鎌倉新仏教の中の異色の宗派

「人間は必ず仏になれる」という法華経の教えは、大乗仏教の根本理論であり、素晴らしいものです。

ただ、一つだけ問題がありました。それは先にも少し触れましたが、「どうすれば仏になれるのか」という方法が何も書いていないということでした。だからこそ、それを知るために天台宗では、法華経を何度も何度も繰り返し精読し、勉強し続けました。

ところがそうしているうちに、若い僧侶を中心に、「大乗仏教というのは、本来大衆を救うものであるはずなのに、比叡山の偉いお坊さんたちは皆、山にこもって、自分だけ一生懸命法華経を勉強している。これはおかしいのではないか」という疑問を持つものが現れます。それが後の鎌倉新仏教の担い手となっていきます。

法然は、法華経をいくら読んでも、結局どうすれば成仏《じょうぶつ》することができるのかということはわからない。ならば、はっきり念仏をしろと言っている阿弥陀様におすがりしよう、ということで、口称念仏の道へ進んでいきました。

それに対して日蓮は、あくまでも法華経を信仰することに拘《こだわ》ります。そして、「どうすればいいのか」という最大の問題に対しては、これは浄土宗の口称念仏の影響だと思いますが、その何よりもありがたいお経のタイトルに「南無」をつけ、「南無妙法蓮華経」、つまり、私は妙法蓮華経を信じます、と唱えればいいとしたのです。「南無阿弥陀仏」と「南無妙法蓮華経」、このように並べて書くと似ています。どちらも

Point

法然は阿弥陀様、日蓮はお経、両者は根本的に違っていた！

唱えればいいだけなので、庶民でも簡単にできるという点でも似ています。

でも、その意味はまったくと言ってもいいほど違います。

南無阿弥陀仏というのは、「阿弥陀様、あなたを信じてついていきます」ということです。

つまり、具体的な仏様についていくということですが、南無妙法蓮華経は、「妙法蓮華経というお経を信じます」ということだからです。**片や仏様に対する信仰で、もう一方はお経に対する信仰なので、似ているようでまったく違うのです。**

実はこの違いが日蓮宗という宗派名に大きく影響しているのです。

鎌倉時代、いろいろな宗派が誕生します。これを鎌倉新仏教と総称するわけですが、具体的にその名前を挙げると、「浄土宗（法然）」「浄土真宗（親鸞）」「臨済宗（栄西）」「曹洞宗（道元）」「時《じ》宗（一遍《いっぺん》）」「日蓮宗（日蓮）」となります。

この中に一つだけ異色のネーミングをしているものがあるのですが、どれだかおわかりでしょうか。

そうです。日蓮宗だけ宗祖の名前がそのまま宗派名になっているのです。でも、そうした日蓮宗の特異性は、教科書では触れられていません。

古くからの法華信仰《ほっけしんこう》をもとに、新しい救いの道をひらいたのが日蓮《にちれん》である。はじめ天台宗《てんだいしゅう》を学んだ日蓮は、やがて法華経《ほけきょう》を釈迦《しゃか》の正しい教えとして選び、題目《だいもく》（南無《なむ》妙法蓮華経《みょうほうれんげきょう》）をとなえることで救われると説いた。

（『詳説日本史　改訂版』山川出版社　106ページ）

なぜ、日蓮宗だけ宗祖の名前を冠しているのかというと、彼の説があまりにも強引なものだからです。

日蓮宗では、「南無妙法蓮華経」と唱えれば救われると説きます。でも、妙法蓮華経を読みなさいとは言いません。お経を読まなくても、法華経の功徳《くどく》で救われるというのです。

これはかなり強引な理論です。

なぜならそれは、たとえるなら、私は『逆説の日本史』というシリーズ本を書いていますが、その内容を知りたければ、「南無逆説の日本史」と唱えなさいと言うようなものだからです。

本当にそんなことが可能だと思いますか？　読まなくてもタイトルを唱えれば中身が理解できるなんて言われたら、「こいつ、頭がおかしいんじゃないか」と思うでしょう。でも、日蓮の言っていることは、実はそういうことなのです。

では、どうしたらそれが成り立つのか、成り立つとしたら、そう説いている人が人間ではなくて仏様だった場合でしょう。

ですから、実は、**日蓮宗の信者というのは、日蓮のことを人間以上の存在だと思っているのです。「日蓮大菩薩」と言うのですが、日蓮宗においては、日蓮は仏様がこの世に現れたものだと考えているのです。**ですから、日蓮宗では法華経だけでなく、日蓮その人も信仰の対象となっているのです。だから「日蓮宗」と言うのです。

◇日蓮宗はなぜ迫害を受けたのか

日蓮は、自分の教えに強い信念を持っていました。そんな彼は、人々に自分の教えを説くため「辻説法」ということを行いました。辻説法とは、人通りの多い道に立って行き交う人々に教えを説くということです。今の街頭演説のようなものを想像していただけばいいでしょう。

その辻説法でも、日蓮はほかの仏教では見られない過激な言葉を使いました。

「念仏無間《ねんぶつむけん》　禅天魔《ぜんてんま》　真言亡国《しんごんぼうこく》　律国賊《りっこくぞく》」

これを「四箇格言《しかかくげん》」と言います。

●鎌倉新仏教6宗の概要

宗派	開祖と中心寺院	主要著書	類別	支持層	教義
浄土宗	法然〔源空〕（1133～1212）知恩院（京都）	『選択《せんちゃく》《じゃく》本願念仏集《ほんがんねんぶつしゅう》』『一枚起請文《いちまいきしょうもん》』	念仏	京都周辺の公家・武士・庶民	難しい教義を知ることも、苦しい修行も必要なく、ただひたすらに南無阿弥陀仏を唱えること（専修念仏《せんじゅねんぶつ》）を説く
浄土真宗（一向宗）	親鸞（1173～1262）本願寺（京都）	『教行信証《きょうぎょうしんしょう》』『歎異抄《たんにしょう》』（弟子唯円の著）	念仏	関東の武士や農民	法然の教えを一歩すすめ、心の中でのひたすらな信心を求め、阿弥陀仏にすがることや悪人正機説（悪人こそ阿弥陀仏の本願の対象）を説く
時宗（遊行宗）	一遍（1239～1289）清浄光寺（神奈川）	『一遍上人語録《いっぺんしょうにんごろく》』（弟子智応がまとめた）	念仏	武士・農民	信心の有無に関係なく、すべての人が念仏を唱えるだけで救われると説く。諸国を遊行しながら踊念仏《おどりねんぶつ》によって布教
日蓮宗（法華宗）	日蓮（1222～1282）久遠寺（身延山）（山梨）	『立正安国論《りっしょうあんこくろん》』	題目	下級武士・商工業者	釈迦の正しい教えとして法華経を選び、題目（南無妙法蓮華経）を唱えれば成仏できると説く。「念仏無間・禅天魔・真言亡国・律国賊」と他宗を厳しく攻撃
臨済宗	栄西（1141～1215）建仁寺（京都）	『興禅護国論《こうぜんごこくろん》』	禅	京・鎌倉の上級武士	坐禅をくみながら、師から与えられる公案（禅問答）を一つ一つ解決して、悟りに達することを説く
曹洞宗	道元（1200～1253）永平寺（福井）総持寺（神奈川）	『正法眼蔵《しょうほうげんぞう》』	禅	地方武士・農民	ひたすら坐禅すること（只管打坐《しかんたざ》）で悟りにいたることを説く。権力から離れ、永平寺に拠り、厳しい修行を行った

「念仏無間」というのは、念仏を信じて唱える者は無間地獄に落ちる、という意味です。ちなみに、歌舞伎役者の十二代目市川團十郎さんが生前白血病を克服したときの会見で、その時の苦しみを「無間地獄から戻ってきた感じです」と述べておられましたが、無間地獄というのは、地獄の中でも最下層の地獄です。

「禅天魔」の天魔とは第六天魔王波旬《はじゅん》という悪魔のことです。つまり、禅宗を信じて座禅ばかり組んでいるのは悪魔の所業だということです。

「真言亡国」は、真言宗を信じていたら、国が滅びるぞということで、「律国賊」は律宗を信じる者は国賊だと非難しているのです。

つまり、日蓮宗以外の教えはすべて間違いで、そんなものを信じていると国を滅ぼし、本人は死後、地獄に落ちるぞ、と脅《おど》しているのです。

ちなみに、天台宗が入っていないのは、一応、法華経を信じている宗派だからです。でも、天台宗ならいいと言っているわけではありません。天台宗は法華経を信じているので、ほかの宗派よりはましだけれど、天台宗のやり方では絶対に救われないと日蓮は言います。

街頭でこんな過激な演説をするわけですから、当然、そうした宗派の信徒たちからは罵声を浴び、石をぶつけられます。

普通はそんな目に遭えば、信念が揺るぎそうなものなのですが、日蓮は人々から石をぶつけられたり、殴られたり、ケガをさせられたりすることで、ますます信念を強くしていきました。なぜなら、法華経を信じるものは必ず「法難」を受けると法華経に書いてあるからなのです。

日蓮がほかの宗派の人々を怒らせるようなことを言うから、殴られたり石を投げられたりするのですが、彼はそうは思いません。**法華経に書いてある通りになった、やはり法華経は唯一の正しい教えなんだ、とさらに強く思い込んでいくのです。**

こうした日蓮の過激さは、日蓮を仏と信じる日蓮宗の信徒にも継承されます。とにかく、自分たちの教え以外は認めようとしないのですから、どこへ行っても喧嘩になるのは当然の結果でした。

基本的にすべての他宗派と仲が悪いのですが、もっとも苛烈な戦いとなったのは、同じ法華経を信じる天台宗でした。

Point

宗教の対立が応仁の乱を超える被害を京都にもたらした！

日蓮宗と天台宗は、織田信長の時代の少し前ですが、「天文法華《てんぶんほっけ》の乱」と言われる武力衝突を起こします。これについて現在の教科書では、次のように記載されています。

はじめ東国を基盤にして発展した日蓮宗《にちれんしゅう》（法華宗《ほっけしゅう》）は、やがて京都へ進出した。とくに6代将軍足利義教のころに出た日親《にっしん》の布教は戦闘的であり、他宗と激しい論戦をおこなったため、しばしば迫害を受けた。京都で財力をたくわえた商工業者には日蓮宗の信者が多く、彼らは1532（天文《てんぶん》元）年、法華一揆《ほっけいっき》を結んで、一向一揆《いっこういっき》と対決し、町政を自治的に運営した。しかし1536（天文5）年、法華一揆は延暦寺《えんりゃくじ》と衝突し、焼討ちを受けて、一時京都を追われた。この戦いを天文法華《てんぶんほっけ》の乱という。

（『詳説日本史　改訂版』山川出版社　140ページ）

この記述だけでは、日蓮宗と延暦寺（天台宗）がなぜ衝突したのか、その衝突がどれほど激しいものだったのか、ということはわかりません。

天台宗が日蓮宗の寺を焼き討ちしたのは、同じように法華経を信じると言いながら、法華経を読まなくてもいいと、天台宗にとって許しがたいことを言って、日蓮宗が信者を増やしていたからです。しかも、お題目を唱えれば救われるというとんでもない説の論拠は日蓮その人が仏の生まれ変わりだからというのです。これは、長年にわたって法華経を読み、研究を重ねてきた天台宗にとって許しがたいことでした。天台宗は「日蓮宗は法華の名をかたる邪教だ」として焼き討ちを掛けたのです。

当時、京都には日蓮宗のお寺が二一カ寺あったそうです。つまり、二一もあったということは、とても流行《はや》っていたということです。天台宗の僧兵は、これをすべて焼き討ちして、そこにいる人間を殺してしまいました。この時に寺を焼いた火は、京都中に延焼し、なんとその被害は応仁の乱を上回るほど酷《ひど》いものだったと言います。

このように言うと、日蓮宗が一方的な被害者だと思うかも知れませんが、日蓮宗はこれより前に、一向宗《いっこう》の寺院を焼き討ちしているのです。つまり、当時は多くの宗派が、信徒を取り合うかたちで互いに他宗派を非難し、武力衝突を繰り返していたのです。

◇日本の歴史学者は宗教を知らない

そんな宗派間の争いに、武力ではないかたちで決着をつけようとしたのが、信長の時代に行われた「安土宗論《あづちしゅうろん》」です。

これはとても有名な論争で、信長について書かれた本では必ず触れられているのですが、残念ながらその解説の内容はほとんど間違っています。何度も繰り返しになりますが、**日本の歴史学者は宗教を知らないため、こうした問題ではいつも間違えてしまうのです。**

日本の一流大学の先生が書いた本では、安土宗論は八百長だと書かれています。

どういうことかというと、要するに、織田信長というとんでもない男が、ぐだぐだ文句を言う戦闘的な集団である日蓮宗を弾圧するために、敵対する浄土宗と組んで宗教論争を企《くわだ》て、インチキな判定で日蓮宗を負けに追い込んだというのです。最初から勝敗は決まっていた、だから「八百長」だというわけです。

もう一度言いますが、この説は間違いです。そのことは、信長の右筆《ゆうひつ》を務めた太田 牛《ぎゅう》一《いち》が書いた『信長公記《しんちょうこうき》』という信長の一代記を読めばわかります。

そこには安土宗論の中身がきちんと書かれています。もちろん一流大学の学者方もそれを読んでいるのですが、彼らは宗教を知らないので、読み間違えているのです。

『信長公記』によれば、安土宗論は一般人の目前で行う公開討論会として行われました。お寺の本尊の両脇に、浄土宗側と日蓮宗側が並んで、信長の派遣した奉行の前でそれぞれが論争を繰り広げました。判定者には、当時京都五山最高の博識と謳われた南禅寺の長老・景秀鉄叟《けいしゅうてっそう》を筆頭に四人の長老が招かれました。日蓮宗側はいろいろな人が答えましたが、浄土宗側は主に貞安《ていあん》という非常に優秀な学僧が答えています。

そもそも論争がなぜ始まったかというと、日蓮宗の僧たちが、「念仏はおかしい、念仏なんかインチキだ、なぜ法華経を信じないのか」と、浄土宗側に議論をふっかけたからでした。安土で論争が行われたというのも、天下人である信長の城下で論争を行えば話題になるだろうということで、日蓮宗のちょっと若手の突出した連中が、浄土宗の長老に議論をふっかけたことから生じています。そして、それを知った信長が、「やるなら公開でやれ」ということになったのです。

◇信長の安土宗論は本当に八百長か？

記録によると、浄土宗側の貞安がまず口を切っています。それは、論争の前提として、「あなたたちは私たちの信じている阿弥陀様をインチキだと言うけれど、法華経の中に念仏という言葉は出てこないのか？」と、尋ねます。

それに対して日蓮宗側は、「それはちゃんとある」と答えます。

そこで貞安は、あなたたちが認めている法華経の中に念仏ということがあるならば、なぜあなたたちは「念仏をすると無間地獄に落ちる」などと言うのか、おかしいじゃないか、と反論します。

この反論に対し、日蓮宗側は、実は答えていません。答えずに、質問を返します。「法華経に登場する阿弥陀様と、浄土宗の唱える阿弥陀様というのは、そもそも同じものなのか、それとも全然違うものなのか」と言うのです。

貞安はこれに「弥陀はいずくにある。弥陀も一体よ」と答えます。つまり、阿弥陀様はどこにいようと同じであるということです。

日蓮宗側は、「それならば、あなたの師匠である法然さんは、なぜ捨閉閣抛《しゃへいかくほう》ということを言ったのだ」と問います。捨閉閣抛というのは、他の教えは無視していいという意味の言葉です。つまり、「あなたたちの師匠である法然さんは、阿弥陀如来以外は無視せよ、それに関わってはいけない、ということは、法華経を信じてはいけない、ということを言っているが、法華経に出てくる阿弥陀様とあなたたちが信じている阿弥陀様が同じものだというなら、法華経を信じるなと言うのはおかしいじゃないか」と言ったわけです。

浄土宗側は、やや苦しい言い訳ですが、「それは法華経にある念仏を捨てよと言ったのではない、念仏以外の余分なことは考えるな、という意味です」と言い返します。

相手の切っ先が鈍ったこの機に日蓮宗側は、「念仏に専念するためなら、法華経を捨ててもいいというお経はあるのか」と畳みかけます。

貞安は、「そういうものはないが、方便と言って、場合によっては嘘に見えるかもしれないけれど、正しい道に行くための方法がある」と答えます。

日蓮宗は「やはり方便か、要するに、それは本当の教えではないんだな」と言った上で、自分たちの切り札のカードを切ります。

日蓮宗の切り札は、『無量義経《むりょうぎきょう》』というお経の存在です。なぜこのお経が切り札なのかというと、このお経には、『法華経』以前のお釈迦様のお経は真実の悟りに達していないと書かれているからです。

先に、天台大師智顗はお釈迦様が説いたとされる膨大なお経をすべて整理し、『妙法蓮華経（＝法華経）』こそお釈迦様がその生涯で最後に到達した境地をまとめた最高のお経だと位置づけたというお話をしました。

つまり、お釈迦様は『法華経』に至るまでの四十年間にいろいろなお経を説いてきたけれど、法華経以前に説いたものはすべて真実の悟りに達していないというのです。そして、そのことが書かれているのが『無量義経』なのです。

『無量義経』にそう書かれていることは事実です。しかも、浄土宗側は自分たちの説を方便、つまり極論を言えば真の教えではないと言っているのです。ですから、日蓮宗側はこの時点で自分たちの勝利を確信します。

ところが、ここで貞安が想定外の反論をしてくるのです。

それは、「法華経以前の教えはすべて偽物だと言うが、それならばお前たちはお釈迦様が法華経以前に説いた『妙《みょう》』の教えも真実の悟りではないとして捨てるのか」というものでした。

日蓮宗側にとって、これはまったく予期しない質問でした。その上、日蓮宗側の僧侶たちは「妙」の意味を理解できませんでした。

「妙」というのは、お釈迦様がその人生を四つに分けた中の第三期で説いた「完全な教え」のことでした。

意味がわからずに返答できずにいる日蓮宗を貞安は「なんだ、お前等は妙の教えも知らないのか」と、揶揄《やゆ》します。

ここでジャッジが下ります。浄土宗の勝ちでした。

◇史料絶対主義が真実を見えなくさせる

相手の問いに答えられない、相手の問いの意味がわからないという時点で、それは宗論としては負けなのです。

ですから、宗教的な知識を持って『信長公記』を読めば、この宗論が決して八百長ではないことがわかるはずなのです。これは誰が見ても、明らかに日蓮宗の負けなのです。話題にしたくて安土で論争をふっかけたのは日蓮宗側でした。目論見通りこの宗論は人々の話題になります。ところが、自分たちが負けてしまったために、日蓮宗の名声を地に落とすことになってしまいます。

悔しい日蓮宗は、これは不当ジャッジだ、つまり、安土宗論は、信長が仕掛けた八百長だと触れ回ったのです。この時の記録が残っているため、宗教的知識のない学者は、そういう史料に惑わされ、安土宗論は八百長だということを定説化させてしまったのです。

この八百長説に最初に反論したのが、私の『逆説の日本史』でした。最初は批判を受けましたが、その後、いろいろな方が私の説を支持してくださり、今では歴史学者の中にも私の説を正しいと認めてくださる方が増えています。

日本の学者は「宗教」を学問の世界に持ち込むことを嫌いますが、それでは正しい歴史解釈はできません。なぜなら、人はそれぞれの宗教原理に基づいて生きているからです。当時の宗教を知ること、それなくして正しい歴史解釈は絶対にできないと私は考えています。

テーマ⑪ 朱子学が国家神道と絶対神を生んだ

神道が仏教と融合し、神仏習合《しんぶつしゅうごう》に。そして明治時代には両者は分かれ、神仏分離《しんぶつぶんり》に。その間には本居宣長《もとおりのりなが》の「天皇絶対」の思想が隠されていた。

◇神と仏はなぜ合体できたのか？

日本ではよく「神仏」という言い方をします。実は、これはかつて神様と仏様が同じものだとされていた時代の名残なのです。

日本はもともと神道の国でした。そこに飛鳥時代（六世紀半ば）、仏教が伝来しました。仏教が入ってきたとき、神道を奉じ、仏教を排斥しようとする物部《もののべ》氏と、仏教を積極的に信仰しようとする蘇我《そが》氏の間で争いが起こります。

争いは天皇家をも巻き込む戦争に発展しますが、結局、血縁関係があったことから聖徳太子が味方した蘇我氏が勝利を収め、物部氏は政治の中心から追われ、仏教を受け入れることで決着がつきます。

蘇我氏側が戦争に勝ったことで、仏教は日本に根付いていくわけですが、やはりそこには対立関係は残っていたはずなのです。

ところが、日本人というのは争い事を嫌う和の精神を持っているからなのでしょう、早くも奈良時代あたりから仏様と神様は仲良くなっていきます。

事実、聖武《しょうむ》天皇が奈良の大仏を建てたときの記録に、日本の神様がお告げを出すなどして、大仏建立《こんりゅう》をいろいろと手伝ってくれたということが伝えられています。

とはいえ、この時代はまだ、仏様と神様はあくまでも別のものでした。それが平安時代の中頃になると、とんでもないことに、仏様も神様も実は同じものだとする思想、「本地《ほんじ》垂迹説《すいじゃくせつ》」が定着していきます。

本地とは「本体」、垂迹とは「この世に現れる」という意味です。具体的に言うと、日本の神様は、実は仏様だったということです。この、仏様が神様としてこの世に現れた状態を「権現《ごんげん》」と言います。「権」というのは、近代以前は、たとえば大納言の次席を権大納言と言うように「副」という意味で用いられていました。

つまり、こういうことです。

仏様、つまりお釈迦様というのは、もともとは暑いネパールで生まれてインドで修行した方です。そのお釈迦様の姿を写した仏像にはいろいろな姿をしたものがあります。たとえば、菩薩は長い髪を角髪《みずら》に結い、イヤリングやネックレスなど多くの装身具を身につけていますが、あれは、お釈迦様がまだ完全に悟りを開ききっていないときの状態、つまり、王子時代のお釈迦様の姿をモデルにしたものなのです。

これに対し、如来像は装身具を一切身につけていませんが、それは、悟りを開いた後のお釈迦様の姿をモデルとしているからです。悟りを開くと、執着がなくなるので、高価な財宝など必要ないということです。

でも、どちらにも共通しているのが、身にまとっている衣が単衣《ひとえ》の薄物だということです。これは、インドが暑い国だからです。

神道は仏教とは異なり、御祭神の神像が祀《まつ》られるということはほとんどないのですが、神話などに描かれている神様の姿というのは、長い髪を結っているのは同じですが、衣装は仏像のものよりずっと厚手です。男神は、上下に分かれた二部式の衣服で、上衣は長袖、下はズボン式で膝下を紐でくくった丈の長いものを着用しています。さらに、勾玉《まがたま》や管玉《くだたま》などを使った装身具を身につけています。

左は聖観音菩薩、右は釈迦如来（イラスト：石田とをる）

こうした装束の違い、見た目の姿の違いが、実は本地垂迹説のポイントの一つとなっているのです。どういうことかというと、仏様は日本の人々に教えを伝えたいと思ったけれど、その姿はあまりにも日本の風俗と違っていたので、そのままの姿で現れたのでは日本人が馴染みにくいと思い、敢《あ》えて日本人と同じ姿で現れたのが日本の神様だというのです。

つまり、日本に教えを広めるために、仏様はまず仮の姿として日本人と同じ恰好で現れ、第一弾の教えを説き、それが浸透したところで、「本当の姿（＝仏様）」で日本にやってきたのだ、だから天照大神も素戔嗚尊《すさのおのみこと》も、本当は仏様だったのだ、というのです。

こうした本地垂迹説に基づき、日本の神々にはそれぞれ「本地」とされる仏様が定められました。たとえば、天照大神は大日如来《だいにちにょらい》、八幡様と熊野権現は阿弥陀《あみだ》如来、愛宕権現《あたごごんげん》は地蔵菩薩、素戔嗚尊は薬師如来、大国主命は大黒様とそれぞれ同じものだとされたのです。

この結果、平安以降、日本のお寺と神社は一体化していきました。

たとえば、比叡山延暦寺《えんりやくじ》の麓には日吉《ひよし》大社という神社があります。今は両者はまったく別の宗教法人ですが、当時この二つは、今で言うグループ会社のような存在でした。ですから、延暦寺の僧侶が都に不満を訴える場合、「強訴《ごうそ》」と言って今のデモのようなことを行うのですが、このとき延暦寺の僧兵たちは日吉大社の御神輿を担いで練り歩きました。

ちなみに、延暦寺のご本尊は薬師如来で、日吉大社の御祭神は大山咋神《おおやまくいのかみ》と大己貴神《おおなむちのかみ》、これらは同体というのとは少し違うのですが、やはり本地垂迹説に基づき、大山咋神と大己貴神が薬師如来の守護神とされたことに依《よ》っています。

また、平安時代の中頃には上皇が盛んに「熊野詣で」を行っていますが、これは実は浄土信仰なのです。どういうことかというと、熊野権現の本地は阿弥陀如来なので、熊野権現を詣でることは阿弥陀様を詣でることと同じことだとされたからです。

ですから、なぜ都の人が、あんな不便な山奥に何度もお参りに通ったのかというと、熊野権現が阿弥陀如来だということは、熊野の山が阿弥陀様の世界、つまり極楽浄土だと考えられたからなのです。山奥とは言え、実際に行けるところに極楽浄土があるのですから、上皇たちはこぞって熊野詣でを繰り返したのです。

◇キリスト教に対抗した日本の「国家神道」

現在、神様と仏様は別のものです。神社とお寺も完全に分かれています。かつて一体だったものが今は別々のものになっているということは、どこかで引き離されたということです。

神仏を一体のものと考える思想を「神仏混淆《しんぶつこんこう》（または神仏習合）」と言います。これに対して、神仏を別々のものとして引き裂いたことを「神仏分離」と言います。

ではいつ、神仏分離が行われたのでしょう。

Point　古代日本の神々は、平安時代になんと仏様にもなった！

それが行われたのは、明治になるときでした。

幕末から明治にかけての日本は、いろいろな価値観が大きく変化した激動の時代です。国を開いたことで、多くの外国文化が一気に流入してきた時でもありました。

この時期に神仏分離が行われたことを説明するには、明治という国家がなぜ生まれたのかということを踏まえておくことが必要です。

明治という新しい時代を開いた志士たちのテーマは、「このままでは、日本は欧米の植民地にされてしまう。我々は今までの古い考え方を捨て、一致団結して一つの国にしなければならない」ということでした。そして、その時、国民を一つに団結させることができるものとして掲げられたのが、「天皇」だったのです。

西欧諸国にはキリスト教という基軸があります。でも、日本には、そのキリスト教に対抗できるような強い精神的支柱となるものがありませんでした。そこで、欧米のキリスト教に負けないぐらい強い国家統一の原理をつくろうとして生み出されたのが、「国家神道」と呼ばれる新しい神道だったのです。

◇「神仏分離」と「廃仏毀釈《はいぶつきしゃく》」で多くの寺院が失われた

本来の神道というのは、非常に包容力の大きい宗教です。仏教もその導入期に争いが起きましたが、すぐに一体化してしまいました。

その穏やかなはずのものが、明治の国家神道になると、非常に排他的な宗教に一変してしまいます。

国家神道は、天皇家の祖先である天照大神を頂点としたピラミッド型の構造を持ち、下のものは上のものに絶対服従しなければならないとしています。これは同時に、神国日本に生まれた日本人は、神の末裔《まつえい》である天皇に忠誠を尽くさなければならないということの世の構図をつくり出しました。そういう強い原理をつくってこそ、キリスト教という西欧の基軸に対抗できると考えたわけです。

この時に問題になったのが、神仏が合体してしまっているということでした。国家宗教として神道を掲げるためには、それはあくまでも「日本固有のもの」であることが必要でした。そこで、外国から来たものである仏様を神道から分離しようということになったのです。

神仏分離というと、単にお寺と神社を別のものとしただけだと思っている人もいるのですが、そうではありません。実は、かなり激しいことをしています。

まず、一体化した寺社にはお坊さんの偉い人と神主の偉い人がいるわけですが、お坊さんの偉い人は神主に転向するよう命じられました。それだけではありません、寺院の伽藍《がらん》が破壊されたり焼かれたり、仏像を神体として使用することは禁じられ、お経や仏具も廃棄され、さまざまな仏事を行うことも禁じられました。

小説家の司馬遼太郎さんがエッセーに、「きのうまで拝んでいた仏像を風呂の焚きつけにした」というエピソードを書いていますが、実際にそういうことがあちこちで行われたのです。こうした一連の行為を「廃仏毀釈」と言います。

私は古寺めぐりが趣味で全国いろいろな場所に行くのですが、地方へ行くと、「昔はここに素晴らしいお堂があったのですが、明治の廃仏毀釈で焼かれてしまったのです」と言われることが今でも結構あります。

もともと日本の建築物は木造なので、お寺が焼失することは決して珍しいことではありません。法隆寺のように古代の寺院がそのまま現存しているというのは、まさに奇跡のような出来事なのです。それなのに、せっかく明治まで残っていたお寺や仏像の多くが廃仏毀釈によって大々的に破壊されてしまったのですから、なんとも残念な話です。

廃仏毀釈は明治新政府の指導の下に行われたので、新政府や朝廷と関係の深いところほど激しく行われました。

たとえば、興福寺は今も残っていますが、昔、春日大社と一体だった頃は、もっとずっと大きな伽藍を持っていました。しかし、「興福寺＝春日大社」は、藤原氏の菩提寺であり、公家の多くが藤原氏であったため、率先して廃仏毀釈が行われました。

もう一つ、徹底的に廃仏毀釈が行われたのが、旧薩摩藩に当たる鹿児島県です。明治政府の主要閣僚は薩摩出身者が主流を占めていたため、藩主の菩提寺を筆頭に、ほとんどすべての寺院が神式に変えられました。この時の徹底ぶりを示しているのがお墓です。実はこのとき、薩摩ではお墓も仏式だということから古いものは壊され、すべて神道形式のものにつくり替えて祀り直されているのです。

ですから、**どこの県でも大抵一つぐらいは国宝のお寺とか仏像があるものなのですが、鹿児島県だけは見事に一つもないのです。**つまり、廃仏毀釈があまりにも徹底して行われたため、すべて失われてしまったのです。

◇家康に朱子学導入を決めさせた「本能寺の変」

仏教を分離した神道ですが、それでは純粋な神道に戻ったのかというと、そうではありませんでした。明治に生まれた国家神道には、明らかに朱子学が入り込んでいます。

とはいえ、神道と朱子学の結びつきが一朝一夕にできたわけではありません。そこに至るまでには、布石とも言える段階がありました。

そもそものきっかけは、徳川家康が中国の哲学である「朱子学」を官学として、意識的に導入したことでした。

では、なぜ家康は朱子学を官学に選んだのでしょう。テーマ③でも述べましたが、実はこれには本能寺の変が影響しているのです。

本能寺の変とは、言うまでもないかも知れませんが、天下統一を目前にした織田信長を、その重臣の一人であった明智光秀が討ったというクーデター事件です。

織田信長という人は、明智光秀を一介の旅浪人から織田政権の重臣にまで引き上げるほど可愛がっていました。それなのに明智光秀はその恩を恩と思わずに信長を殺してしまった。徳川家康は、それを間近で見ていたのです。

本能寺の変が起きるほんの少し前、家康は武田氏に勝ったということで信長の接待を受けていました。その席で、「家康、此度《このたび》はよくやった、ついでに堺見物でもしていったらどうだ」と信長に言われた家康は、本能寺の変が起きたとき、京から少し離れた堺の地にいました。おかげで、家康は伊賀越えをして、なんとか所領の三河に逃げ帰ることができたのです。もしも、あのとき堺まで足を伸ばさず、京都に留まっていたら、家康も戦いに巻き込まれて命を落としていたかも知れません。

この出来事は家康にとってトラウマになりました。信長は、あれほど優遇していた部下に裏切られて死んだ。**自分は天下を取ったが、いつ信長と同じ目に遭わないとも限らな**

い。徳川の世を盤石《ばんじゃく》なものにするためには絶対的な忠誠心を大名、諸将に植え込むことが必要だ。そう思ったからこそ、家康は「朱子学」を導入したのです。

なぜなら、朱子学というのは、主君に対する「忠義」を絶対視する学問だからです。

この忠義の精神を武士の基本教養として誰もが学べば、徳川将軍家に反乱を起こそうなどというやつは現れないだろうと思ったのです。まさかそれが、約二百七十年後に徳川幕府を潰す原因になっていくとは、夢にも思っていなかったでしょう。

朱子学では、君主を覇者《はしゃ》と王者に区別し、忠義を尽くすべき君主は王者だとします。こうした朱子学が盛んになればなるほど、徳川将軍家は豊臣家を滅ぼし、力で天下を取ったのだから覇者じゃないか、ということになっていったのです。そして、では本当の君主、つまり王者は誰なのかというと、神に日本の統治を任せられた天皇家こそ忠義を尽くすべき王者だということになっていったのです。

◇日本版「中華思想」はこうして生まれた

もう一つ、朱子学のもたらしたものが、排他性です。

そもそも朱子学というのは、宋《そう》代の中国で朱熹《しゅき》という人が大成させた思想です。宋の時代というのは、北から異民族に圧迫されるなど、中国歴代王朝の中でも非常に国力の弱い時代でした。でも、いくら国が弱くても、中国ですから中華思想があります。中国がナンバーワンだという思想がありながら、現実は弱い中国なのです。このギャップの中で生まれたのが朱子学でした。

朱熹は、現実が伴わない分、却《かえ》って中国こそ世界で一番素晴らしい国なのだ、中国こそ最高の文明国なのだという、やり場のない強烈な愛国心を哲学として組み立てたと言えます。**その結果、朱子学は非常に強い愛国心と君主に対する忠誠心を育むとともに、周囲の国々を蛮族と蔑《さげす》む排他的な精神が突出する思想になっていったのです。**

面白いことに、中国からすれば日本は、東に住む蛮族「東夷《とうい》」なのですが、朱子学を導入し、それが神道と結びついた結果、日本では「日本こそ中華である」という不思議な思想が芽生えました。

ここで言う「中華」は、いわゆる中国という国のことではなく、中華思想の「中華」、つまり「世界の真ん中の国」という意味です。中国人は自分たちの国こそ中華であると考えているわけですが、江戸時代に朱子学を導入したことによって、日本もまた、日本こそ中華であると考えるようになってしまったということです。

なぜそのように考えるようになったのかというと、一つには、中国で漢民族の王朝である明《みん》が滅び、異民族による王朝「清《しん》」が建ったことが影響しています。朱子学のもとである儒教は、漢民族の宗教です。そのため、異民族王朝である清では儒教は重んじられなくなっていました。

また、そもそも清を起こしたのは、満州族という北方民族ですから、中華思想に基づけば、中国は蛮族である北狄《ほくてき》の国になってしまったと言えます。

これに対し日本は、儒教の伝統を受け継ぎ、国家も異民族に支配されていない。したがって、今や我が日本国のほうが、あの野蛮な民族が支配している今の中国よりも、本当の意味での中国、つまり中華だと言える、ということになったのです。そして、こうした日本中華思想に拍車をかけたのが、「神国日本」という神道の教えでした。

ですから、**神道というのはもともとは仏教と最終的に混淆したように大らかな宗教だったにもかかわらず、そこに朱子学の排他的な要素が混じったことによって、非常に排他的な宗教になってしまったということです。**

実はこの排他性こそが神仏分離において、単に仏教を分離するだけでなく、伽藍を破壊したり仏像を壊したりという仏教弾圧に近い廃仏毀釈に及んだ理由なのです。

仏教は外来の思想だからケガレている、ケガレたものは排除しなければならない、というわけです。

◇本居宣長がつくった「天皇絶対」の思想

江戸時代まで日本の神道は仏教と一体化していました。両者はあまりにも長い間一体化していたので、純粋な神道とはどのようなものなのかということが、実はわからなくなっていました。

神道というのは、我々日本人の祖先の中でもっとも高貴な血筋である天皇の祖先である天照大神を中心とした神々を祀るものです。人々は神に祈りを捧げ、神々は清らかな世界から我々の生活を守ってくれている。そういう感覚的なものはあるのですが、神道の教えには仏教のような理論があるわけではありません。

たとえば、死後の世界についても、仏教では阿弥陀様を念仏すれば極楽浄土に生まれ変わり、そこで成仏《じょうぶつ》することができるということが明確に説かれていますが、神道にはそうしたものは何もありません。死後にいい世界に行くためにはどうすればいいのかと聞いても、神道には答えはないのです。

でも、長い神仏混淆の時代には、そうしたことに疑問や不満を抱く人はいませんでした。なぜなら、神仏混淆していたおかげで、神道が何も言っていない部分をうまく仏教が補ってくれていたからです。

ところが、朱子学が次第に盛んになっていき、「日本こそ中華だ」という思想が広がっていくに従い、日本古来の宗教である神道の理論付けが求められるようになってきました。

その神道の理論付けにおいて、中心的な役割を果たしたのが本居宣長という人でした。皆さんも本居宣長という名前だけはご存じでしょう。もちろん、教科書にもその名は出てきます。ところが、彼の教科書での位置づけが文化人の範疇《はんちゅう》に留まっています。

> 元禄時代にはじまった古典の実証的研究は、18世紀に『古事記』や『日本書紀』などの研究へと進んでいき、日本古来の道を説く国学《こくがく》に発達した。荷田春満《かだのあずままろ》や門人の賀茂真淵《かものまぶち》は日本古代の思想を追究し、洋学《ようがく》はもとより、儒教・仏教という外来思想をも排した。本居宣長《もとおりのりなが》は国学という学問を思想的にも高めて『古事記伝《こじきでん》』を著し、日本古来の精神に返ることを主張した。
>
> （『詳説日本史　改訂版』山川出版社　216ページ）

『古事記』『日本書紀』を研究し、『古事記伝』という書を著したとありますが、実はこの時代、『古事記』は読めなくなっていたのです。『古事記』の原書は一見すると漢文で書かれているように見えますが、あれは漢文ではなく万葉仮名によって書かれたものです。万葉仮名というのは、漢字の音を利用して書かれた、いわゆる「当て字」です。たとえるなら、暴走族などが「夜露死苦」と書いて「よろしく」と読ませるようなものです。漢字そのものには意味はありません。

でも、その用法が宣長の頃にはわからなくなっていたので、万葉仮名で書かれた古典はすっかり読めなくなってしまっていたのです。

しかしそのうちに、読めなくなっていた古典が漢字を使った当て字で書かれているのではないかということがわかり、この漢字の当て字を万葉仮名と呼んだのです。

荷田春満の弟子・賀茂真淵はその生涯を『万葉集』の解読に費やし、同じ用法で書かれた『古事記』の解読は、本居宣長に託して亡くなります。師の志を継いだ本居宣長は、ほぼ半生を費やして『古事記』を、今の人でも読めるようにしました。それが『古事記伝』というものなのです。

教科書に書かれている内容を、補足するとそういうことなのですが、これだけでは、本居宣長の業績は国文学者としての業績にしかなりません。

でも、実は宣長は、この研究を通して、後世の日本にものすごく大きな影響を及ぼしていたのです。

本居宣長（1730 ～ 1801）。江戸時代の国学者・日本古典研究家・医師。賀茂真淵に師事し、国文学の研究から神話・神道の研究を行った。また、『古事記』の注釈書である『古事記伝』44巻を執筆した（本居宣長記念館蔵）

それは何かというと、**その後の日本の歴史を大きく動かすこととなる「天皇の絶対性」の確立です。**もちろん、宣長以前にも「天皇が絶対」という思想はありました。でも宣長は、天皇につながる天照大神を「絶対神」とすることで、天皇の絶対性をより強固なものとして確立させたのです。

ですから、本居宣長が『古事記伝』の執筆を通して行ったことを一言で言うなら、それは神道の再構成だと言えます。

◇全部の権利は神にあるのが「絶対神」

「八百万《やおよろず》の神々」という言葉があることからもわかるように、日本には古くから多くの神々がいました。

日本人にとっては、そうした神々のうちのどれか一つを選んで信仰するのではなく、複数の神々を同時並行的に信仰するのがごく普通のやり方でした。そこに本居宣長は、どちらかと言うとキリスト教に近い「絶対神」という考え方を持ち込んだのです。

絶対神というのは、日本には存在しない考え方でした。そのことを示す言葉が「神道」にあります。それは、「正直の頭《こうべ》に神宿る」というものです。

これは、「正直者の頭の上には神様がいる」という意味です。日本人には違和感のない言葉だと思うのですが、実はこれは、キリスト教など唯一絶対神を奉じる宗教とは正反対の教えなのです。

このことを説明するために、「正直の頭に神宿る」という言葉と非常によく似た言葉をもう一つご紹介しましょう。それは、日本人が好きな言葉、「至誠、天に通ず」です。

この場合の「天」は「神様」と理解していいでしょう。つまり「自分が正直で人に恥じることのない正義の行いをしていれば、必ず神様が助けてくれる」ということです。

「正直の頭に神宿る」も「至誠、天に通ず」も、多くの日本人は、『論語』など中国の古典に出典のある言葉だと思っている人が多いのですが。実は違います。これらはどちらも日本オリジナル、つまり神道に基づく言葉なのです。

では、なぜこうした言葉は、絶対神の教えに反するものなのでしょう。

それは、神の加護が人間の行為によって決まるとしているからです。

日本人には馴染みにくい感覚なのですが、絶対神というのは、文字通り絶対なのです。そこには人間の意志も行為も、実は入り込む余地などないのです。そのことを如実に物語っているエピソードが『旧約聖書』のヨブ記の中にあります。

それは、ヨブという非常に強い信仰心を持った人の話です。ヨブは大変なお金持ちでしたが、ものすごい善人で信仰の固まりのような人です。ところが、悪魔が神に「この男の信仰心を試していいか」と聞くと、神はそれを許すのです。

その結果、どうなったかというと、ヨブはすべての財産を失い、子供は全部死に、そして自分自身もひどい病にかかって、失った自分の家の焼け跡の前で物乞いをすることになるという惨憺たる有様になってしまうのです。

ヨブの妻は、そんな状態になってもまだ神を信仰する夫をなじります。こんなひどい目に遭ったのだから神など信じるな、というわけです。ところが篤い信仰心を持つヨブは「神を信じるということは、自分の善し悪しによって変えていいものではない」と答えるのです。実はこれこそが「絶対神」に対する信仰のあり方なのです。

おわかりでしょうか、**絶対神という場合、要はスイッチはこちら側にはないのです。全部の権利は神にあるので、こちらがいかに正直であろうと、正義を尽くそうと関係ない、神はそれでもその人間を不幸にすることがある、**ということをこの聖書のエピソードは教えているのです。

それに対し、正直の頭に神宿るという考え方は、自分が正直にさえ振る舞っていれば、神様はいずれ助けてくれるということですから、言い換えれば、自分の行為の結果に合わせて神はそれを助けなければいけない、ということになります。

我々日本人は、不幸な事故や事件が起きると、「神も仏もない」と言います。それは、基本的に「神様、正義が行われないなんておかしいじゃないですか。なぜ、あんなやつを野放しにしておくのですか」と、神が正義に相応《ふさわ》しい処罰を与えないことをなじっているのです。

絶対神という考えにおいては、こうした考え方は人間の傲慢であるととらえます。神が絶対であるということは、何をされても文句を言えない、文句は言わない、ということなのです。

そして、本居宣長という人は、それまで日本の神道にはなかった、この「絶対」ということを持ち込み、天皇の祖先である天照大神こそ絶対神である、という考え方を示したのです。

◇平田篤胤《ひらたあつたね》が完成させた日本人の国民的宗教

本居宣長がどこから「絶対神」という考え方を持ってきたのかということは、ハッキリしていませんが、彼がキリスト教を勉強した形跡はないので、恐らくは儒教の忠孝の思想にインスパイアされたものだと思われます。

いずれにしても、「何をされても文句を言えない、文句は言わない」という絶対神に対する信仰のあり方が、その後の国家神道に大きな影響を与えたことは事実です。

でも、本居宣長のこの主張は、学者や武士には理解できても、庶民に受け入れられるものではありませんでした。

いつの世も庶民が求めているのは救いであり、正義に対する報酬だからです。本居宣長の思想が、庶民に普及しなかった最大の問題点は、「死後の救い」がないことでした。

本居宣長は、人間が死んだらどうなるのかということに関しては、実は「いいことをしても悪いことをしても関係ない、人は死んだら、汚物の固まりみたいな黄泉の国《よみのくに》に行くだけだ」ということを言っているのです。

そして、「我々は、絶対神のもとで生かされているのだから、文句を言わず我慢しなさい」と言うのです。

どんなに頑張って善行を積んでも、この世での幸せは保証されない。その上、死後も汚《きたな》い世界に行くだけとなれば、頑張るモチベーションが上がるはずがありません。

そんな人々の不満に応《こた》えたのが、平田篤胤《あつたね》という人でした。

平田篤胤について、教科書は少ししか触れていません。

宣長の影響を受けた平田篤胤《ひらたあつたね》は、日本古来の純粋な信仰を尊ぶ復古神道《ふっこしんとう》をひらき、儒教や仏教を強く排斥した。

（『詳説日本史　改訂版』山川出版社　217ページ）

平田篤胤は、本居宣長の弟子だと言っていますが、生前一人が会ったことはありません。どういうことかというと、篤胤が勝手に「私は霊の世界で本居宣長の教えを受けた」と言っているのです。このことからもわかるように、篤胤というのは、非常にオカルティックな人です。

そのため来世についても深い関心を持っていました。そんな篤胤が着目したのが、宣長が説いた死後の世界でした。

平田篤胤は、『古事記』にも書かれている「国譲り」の神話を根拠に、死後の世界は大国主命が支配する世界で、生前いいことをすればそれに報いるように、悪いことをすればその報いがくるように、大国主命がきちんと計らってくれる、と説いたのです。

Point

天皇の「絶対性」は本居宣長によって確立された！

大国主命は、天照大神の子孫が天孫降臨してくる前の日本の支配者です。国譲り神話とは、その大国主命から天照大神の子孫が日本の支配権を譲り受けるという神話です。

支配権を譲った大国主命は、「永久にお隠れになった」ということになっていますが、篤胤はこれを「黄泉の世界」、つまり死後の世界に行って、そこの支配者になったとしたのです。

宗教というのは、現在生きている人を救うだけではダメです。人は誰でも必ず死ぬのですから、死んだ後はどうなるのかというところまでケアできないと、宗教として完成しません。

つまり、本居宣長が完成仕切れなかった神道を、平田篤胤が「死後の救い」を説くことで完成させたということです。これによって神道は、やっと日本人の国民的宗教になることができたのです。

◇「表の天照大神」と「裏の大国主命」の知られざる争い

このように言うと、神道に詳しい人は首をかしげることでしょう。

なぜなら、今の神道の葬儀で大国主命が祀られることはないからです。黄泉の国は大国主命が支配するという篤胤の説で神道は完成したはずなのに、なぜ葬儀に大国主命を祀らないのでしょう。

確かに平田篤胤の説によって、表の世界は天照大神が、裏の世界と言うか死後の世界は大国主命が守るとしたことで神道は人々の信仰を集めました。

しかし、明治十二～十三年にかけて一つの論争が起きます。

発端は、大国主命を古くから祀る出雲大社系の神主から、日本の一番中心にある東京の国家神道の事務局の神殿については、天照大神だけではなくて大国主命も祀るべきだという訴えが出されたことでした。

しかし、大国主命を祀るということは、ケガレのもとである「死」が神道に入り込んでしまうという一面も含んでいました。神道がケガレを忌《い》み嫌うものであることはすでに何度もお話しした通りです。

そのため、天照大神を御祭神とする伊勢神宮を中心とした伊勢派の神官たちが、この新しく完成した神道の教えに基づき、「表の天照大神」と「裏の大国主命」を並列的に祀ることに強く反対したのです。

これは「祭神論争」と言われる大論争に発展しました。

この論争は、実は経緯はよくわからないのですが、最終的には伊勢派が明治天皇をかつぎ出し、天皇の思《おぼ》し召しであるということにして、大国主命を神道から排除することで決着がつきます。

要するに、あの世のことは大国主命が面倒をみてくれます、と言うのをやめましょうということになったわけです。現在の神道の葬儀で大国主命が登場しないのはこのためです。

しかし、大国主命を排除したことで、せっかく篤胤によって解決策を見出した「人は死んだらどうなるのか」という問題が再浮上することになってしまいました。

そこで考えられたのが、「人間は死んだら神になって国を守る」という考え方でした。これは、靖国神社的発想と言ってもいいと思いますが、そういう発想が、すでに明治の中頃から出てきていたのです。

◇その当時の思想は軍歌でわかる

この新しい説を国民に普及させるために、国家は二つの政策を行っています。

一つ目のもっとも効果が高かった方法は、「教育」です。つまり、学校教育の中で、人間は死後神となって国を守る、ということを教えたのです。

二つ目の方法は、意外に思うかも知れませんが、「軍歌」なのです。

今は軍歌というと街宣車を思い出して嫌《いや》だという人も多いのですが、実は軍歌というのも一つの文化であって、特に明治以降昭和に至るまでの日本人の「神国思想」「愛国精神」「自己犠牲の精神」がどのように培われたのかを知る上では、貴重な史料だと言えます。今の教科書では、軍歌を史料に使っているものなどありませんが、歴史をきちんと学ぶためには、そういうものにも目を向けることが必要だと私は思います。

そういう意味で、私が注目している軍歌に『元寇《げんこう》』というものがあります。これは当時は、大人から子供までが歌えたものなので、軍歌というより国民の愛唱歌と言った方がいいかも知れません。その『元寇』で、注目して欲しいのが三番の歌詞です。

三、（筑紫の海）
こころ筑紫の海に　浪おしわけてゆく
ますら猛夫《たけお》の身　仇《あだ》を討ち帰らずば
死して護国の鬼と　誓いし箱崎の
神ぞ知ろし召す　大和魂《やまとだましい》いさぎよし
（作詞・作曲　永井建子）

「死して護国の鬼と（なる）」という言葉がありますが、注目するのはこの「鬼」です。

「鬼」というのは、実はいい意味の言葉ではありません。本来「鬼」というのは、この世に執念を残して死んだ魂、つまり「怨霊《おんりょう》」のようなものだからです。

ですから、ここから読み取れるのは、この歌が作られた明治の中頃は、まだ「人間は死んだら神になって国を守る」という考え方が、美しい形で完成されてはいなかったということです。

これからもう少し時代が進み、明治も末期になると「鬼」に代わるものとして「軍神」という言葉が使われるようになります。

ちなみに、日本の軍神第一号と言われているのが、日露戦争で戦死した広瀬武夫《ひろせたけお》少佐という人です。

彼は、司馬遼太郎さんの小説『坂の上の雲』でも主要登場人物の一人として描かれていますが、『広瀬中佐』という文部省唱歌でも「軍神広瀬」と称《たた》えられています。

これ以降、国のために戦って特に大きな活躍をした人は軍神として崇《あが》め、それ以外の戦いで命を落とした人は靖国神社に祀るということが一般化していきます。また、明治天皇の崩御に際し、殉死した乃木希典《のぎまれすけ》大将を祭神とした乃木神社が創設されると、東郷神社など、軍人を祭神とする神社までつくられるようになっていきます。

◇天皇が日本を統治することの論理的根拠とは？

人は死んだらどうなるのか、その新しい解決策を普及させるために教育が用いられたと言いましたが、明治政府は、天皇の絶対性を国民に根付かせるためにも教育を用いました。

当時の歴史教育は、日本史と言わずに国の歴史ということで「国史」と言いました。国史はまず歴代天皇の名前を暗唱することから始まります。神武《じんむ》天皇から今上《きんじょう》天皇まで、小学校に入って最初に受けた教育は、天皇の歴代の名前を暗唱することだったわけです。

ところが、そのうちに少し変化が生じます。天皇の歴代表より前に、あるものが載ったのです。それは「天壌《てんじょう》無窮《むきゅう》の神勅《しんちょく》」というものでした。

豊葦原《とよあしはら》の千五百秋《ちいほあき》の瑞穂《みづほ》の國《くに》は、是《こ》れ吾《わ》が子孫《うみのこ》の王《きみ》たるべき地《くに》なり。宜《よろ》しく爾皇孫《いましすめみま》就《ゆ》きて治《しら》せ。さきくませ。寶祚《あまつひつぎ》の隆《さか》えまさんこと、當《まさ》に天壌《あめつち》と窮《きはま》りなかるべし。

これは誰が誰に向かって言った言葉かというと、天照大神がこれから降臨しようとしている孫の瓊瓊杵尊《ににぎのみこと》に言った言葉です。

これを訳すと、「我が日本は、我々の子孫が治める王であるべき土地である。だから、その子孫が治めなさい。その皇統がずっと続いていくことは、この天地が窮まりないのと同じである」となります。

これでも少々難しいので整理すると、天照大神が言っていることは二つに整理できます。

まず一つ目は、この国はアマテラスの子孫が王となって治める国である、ということ。

二つ目は、その王の系統、つまり天皇の血筋はずっと続く、ということです。

なぜこの言葉が天皇の歴代表の前に掲げられることになったのかというと、**天皇が日本を統治することの論理的根拠を明確にする必要が生まれてきたからです。**

明治以降、日本は急速な近代化を遂げます。そんな近代化の波が、あらゆる分野に及んだことにより、国家の形というものに対しても、王様のいない「共和政」のほうが正しいとか、あるいはもっと極端に共産主義のほうがいい、と考える人たちが現れるようになっていきます。

こうした動きに対して、政府は国家をまとめ、国力を高めるために、天皇が日本国を統治することについての論理的根拠が必要になっていったのです。

つまり、たとえば外国人に「あなたの国は、天皇という最高権力者が治めることになっているようだけれども、その理論的根拠はどこにあるのか」と問われたときに、国民の誰もが同じ答えを持っていることが必要だったのです。

◇なぜ日本に売国奴はいないのか

「なぜ天皇なのか？」という問いの答えは、同時に「なぜ天皇でなければならないのか？」という問いの答えでもあります。

日本帝国を支配する根拠は、天照大神がこのようにおっしゃっているからです、という問いの答え。国史の教科書は、真っ先にそれを教えたのです。

しかし、教科書に書かれていた天壌無窮の神勅も、天皇歴代表も、昭和二十年の敗戦を機に教科書から消えます。

それまで学校でも街でも盛んに歌われていた軍歌も、滅多に聴かれなくなりました。

その結果、今の日本では、昭和二十年までに学校教育を受けた人だったら誰もが知っていることを、今の人はまったく知らないという乖離《かいり》が生じてしまっています。

具体的に言えば、おじいさんの世代が常識として知っていることを、孫の世代はまったく知らないということです。

神話は真実の歴史ではないし、軍歌は右翼のような偏った思想に基づいている。そうした考えから、今の子供たちに教える必要はないとしている人もいますが、私はそれもまた日本の歴史の一部としてきちんと教えるべきだと思います。

今までの歴史教育では、特に左がかった歴史教育では、こうしたものは間違った教えなのだから一切教える必要はないし、教科書に載せる必要もない、としてきました。

その結果、戦前の日本人というのは超国家主義でバカだったんだ、というような浅薄な歴史評価しかできなくなってしまっています。

真実はそういうことではないのです。

国家神道に基づく超国家主義が戦前の日本に害毒をもたらしたことは事実ですが、ではそれは日本という国にとって最初から害毒でしかなかったのかというと、そんなことはないのです。それがあったからこそ、日本は幕末の危機を乗り越えられたのです。

その証拠に、日本には、幕末の激動の時代でも、めぼしい人物の中で外国人と手を結んで日本を裏切ったという人間、つまり、売国奴と言われるような人間はただの一人も出ていません。

日本人自身はこのことの特異性に気づいていませんが、外国人からすると、これは信じられないほど凄《すご》いことなのです。

実際、あの時期のアジアでは、中国でも韓国でも、裏切り者と呼ばれる人がいます。

では、なぜ日本にだけ売国奴が出なかったのでしょう。

それは、それだけ排他的ではあったけれど、天皇を絶対視する国家神道へとつながる信仰がすでに非常に堅く、国民の心を守っていたからなのです。

テーマ⑫ 日本民族には「天皇」を超える思想がある

絶対的な天皇の前において、日本人はみな平等である。しかし、その天皇をも超える思想が日本にはある。それは古代から脈々と受け継ぐものであった。

◇天皇と絶対君主はまったく違う

時々、俺は天皇なんか大嫌いだ、という人がいます。

まあ、好き嫌いは個人の自由なので敢《あ》えてコメントは控えますが、天皇を嫌いだからという理由で、天皇が日本の歴史に果たした役割を認めようとしない人がいたとしたら、それはあまりにも精神性が幼いということは言えます。

ところが、そうした子供のような人が、実は日本の歴史家の中には結構いるのです。その証拠に、今の歴史教科書には、天皇が日本のイノベーションに与えた影響についてほとんど何も記されていません。

でも、天皇が歴史に与えた影響を認めない場合、彼らは、アジアの中でなぜ日本にいち早く民主主義が根付いたのか、その理由をどのように説明するのでしょう。というのも、**日本にいち早く民主主義が根付いたのは、間違いなく「天皇」という絶対的な存在があったおかげだからです。**

なぜ天皇の存在が日本に民主主義を定着させることにつながったのでしょう。

そのことをお話しするためには、まず天皇とはどのようなものなのか、外国の王や皇帝との違いを説明することが必要です。

天皇を嫌いだという人の多くは、天皇と絶対君主の違いがわかっていません。両者は同じようなものだと思っているのですが、それは間違いです。

天皇と皇帝、絶対君主の最大の違いは、天皇は天皇家の人間、つまり天皇家の血を受け継ぐ人でなければなれないということです。天皇家の者しかなれないということは「天皇は絶対的な存在だ」ということです。

皇帝や中世ヨーロッパの絶対君主にはこの「絶対性」がありません。確かに、彼らも親から子へと王位は世襲されていますが、それは「絶対」ではありません。事実、フランス王家もイギリス王家も、いくつもの家系が入れ替わり、王位に即いています。中国の皇帝も、王朝毎に皇帝の血統は異なります。

つまり、少々極端な言い方ですが、天皇には天皇家の人間しかなれないけれど、皇帝や絶対君主には誰でもなれるのです。

実はこの違いが、民主主義の定着と大きく関わっているのです。

天皇が日本の統治権の正統な保有者であることは、天壌《てんじょう》無窮《むきゅう》の神勅《しんちょく》によって認められています。この時点で、天皇家というのは、ほかの国民とは明らかに一線を画した特別な存在だと言えます。

中国の皇帝やヨーロッパの絶対君主は、特定の血筋の人間でなければなれないということはありません。そんな彼らが王としてほかの人々を支配する権利はどこにあるのでしょう。

ヨーロッパはこの問題をキリスト教を用いることで解決しようとしました。つまり、**絶対性を持つ神が「こいつに国を治めさせる」と支配権を授けたのだ**、としたのです。こうした考え方を「王権神授説」と言います。

中国の皇帝の場合は、神ではなくて「天」ですが、やはり天という絶対者が皇帝に支配権を与えたのだとしました。

神という絶対的な存在によって統治権が授けられたのだから、庶民は不満だったとしてもその人に従わなければならない、ということです。

このように言うと、基本的に誰でも皇帝になれる可能性を秘めているという方が平等に見えるので、民主主義が根付きやすいのではないか、と思うかも知れませんが、実は違うのです。

ここが逆説的で実に面白いところなのですが、**一見平等に見えるところほど民主主義は根付きにくいのです。**

確かに、民主主義の基本は「平等」です。一人ひとりの権利が平等だからこそ、一人一票の多数決で物事を決めるということが成立するわけです。

でも、現実を考えてみてください。本当に人間社会は平等でしょうか？

たとえば、世の中にはとても立派な人がいます。寸暇を惜しんでボランティアに精を出したり、恵まれない人々に寄付をしたり。その一方で、人のものを奪って刑務所に送られるような人もいます。前者は人格者で、後者は犯罪者ですが、民主主義社会においては両者の権利は平等です。いい人だから一〇票与え、悪い人だから一票も与えないということはありません。

また、人は持って生まれた才能に違いがあります。一の努力でできる人もいれば、一〇

○努力しなければできない人もいます。そもそも努力をしようとしない人もいます。そのため、現実の社会に民主主義を導入しようとすると、どうしても「なぜ悪党と立派な人が同じ一票なんだ」とか、「俺はあんなに努力したのになぜたいして努力しないヤツと同じ一票なんだ」という不満が生じます。

おわかりでしょうか。**権利を一律に平等にすると、一人ひとりの人間性や社会貢献度、努力の違いから「同じでは不平等だ」ということになってしまうのです。**

だから、人々の権利が平等だと、却《かえ》って民主主義が生まれにくいのです。

◇絶対者の前ではみな平等である

ヨーロッパで民主主義が生まれたのは、「神（創造主）」という絶対者がいたからです。

当初ヨーロッパでは、王の支配権を正当化するために王権神授説を説いていましたが、宗教改革を経て誰もが『聖書』を読めるようになると、「神が王権を与えたって言っていたけど、そんなこと聖書のどこにも書いていないじゃないか」という不満の声が上がるようになります。

王といえど貴族といえど、神の前では庶民と同じ被造物じゃないか、「お前に俺たちを支配する権利はない」ということで、フランスではルイ十六世がギロチンにかけられ、イギリスでは王様が殺されるところまではいきませんでしたが、王が議会の権利を認めることで、「民主化」が行われたのです。

実は、江戸時代までの日本は、絶対王政のヨーロッパと似た状態でした。というのは、実権を握っていた徳川将軍家というのは、形の上だけとは言え、一応絶対者である天皇から日本の統治を任された、ということになっていたからです。

江戸時代に少しずつ進んでいた天皇の絶対化は、幕末の混乱期に、西欧列強に対抗しきれない幕府への不満と相まって、「きちんと統治できないのなら、絶対者である天皇に返せ」ということで倒幕に導きます。

幕末の志士たちを導いた吉田松陰は、天皇の絶対性を「一君万民《いっくんばんみん》」という言葉で表しています。これは、たった一人の貴い天皇の前においては、われわれは将軍であろうと関白《かんぱく》であろうと、庶民であろうと、みんな同じだ、という意味です。

つまり、**ヨーロッパも日本も、絶対者の前で、それ以外の国民はすべて「同じ＝平等」だということで民主化できたのです。**

ところが中国は、二十一世紀になった今もまだ一党独裁国家で、民主化に至っていません。日本よりずっと古くから文明国だった中国がなぜ民主化できないのでしょう。

それは、中国には、ヨーロッパの「神」や、日本の「天皇」に相当する絶対者が存在しないからです。中国の皇帝も「天」からその統治権を与えられたということになっているのですが、中国の「天」は創造主のような絶対的な存在ではありません。

誰にもなり得ない絶対的な存在、それがない限り他の人々は平等になれない。何とも皮肉な話ですが、それが歴史の真実なのです。

◇統帥権干犯《かんぱん》問題が軍部の暴走を許した

江戸時代に行われた天皇の絶対化が、明治維新という新しい民主主義体制を生むのに大変な貢献をしたことは疑いようのない事実です。

ですから、この点においては、天皇の絶対性は日本人にとってよいことだったと言えると思います。でも物事には、よい面があれば、必ず悪い面があるのが道理です。天皇の絶対化にも、やはり悪影響はあります。

それは何かというと、軍部の独走を招いたことです。

同じ絶対的存在でも、ヨーロッパの神と天皇が決定的に違うのは、天皇はこの世に実在しているということです。

神の場合、たとえば誰かが「神がこうおっしゃいました」と言っても、先ほどの王権神授説がそうだったように、「聖書に書いていないじゃないか」と言われればそれまでです。

ところが、実在の天皇が絶対者として存在している場合、「天皇の思《おぼ》し召しをわれわれは守らなければいけないだろう」というかたちをとれば、実はどんなことでもできてしまうのです。議会が何を言おうが、総理大臣が何と言おうが、軍部が戦争に突っ走ることができたのは、実はこのためなのです。

大日本帝国の軍部というのは、憲法によって天皇の直轄と定められていました。つまり、軍隊というのは、議会ではなく、天皇に直属しているということです。

このように言うと、明治政府はなぜそんなことをしたのだろうと思うかも知れませんが、当時は、軍隊を政治に関わらせないために、敢えて天皇直属ということにしたらしいのです。

でも、結果的にはそれが裏目に出てしまいます。

軍人たちが、自分たちは天皇の統帥権のもとにあるのだから、国会が何を言おうが、総理大臣が戦争をやめろと言おうが、言うことを聞く必要はない、と主張するようになったからです。それどころか、総理大臣が戦争をやめろと言うのは、天皇の統帥権に対する侵害行為「干犯《かんぱん》」であって許されることではないと、自分たちの行動を抑制しようとする人たちを非難しました。

統帥権というのは天皇の絶対的な権力であって、それを犯すということは天皇に対する反逆行為と見なされます。天皇に反逆するということは、「国賊」ということです。

こうして、軍部の暴走にブレーキを掛けようとすると、「統帥権の干犯だ」と言われてしまうため、新聞も政府機関も、心ある政治家も、みんな何も言えなくなってしまったのです。そして、天皇の統帥権の陰に隠れて軍隊を操った人間が日本を滅ぼしてしまうことになったわけです。

◇二・二六事件の青年将校たちは本当に「天皇絶対」だったのか？

さて、なぜここまで長々と天皇の絶対性と、それが歴史に及ぼした影響について述べたのかというと、天皇の絶対性がいかに強いものか知っていただきたかったからです。

しかし、実は、この日本史上最強と見える天皇の絶対性をも超えるものがある、というのが本項のテーマです。

ここで、教科書の文章ではないのですが、皆さんに読んでいただきたいものがあります。これは、作家の阿川弘之さんの文章です。ちなみに阿川さんは、学徒動員で海軍予備学生として海軍に入隊したといいますから、軍人になるつもりはなかったけれど、軍人経験もあるという人です。

陸軍にいたことがないから分からないけど、陸軍には海軍のような空気はなかったんじゃないですか。何が何でも天皇絶対、そう言って天皇さんの御意志を徹頭徹尾踏みにじったのが陸軍なんだ。

この間、二・二六事件の生き残りの人達の座談会が「文藝春秋」にのっていたのを読んで、非常に不愉快だった。吐き気を催しましたね。当時反乱軍の将校だった生き残りの一人が、

「つまり陛下が二・二六事件を失敗に追い込んだということですね。私は、いまでも天皇が大相撲にお見えになると、ああ、この方がわれわれの事件を潰したんだなあ、と思いますよ（笑）。パチパチと手を叩いておられるけれども」

と言ってるんです。要するに今の陛下（昭和天皇）のお考えが自分らの国家革新理念とちがっていた、それで自分らひどい目にあわされた。つまらん人だねぇ、今どき相撲見てパチパチ手なんか叩いて、いい気なもんだねえということでしょ。こんな無茶な話がありますか。天皇絶対と言いつのっていた彼らが一番陛下をないがしろにしてるんだが、「絶対」なのは、実のところ自分らの信念で、欲しかったのは自分たちの言う通りになってくれるロボットの天子だった。ひどい話ですよ。七十、八十になっても、それが昔のままとは驚くべきことで、この情念は、何かきっかけ

があればすぐ極左の理念に結びつくと思う。

（『国を思うて何が悪い』光文社）

この文章の背景にあるのが、昭和十一年二月二十六日に起きたことから「二・二六事件」と呼ばれる陸軍の青年将校らによるクーデター未遂事件です。

彼ら青年将校たちは、今の国家はおかしい、でもこれは天皇ではなく、天皇の周りにいる人間が悪いのだから、そうした人間を取り除いて、天皇親政を実現させよう、と考えたのでした。

でも、天皇親政にするということは、憲法を停止するということでした。なぜなら、大日本帝国憲法には、天皇はこの国の主権者であるとは書いてありますが、天皇が直接政治をするということは書かれていないからです。

この事件では、内閣総理大臣を筆頭に、多くの大臣や議員、財閥の当主など多くの政府要人の暗殺が計画されていました。そのいくつかは実行に移され、岡田総理大臣はなんとか一命を取り留めましたが、斎藤内大臣、高橋蔵相、渡辺教育総監は殺害されてしまいます。

クーデターが鎮圧されたとき、昭和天皇は彼らを「お前たちは、私の信頼する重臣たちを殺した反乱軍だ」と言い、その結果、事件の首謀者は処刑されました。

事件に加わりながら、死刑にならなかった人たちももちろんいました。後年、そうした人たちが「文藝春秋」の企画で座談会を行ったことがありました。この阿川さんの文章は、そのときの座談会をまとめた記事を受けて書かれたものです。

阿川さんは、事件の生き残り将校が座談会で語った言葉を引用して、不愉快で吐き気を催したと言っています。

なぜなら、あのとき「天皇絶対、天皇絶対」と言っていた彼らが語っていたのは、天皇を誰よりも蔑《ないがし》ろにする言葉だったからです。

結局、彼らにとって大切だったのは、天皇ではなく「自分らの信念」だったのだと阿川さんは言っていますが、その通りだと思います。

もしも本当にもっとも大切なものが天皇であるなら、「あのとき我々は本心から国家を革新しようと思っていたけれと、天皇陛下にお前たちは反乱軍だと言われ、自分たちの行

Point

軍部は天皇の名のもとに議会を無視し、暴走した！

動を反省しました」と言うはずです。でも彼らは、あくまで昭和天皇のほうが間違っていると、言っているわけですから、天皇よりも尊重すべきものがあるということです。

では、それは何なのでしょう。

阿川さんの言う「自分らの信念」。それは、結論から言えば「和」なのです。

◇日本人が何よりも大切にしていることとは？

北島三郎さんの『兄弟仁義』という歌（作詞：星野哲郎　作曲：北原じゅん）に〈俺の目をみろ　何んにもゆうな〉という歌詞がありますが、日本人というのは、自分が何を大切にしているかということをあまり書いたり言ったりしません。「そんなこと言わなくてもわかってるじゃないか」というのが、日本人の考え方なのです。

でも、ごく僅《わず》かですが、そういうものが書かれたものもあります。

そのもっとも古く、そして、もっとも明確に、その「大切なもの」が書かれているのが聖徳太子の書いた「憲法十七条」です。

聖徳太子というのは、今風の言い方をすると国際人です。幼い頃から当時の国際公用語だった漢文（中国語）を学んでいました。しかも、その漢文を教えてくれていた先生は高句麗の僧である恵慈《えじ》という人だったので、太子は朝鮮語も話すことができたと考えられます。つまり、日本語、朝鮮語、中国語が話せたということです。

言葉を学ぶということは、文化を学ぶことでもあります。これは私が常に言っていることですが、人は外国の文化に触れて初めて、自分たちの国の文化の特徴を知ることができるのです。**聖徳太子は、国際人だったからこそ、日本人特有の理念に気づき、外国にはこんな優れた考え方がある。日本にはこういう考え方がある。では、日本人にとって一番大切な考え方は何なのだろう、ということで「憲法十七条」を書いたのでしょう。**

聖徳太子の憲法十七条は教科書にも載っているので、皆さんご存じだと思います。でも、現在の教科書の記載の仕方では、その本当の意味はわかりません。

一に曰《いわ》く、和《わ》を以て貴《たつと》しとなし、忤《さか》ふること無きを宗《むね》とせよ。

二に曰く、篤《あつ》く三宝《さんぽう》を敬《うやま》へ。

三に曰く、詔《みことのり》を承《うけたまわ》りては必ず謹《つつし》め。君をば則《すなわ》ち天《あめ》とす、臣をば則ち地《つち》とす。

十二に曰く、国司《くにのみこともち》・国造《くにのみやつこ》、百姓《おおみたから》に斂《おさ》めとることなかれ。国に二《ふたり》の君なく、民に両《ふたり》の主《あるじ》なし。率土《くにのうち》の兆民《おおみたから》、王《きみ》を以て主《あるじ》とす。

十七に曰く、それ事は独り断《さだ》むべからず。必ず衆《もろもろ》と論《あげつら》ふべし。

(『詳説日本史　改訂版』山川出版社　29ページ)

なぜこれではダメなのかというと、それぞれの条文が短く省略されてしまっているからです。恐らく、日本人の実に九五％以上の人が憲法十七条の第一条はこれで終わりだと思っていることでしょう。でもそれは間違いです。本当の第一条は、もっとずっと長いものなのです。

教科書に書かれているのは、どれも条文の冒頭のところだけです。確かに、この部分はもっとも大切な部分、いわば条文の結論部分ではあるのですが、これだけでは、なぜそうしなければならないのかという理由の部分がわかりません。

でも、その理由の部分にこそ、日本人特有の理論が隠されているのです。

各条文についての細かい内容は、前著『学校では教えてくれない日本史の授業』（PHP文庫）の第二章で詳しく述べたので、ここでの重複は避けます。詳しくは前著をご参照ください。

憲法十七条をよく読むと、実はまったく同じことを言っている条文があることがわかります。それはどれかというと、第一条と第十七条です。つまり、最初と最後で同じことを言っているのです。ということは、これが日本人にとってもっとも大切なものであることは間違いありません。

第一条で言っているのは、「みんなで協調し合って協力することが大切で、むやみに反対しないように」ということです。みんなで話し合って決めたのに、いざとなると「俺はそこまでやりたくない」と言い出す人がたまにいますが、私たちは今でもそういうことを言う人を「和を乱す」と言って嫌います。

ここで言っているのはまさにそういうことで、**みんなが協調して一つのことをなそうとしているときには、それに水を差してはいけない**、ということなのです。

では、第十七条はどうでしょう。

これは「自分一人で物事を決めてはいけない、必ずみんなで話し合って決めなさい」という意味です。教科書には書かれていませんが、この続きにはその理由として、「人々が上も下も相和して話し合いをすることができれば、ことがらは自然と道理にかない、どんなことも成し遂げられないことはない」と述べています。

おわかりでしょうか、第一条と第十七条は、表現の仕方は違いますが、ともに「物事は話し合って決めなさい、そして、みんなで決めたことには従いなさい」と言っているのです。実はこれこそが、日本人が何よりも大切にしている「和」なのです。

◇話し合いをすれば必ずうまくいく

でも、よくよく考えると、第十七条の条文は論理が破綻《はたん》していますね。

考えてみてください。話し合いで決めれば必ず正しい結論が出ると言っていますが、本当にそんな風にうまくいくでしょうか？　そんなことないですよね。

確かに、話し合いでうまくいくこともあるでしょうが、話し合いをする当事者と、それに対して決定権を持っている人間が違う場合だってあるわけですから、話し合いをしさえすれば必ずうまくいくということは論理的にあり得ません。

さらに、話し合った内容は必ず正しいというのも、変な話です。みんなで話し合って、あのときはこれが最善だと思って決めたけれど、あれから十年、二十年経《た》ってみると、あのとき却下してしまった少数意見のほうが正しかった、などということは、実際にいくらでもあります。

それでも、聖徳太子は「みんなで話し合って決めれば必ず正しいし、うまくいく」と言っているのです。

では、聖徳太子という人は、自分が言っていることにこうした矛盾があることに気がつかなかったのでしょうか？　そうではないと私は思います。

聖徳太子というのは、私はあまり好きな言い方ではないのですが、「公人、私人」という分け方をすれば、公人としては皇太子で、私人としては仏教徒だと言えます。そのことを踏まえた上で憲法十七条をもう一度見ると、彼の優先順位が見えてきます。

人は、一番大切なことは、一番はじめか最後に言います。憲法十七条の最初と最後はすでに述べたとおり「和」ということについて語っているので、太子がこれをもっとも大切なことと考えていたことは明白です。

興味深いのは第二条が、彼がプライベートの立場でもっとも大切にしている「仏教」を敬いなさい、ということで、第三条が公の立場として言うべき「天皇」の命令は謹んで受けなさい、ということになっていることです。

こうした優先順位は、国際人である聖徳太子の目から見た、日本人が大切にしているものの順番だったのでしょう。

日本人にとって一番大切なことは何か。天皇への忠誠心か、仏教への信仰心か、いや違う、どちらも一番ではない。**日本人にとって一番大切なことは、みんなで話し合って和を保つことなんだ、そう思ったから太子は、それが現実にそぐわないことを承知の上で、敢えて「話し合いをすれば必ずうまくいく」と言ったのだと思います。**

なぜなら、話し合いをすれば必ずうまくいくということは、逆に言えば「独断専行はいかん」ということだからです。

第十七条の冒頭でも、はっきりと「物事は一人で決めてはいけない。必ずみんなで話し合いなさい」と言っています。

◇話し合いによって争いを終結させるのが日本人の理想

では、日本人はいつから「和」をもっとも大切なこととしてきたのでしょう。

憲法十七条の遙か前に、すでに日本人が和を貴んでいたことがうかがえる史料があります。それは、国譲り神話です。

国譲り神話については、天壌無窮の神勅について説明した前項で少し触れましたが、天照大神の子孫が降臨する際に、当時日本を支配していた大国主命から国を天照大神が譲り受けるというものです。

これは、世界的にとても珍しい神話です。なぜなら外国の建国神話というのは、ギリシャでもローマでも、大抵は素晴らしい土地に悪い奴らがいっぱいいたので、我々正義の軍がそれを追い払った、というのが一般的なのです。

建国神話ではありませんが、アメリカの建国ストーリーも、これと同じような物語に仕立て上げられています。

今はアメリカの先住民は「ネイティブ・アメリカン」と呼ばれ、彼らの気質が温厚なものであることが知られていますが、昔、彼らが「インディアン」と呼ばれていた頃は、「インディアンは悪い奴らだ」ということになっていました。

そして、アパッチは野蛮人だ。だから我々文明人が彼らを駆逐し、アメリカを建国したのだ、という言い方をしていたのです。

アメリカの場合は、たかだか二百年前のことで、ヨーロッパの人々もアメリカ人がしてきたことを見ているので、今ではアメリカも当時のことを反省して、「自分たちは過去にネイティブ・アメリカンの権利を侵した」ということを言っていますが、これが今のような情報化社会でなければ、「悪いインディアンを駆逐した」という話が神話として伝えられていったのだと思います。

豊かな土地があると、人はそこを欲して侵入していきます。そして、その豊かな土地に住む先住民たちは皆殺しにされたり、奴隷にされたりする。残酷なようですが、それが当たり前なのです。

日本の建国神話を見ると、天照大神はもともと高天原《たかまがはら》という、どこかははっきりしませんが、少なくとものちに大和と呼ばれる場所とは別のところにいたことがわかります。

その高天原から豊葦原《とよあしはら》の瑞穂《みずほ》の国を見た天照大神は、「これこそ自分の孫に与えるべき土地だ」と思い、その地を支配する先住民の王、大国主命に遣いを出し、「あんた、この国、凄《すご》くいい国だからうちの孫に譲ってよ」と言ったのです。

これはよくよく考えてみると酷《ひど》い話です。

なぜならこれは、たとえるなら、自分の住んでいる家に、いきなり見ず知らずのおばあさんがやってきて、「いい家ねぇ、ねえ、私の孫を住まわせたいから、あんたはあたしの孫にこの家を譲って出て行きなさいよ」と、言われるようなものなのです。

どんなにお人好しでも、「はい、そうですか」と出て行く人はいないでしょう。「バカなことを言うな」と怒って追い返すのが普通です。

ところが、大国主命は息子たちに「そう言ってきたんだけど、どうしよう」と相談します。息子たちは怒って抵抗しますが、結局は天照大神サイドに敗れてしまいます。すると大国主命は、抵抗することもなく、「わかりました」と言って国を譲るのです。

つまり、**この神話が言いたいのは、天皇家はこの地に建国するにあたり、先住民と戦争をして土地を奪い取ったのではなく、「話し合い」によって穏便に譲り受けたのだ、ということなのです。**

なぜ「話し合い」によるものだということをここで強調しているのかと言うと――ここで憲法十七条の言葉を思い出してください――、そうです、聖徳太子は言っていました

出雲大社。島根県出雲市大社町にある神社。祭神は大国主命。1871年までは杵築（きづき）大社という。国譲り神話では、大国主命から国を譲ってもらった代償として、天皇家（朝廷）が贈った宮殿と言われている。伝承では、かつては高さ16丈（約48メートル）だったという

ね、話し合いで決めれば、「そのことは正しく、必ずうまくいく」からです。

現実にはあり得ないことを信じるのは、宗教です。

つまり、話し合えば必ず正しく、必ずうまくいく、だから何事も話し合うことがもっとも大切だというのは、太古から続く日本人の信仰なのです。

◇二・二六事件の青年将校を動かしたものとは?

では、こうした和を重んじることや「話し合えば必ずうまくいく」という信仰はどこから生まれたのでしょう。

はっきりしたことはわかりませんが、いくつか推測することはできます。

まず、「和が乱れる」ということは、「競争する」ということです。競争すれば、そこには必ず勝者と敗者が生まれます。敗者は当然のことながら、勝者を怨《うら》みます。そして、その怨みをそのまま放っておいたらどうなるか、――怨霊《おんりょう》が生まれてしまうのです。

日本人は、もともと怨霊を恐れていました。怨霊を強く恐れたがゆえに、彼らは、そもそも怨霊を生み出さないようにするためにはどうしたらいいのかを考え、「和」を重んじるようになったのです。

もう一つの要因は、日本が一神教ではなく、あらゆるものに神を見出す多神教の世界だったからでしょう。

一神教の世界では、すべては神様の命令です。なぜ人を殺してはいけないのか、なぜ人の物を奪ってはいけないのか、キリスト教では『旧約聖書』に見られるモーゼの十戒が典型的ですが、戒律というのはイコール神の命令なのです。

でも、こうしたことは多神教の世界では成立しません。なぜなら、神様がたくさんいるということは、複数の神様が、それぞれ同時に相矛盾する命令を出す可能性があるからです。

話し合いが重視されるようになったのは、そうした場合に、神様同士で相談して矛盾のないように決めてくださいと言うわけにいかないので、結局は人間同士で話し合って調整していくしか方法がなかったからではないでしょうか。

ということは、ここが大切なのですが、場合によっては神様の命令よりも、人間同士で話し合った結果の方が優先されることがあるということなのです。

もちろん、これは論証のしようのないことなので、あくまでも私の仮説です。

でも、実際に二・二六事件の生き残りの人が言っていたことは、まさに天皇の命令よりも、自分たちで話し合って決めたことの方が重要だったということでした。

これはやはり、**日本のようにもともと絶対神が存在しないところにおいては、話し合い**

で物事を調整することが一番大切な原理であって、それが古くからずっと行われてきた結果なのだと思います。

そうした話し合いを重視する風土に、後から、具体的に言えば、室町時代から江戸時代にかけて、朱子学の影響で天皇の絶対化という作業が行われることで、次第に日本人が本当に重視しているものが見えにくくなっていったのだと思います。

でも、それはあくまでも見えにくくなっただけで、日本人の心から失われたわけではありません。

その証拠に、天皇絶対が完全に定着したかに見える昭和の前期でさえも、**二・二六事件の将校をほんとうに動かしていたのは、実は天皇ではなく「話し合いで決めたこと」でした。**

そして、この「話し合い重視」は、今も私たち日本人の心をがっちりと摑んでいます。

日本のリーダーは、リーダーシップがないとか、苦手だとか言われますが、それはある意味当然の結果です。なぜなら、日本人は、基本的に「物事を一人で決めてはいけない」と思っているからです。

本来リーダーというのは、その人の優秀さを見込んで、全権を任すということです。民主主義社会では、選挙を通してリーダーを選び、選ばれたリーダーに強い権限を与えて仕事をさせるわけです。そうしなければ、人間の社会はまとまらないからです。そして、ほかの人たちは、その人を選んで任せた以上、その人が決めたことに従うというのがルールです。

でも日本人は、どうしてもこの「一人に任せる」というのが嫌《いや》なのです。

平清盛にせよ、織田信長にせよ、強いリーダーシップを持って、独断専行で物事を推《お》し進めていく人は必ず嫌われます。

日本人というのは、ここが重要なのですが、その人がやったことが正しいか正しくないかにかかわらず、たとえ日本国にとって、あるいはその会社にとって、結果的に良いことであったとしても、「それは話し合いで決めたことではない」ということを問題にするのです。

そんなことないと思いますか？

もしそう思ったら、あなたは次のような言葉を言ったこと、あるいは言われたことがな

Point

多神教の世界では神よりも人間の話し合いが優先される！

いでしょうか？

「なんで俺に言ってくれなかったの？」

「一言相談してくれればよかったのに」

あなたが日本人であれば、一度や二度はこうした言葉を言った、あるいは言われた経験があると思います。ここで問題にされているのは、物事の是非ではありません。なぜ自分と話し合わなかったのか、ということが非難の理由になっているのです。

昔も今もリーダーシップの強い人や、独断専行型のワンマンな人が嫌われるのも、理由は同じです。話し合いをしないのが気に入らないのです。

ですから日本という国は、民主主義国家だと言っていますし、私たち国民の多くもそう思っているのですが、その実体は、太古から今に至るまでずっと「話し合い絶対主義国家」なのです。

しかも、これが今の日本の最大の欠点なのですが、日本人は話し合いの結果が全員の合意に達することに強くこだわります。

本来は民主主義なのですから、過半数に達すれば、それで決まるはずなのですが、そういうときには、必ず「少数意見は無視するのか」とか、「弱者を見捨てるのか」という言い方で非難されます。その結果、極めて少数の反対者がいるだけで物事が前へ進まなくなってしまうのです。

なぜ日本には強いリーダーが生まれないのか。

なぜ日本は物事が迅速に進まないのか。

東日本大震災の復興支援策が遅々として決まらないと、今も多くの被災者が嘆いていますが、**すべての根源は、日本人の心を摑んで放さない「話し合い絶対主義」にあるのです。**

このように、自分たちが抱える問題の根源を知るのも、歴史を学ぶ大切なテーマの一つだと思います。

第三章のまとめ

・日本人が使っている「往生」や「成仏」という言葉は、もはや仏教用語ではなくなってしまいました。その原因となったのが、日本人の心に深く根ざした「神道」です。もっと具体的に言うなら、「怨霊信仰」と言ってもいいでしょう。

・浄土宗と日蓮宗はどこが違うのか。それは片や仏様に対する信仰で、もう一方はお経に対する信仰なので、似ているようでまったく違うのです。

・神道というのはもともとは仏教と最終的に混淆したように大らかな宗教だったにもかかわらず、そこに朱子学の排他的な要素が混じったことによって、非常に排他的な宗教になってしまいました。

・本居宣長は、『古事記』の研究で、後世の日本にものすごく大きな影響を及ぼしました。それは、日本の歴史を大きく動かすこととなる「天皇の絶対性」の確立です。

・日本のようにもともと絶対神が存在しないところにおいては、話し合いで物事を調整すること、つまり「和を保つこと」によって怨霊の発生をも防ぐことが一番大切な原理であって、場合によっては神様の命令よりも、人間同士で話し合った結果の方が優先されることさえあるのです。

本書は、2012年2月にPHPエディターズ・グループから刊行された『学校では教えてくれない日本史の授業2 天皇論』を改題し、加筆・修正したものである。

著者紹介
井沢元彦（いざわ　もとひこ）
作家。昭和29（1954）年、愛知県名古屋市生まれ。早稲田大学法学部卒業。ＴＢＳ報道局記者時代に、『猿丸幻視行』で第26回江戸川乱歩賞を受賞。退社後、執筆活動に専念する。独自の歴史観で、『週刊ポスト』にて『逆説の日本史』を連載中。
主な著書に、『逆説の日本史』シリーズ、『逆説の世界史』（以上、小学館）、『英傑の日本史』シリーズ（角川学芸出版）のほか、『なぜ日本人は、最悪の事態を想定できないのか』（祥伝社新書）、『攘夷と護憲』（徳間書店）、『「誤解」の日本史』『学校では教えてくれない日本史の授業』（以上、ＰＨＰ文庫）などがある。

ＰＨＰ文庫　学校では教えてくれない日本史の授業 天皇論

2014年３月19日　第１版第１刷
2014年11月18日　第１版第５刷

著　者　井　沢　元　彦
発行者　小　林　成　彦
発行所　株式会社ＰＨＰ研究所
東京本部　〒102-8331　千代田区一番町21
文庫出版部　☎03-3239-6259（編集）
普及一部　☎03-3239-6233（販売）
京都本部　〒601-8411　京都市南区西九条北ノ内町11
PHP INTERFACE　http://www.php.co.jp/

制作協力
組　版　株式会社PHPエディターズ・グループ

印刷所
製本所　図書印刷株式会社

ISBN978-4-569-76138-1